中国特色社会主义政治经济学 名家论丛

王立胜 主编

所有制理论与社会主义
政治经济学创新

SUOYOUZHILILUNYUSHEHUIZHUYI
ZHENGZHI JINGJIXUE CHUANGXIN

吴宣恭 著

山东城市出版传媒集团·济南出版社

图书在版编目(CIP)数据

所有制理论与社会主义政治经济学创新／吴宣恭著．—济南：济南出版社，2017.9

(中国特色社会主义政治经济学名家论丛／王立胜主编)

ISBN 978 – 7 – 5488 – 2806 – 8

Ⅰ.①所⋯　Ⅱ.①吴⋯　Ⅲ.①中国特色社会主义—社会主义政治经济学—研究　Ⅳ.①F120.2

中国版本图书馆 CIP 数据核字(2017)第 234797 号

出 版 人　崔　刚
责任编辑　张元立
封面设计　侯文英

出版发行　济南出版社
地　　址　山东省济南市二环南路 1 号(250002)
编辑热线　0531 – 86131712
发行热线　0531 – 86131728　86922073　86131701
印　　刷　济南新科印务有限公司
版　　次　2017 年 9 月第 1 版
印　　次　2017 年 9 月第 1 次印刷
成品尺寸　170mm×240mm　16 开
印　　张　19.75
字　　数　280 千
印　　数　1—3000 册
定　　价　80.00 元

中国特色社会主义政治经济学名家论丛

厦门大学　吴宣恭

吴宣恭简介

吴宣恭,厦门大学经济研究所教授。长期从事经济理论教学和研究工作。1986年厦门大学建立政治经济学博士点(后被评为全国重点学科)后,任博士生导师。曾任厦门大学经济系主任、经济学院副院长、副校长、校党委书记。主编政治经济学教材5部,其中两部全国统编教材,分别于1987年和1995年获国家级优秀高等院校教材奖,一部于1997年获国家级优秀教学成果一等奖。出版专著和文集4部,发表论文170多篇,其中多数刊登于全国权威和核心报刊上,在所有制与产权理论、企业制度、经济体制改革以及政治经济学建设等方面提出许多有创意和有影响的观点。曾十几次获得国家、教育部和福建省优秀社科成果奖以及第七届国家精神文明建设"五个一工程"论文奖。

担任过一些全国学术机构的理事,国家和省、市多种学术评议机构的成员。现为福建省社会科学界联合会、福建省经济学会等多个学术团体以及一些政府机构的顾问。

总　序

中国社会科学院　王立胜

　　习近平总书记在 2016 年哲学社会科学工作座谈会"5·17"讲话中指出："这是一个需要理论而且一定能够产生理论的时代，这是一个需要思想而且一定能够产生思想的时代。我们不能辜负了这个时代。"①中国特色社会主义政治经济学就是习近平总书记结合时代要求倡导的重要学说，其主要使命就是以政治经济学总结中国经验、创建中国理论。他指出："坚持和发展中国特色社会主义政治经济学，要以马克思主义政治经济学为指导，总结和提炼我国改革开放和社会主义现代化建设的伟大实践经验。"② 在 2017 年省部级主要领导干部"学习习近平总书记重要讲话精神，迎接党的十九大"专题研讨班"7·26"讲话中，习近平总书记提出当前的时代变迁是发展阶段的变化，指出"我国发展站到了新的历史起点上，中国特色社会主义进入了新的发展阶段"③，强调"时代是思想之母，实践是理论之源"④，要求总结实践经验，推进理论创新。在经济学领域，实现从实践到理论的提升，就是要贯彻习近平总

---

① 习近平：《在哲学社会科学工作座谈会上的讲话》，《人民日报》2016 年 5 月 19 日。

② 新华社：《坚定信心增强定力　坚定不移推进供给侧结构性改革》，《人民日报》2016 年 7 月 9 日。

③ 新华社：《高举中国特色社会主义伟大旗帜　为决胜全面小康社会实现中国梦而奋斗》，《人民日报》2017 年 7 月 28 日。

④ 新华社：《高举中国特色社会主义伟大旗帜　为决胜全面小康社会实现中国梦而奋斗》，《人民日报》2017 年 7 月 28 日。

书记在中央政治局第二十八次集体学习时提出的重要指示，"提炼和总结我国经济发展实践的规律性成果，把实践经验上升为系统化的经济学说"① ——这就是"坚持和发展中国特色社会主义政治经济学"的历史使命和时代要求。

当前中国特色社会主义政治经济学的提出和发展也是六十余年理论积淀的结果。1955 年苏联政治经济学教科书中文版②在国内出版，当时于光远③、林子力和马家驹等④学者就开始着手探讨政治经济学的体系构建问题。从 1958 年到 1961 年，毛泽东四次提倡领导干部学习政治经济学⑤，建议中央各部门党组和各省（市、自治区）党委的第一书记组织读书小组读政治经济学。他与刘少奇、周恩来分别组织了读书小组。在组织读书小组在杭州读书期间，他在信中说"读的是经济学。我下决心要搞通这门学问"⑥。在毛泽东的倡导下，20 世纪 50 年代中后期我国出现了第一次社会主义经济理论研究高潮——正是在这次研究高潮中，总结中国经验、构建中国版的社会主义经济理论体系被确定为中国政治经济学研究的方向和目标，并被一直坚持下来。这次研究高潮因"文革"而中断。"文革"结束后的 80 年代，在邓小平的倡导和亲自参与下，我国出现了第二次社会主义经济理论的研究高潮。很多学者在"文革"前积累的理论成果也在这一时期集中发表。在这次研究高潮中，我国确立了社会主义公有制与市场经济相结合的发展方向，形成了社会主义市场经济理论，为改革开放以来 40 年的经济繁荣提供了理论支撑。

----

① 新华社：《立足我国国情和我国发展实践　发展当代中国马克思主义政治经济学》，《人民日报》2015 年 11 月 25 日。

② 苏联科学院经济研究所：《政治经济学教科书》（中译本），北京：人民出版社 1955 年版。

③ 仲津（于光远）：《政治经济学社会主义部分研究什么?》，《学习》1956 年第 8 期；《最大限度地满足社会需要是政治经济学社会主义部分的一个中心问题》，《学习》1956 年第 11 期。

④ 林子力、马家驹、戴钟珩、朱声续：《对社会主义经济的分析从哪里着手?》，《经济研究》1957 年第 4 期。

⑤ 戚义明：《"大跃进"后毛泽东四次提倡领导干部学政治经济学》，《党的文献》2008 年第 3 期。

⑥《建国以来毛泽东文稿》第 8 册，北京：中央文献出版社 1993 年版，第 637 页。此次学习期间毛泽东读苏联政治经济学教科书的批注和谈话成为我国政治经济学研究的重要文献资料。

当前在习近平总书记的倡导下，从 2016 年年初开始，我国出现了研究中国特色社会主义政治经济学的新高潮，形成了中国社会主义政治经济学的第三次研究高潮。经历了六十余年的理论积淀，在中国特色社会主义新的发展阶段，中国特色社会主义政治经济学的发展正逐步汇成一股理论潮流，伴随中国特色社会主义建设事业的蓬勃发展滚滚而来！

纵观六十余年积淀与三次研究高潮，中国特色社会主义政治经济学的发展既继往开来又任重道远。一方面，所谓"继往开来"，是中国社会主义经济建设事业的蓬勃发展为中国版社会主义政治经济学的形成开创了越来越成熟的现实条件。20 世纪 50 年代，毛泽东感叹"社会主义社会的历史，至今还不过四十多年，社会主义社会的发展还不成熟，离共产主义的高级阶段还很远。现在就要写出一本成熟的社会主义、共产主义政治经济学教科书，还受到社会实践的一定限制"①。20 世纪 80 年代，邓小平高度评价中共十二届三中全会《中共中央关于经济体制改革的决定》提出的"在公有制基础上有计划的商品经济"，认为是"写出了一个政治经济学的初稿，是马克思主义基本原理和中国社会主义实践相结合的政治经济学"②。当前，习近平总书记指出，"中国特色社会主义是全面发展的社会主义"③，"中国特色社会主义进入了新的发展阶段"④，要"提炼和总结我国经济发展实践的规律性成果，把实践经验上升为系统化的经济学说"⑤。从毛泽东认为写出成熟的教科书"受到社会实践的一定限制"，到邓小平认为"写出了一个政治经济学的初稿"，再到习近平提出"把实践经验上升为系统化的经济学说"，历代领导人关

---

① 中华人民共和国国史学会：《毛泽东读社会主义政治经济学批注和谈话》(简本)，内部资料，第 804 页。

② 《邓小平文选》第 3 卷，北京：人民出版社 1993 年版，第 83 页。

③ 习近平：《准确把握和抓好我国发展战略重点　扎实把"十三五"发展蓝图变为现实》，《人民日报》2016 年 1 月 31 日。

④ 新华社：《高举中国特色社会主义伟大旗帜　为决胜全面小康社会实现中国梦而奋斗》，《人民日报》2017 年 7 月 28 日。

⑤ 新华社：《立足我国国情和我国发展实践　发展当代马克思主义政治经济学》，《人民日报》2015 年 11 月 25 日。

于理论发展现实条件的不同判断表明，随着社会主义建设进入不同历史阶段，政治经济学理论发展的现实条件日益成熟，实践推动理论创新。正如习近平总书记所言："中国特色社会主义不断取得的重大成就，意味着近代以来久经磨难的中华民族实现了从站起来、富起来到强起来的历史性飞跃……意味着中国特色社会主义拓展了发展中国家走向现代化的途径，为解决人类问题贡献了中国智慧、提供了中国方案。"① 在实践的推动下，中国特色社会主义政治经济学的发展，继往开来。

另一方面，所谓"任重道远"，是指中国特色社会主义政治经济学从提出到成熟尚需经历曲折的探索过程。当前中国特色社会主义政治经济学的发展至少需要面临两个方面的艰难探索：第一，理论构建面临诸多悬而未解的学术难题。从 20 世纪 50 年代开始，国内围绕体系构建的"起点论""红线论"等问题就形成了诸多争论，同时，社会主义条件下"剩余价值规律"和"经济危机周期性"的适用性等一些原则性的问题未能获得解决，甚至某些问题上的分歧出现了日益扩大的趋势。这在很大程度上限制了中国特色社会主义政治经济学的理论化水平，使政治经济学经典理论中的价值理论、分配理论、剩余价值理论和危机理论未能充分体现在中国社会主义政治经济学中，从而导致中国实践中涌现的一系列具有中国特色的经济思想未能获得经典的理论化表述。破解这一难题，需要直面六十余年来形成的一系列争论，加速对政治经济学经典理论的创新应用，在中国特色社会主义经济思想理论化的道路上不断探索。第二，时代变革形成的新问题和新挑战倒逼理论探索。20 世纪 50 年代中后期，既是中国社会主义政治经济学的第一次研究高潮，也是我国社会主义初级阶段的起始时期。当前中国社会主义经济建设在经历了六十余年的巨变后，迎来了中国特色社会主义新的发展阶段。中国特色社会

---

① 新华社：《高举中国特色社会主义伟大旗帜　为决胜全面小康社会实现中国梦而奋斗》，《人民日报》2017年 7 月 28 日。

主义政治经济学也需要适应新时期新阶段，加速理论创新。正如习近平总书记在"7·26"讲话中所强调的："我们要在迅速变化的时代中赢得主动，要在新的伟大斗争中赢得胜利，就要在坚持马克思主义基本原理的基础上，以更宽广的视野、更长远的眼光来思考和把握国家未来发展面临的一系列重大战略问题，在理论上不断拓展新视野、作出新概括。"① 值得注意的是，实践中的新问题与历史累积的学术难题，都将理论探索指向中国特色社会主义政治经济学理论化水平的提升：在实践方面，要形成解释社会主义初级阶段不同时期的理论体系，为新时期的经济实践指明方向，必须提升理论高度；而提高理论高度就需要在理论方面破解体系构建面临的学术难题，创新政治经济学经典理论使之适应当前现实，从而实现中国特色社会主义经济建设经验的理论化重构。理论水平的提升必须遵循学术发展的客观规律，注定是一个任重道远的探索过程，要求政治经济学研究者群策群力、积极进取、砥砺前行。

编写出版《中国特色社会主义政治经济学名家论丛》就是为了响应习近平总书记推进理论创新的时代要求，服务中国特色社会主义政治经济学的发展。纵观中国社会主义政治经济学六十余年的发展历程不难发现：政治经济学学者承担着理论创新的历史使命，学术交流质量决定理论发展水平。当前中国政治经济学界存在着一支高水平的政治经济学理论队伍，他们既是六十余年理论积淀的承载者，也是当前理论创新的承担者。及时把握这些学者的研究动态，加快其理论成果的普及推广，不仅有助于推动政治经济学界的学术交流，也有助于扩大中国特色社会主义政治经济学的社会反响，同时为后来的研究提供一批记录当代学者理论发展印迹的历史文献。"名家论丛"选取的名家学者都亲历过20世纪80年代和当前两次研究高潮，部分学者甚至是三次理论高潮的亲历者。

① 新华社：《高举中国特色社会主义伟大旗帜　为决胜全面小康社会实现中国梦而奋斗》，《人民日报》2017年7月28日。

这些学者熟悉中国社会主义政治经济学的理论传承，知晓历次研究高潮中的学术焦点与理论分歧，也对中国特色社会主义经济建设经验具有深刻的理论洞察。在本次研究高潮中，他们的理论积淀和实践观察集中迸发，围绕中国经验的理论升华和中国特色社会主义政治经济学的体系构建集中著述，在中国特色社会主义政治经济学的发展中起到学术引领和理论中坚的作用，其研究成果值得高度关注和广泛推广。同时，从2015年底习近平总书记提出"中国特色社会主义政治经济学"算起，当前这次研究高潮从形成到发展，尚不足两年，还处于起步阶段，需要学界同仁的共同参与、群策群力，使之形成更大的理论潮流。中国社会科学院经济研究所是我国重要的经济学研究机构，也是中国社会主义政治经济学六十余年发展历程和三次理论高潮的重要参与者。在20世纪50年代和80年代两次理论高潮中，经济研究所的张闻天、孙冶方、刘国光和董辅礽等老一辈学者是重要的学术领袖。在本轮研究高潮中，经济研究所高度重视、积极参与中国特色社会主义政治经济学的发展，决心依托现有资源平台积极服务学界同仁。策划出版《中国特色社会主义政治经济学名家论丛》的目的就在于服务学术创新，为当前的理论发展略尽绵薄，也是为笔者所承担的国家社科规划重大项目"中国特色社会主义政治经济学探索"积累资料。

同时，为了更加全面地展示中国特色社会主义政治经济学的理论发展动态，我们还将依据理论发展状况适时推出"青年论丛"和"专题论丛"，就青年学者的学术观点和重要专题的学术成果进行及时梳理与推广，以期及时反映理论发展全貌，推动学术交流，服务理论创新。当然，三个系列论丛的策划与出版，完全依托当前的理论发展潮流，仰赖专家学者对经济研究所工作的认可与鼎力支持。在此我们代表经济研究所和论丛编写团队，对政治经济学界同仁的支持表示衷心的感谢！同时也希望各位大家积极参与论丛的编写和出版，为我们推荐更多的高水平研究成果，提高论丛的编写质量。

目 录

上卷

马克思主义所有制理论研究

重视所有制研究，学好用好政治经济学

学好和用好马克思主义政治经济学实质上就是解决好理论发展和实际应用的关系。当前，我国政治经济学的流行理论最主要的问题是理论与实际严重脱节，由此引起人们的许多困惑。下面试举几个比较重要的事例：

◆理论上我国的社会主要矛盾是落后的生产与人民不断增长的生活需要的矛盾；而实际上我国经济虽然长期快速发展，生产跃居世界前列，却出现大量产能和产品过剩，不得不廉价卖给国外消费者，而国内大部分劳动者的生活得不到与经济增长相应的提高。

◆理论上我国社会主义的原则和根本目标是共同致富；而实际上当前社会上分配不公、贫富悬殊的情况日趋严重，其程度和发展速度甚至超过资本主义发达国家。

◆理论上在生产资料的社会主义改造完成以后，我国社会不存在剥削阶级；而实际上当前不同社会群体在生产、流通、分配领域的地位和利益存在显著的阶级差别。

◆理论上社会主义市场经济具有许多优越性，可以利用市场机制转变发展方式，促进科技创新，合理配置资源；而实际上我国目前产业结构不平衡、低端生产重复、供需脱节、资源浪费、技术创新乏力、生态被破坏、环境恶化、产业空心化等弊病丛生，妨碍国民经济的按比例发展。

◆理论上我国实行的市场经济具有社会主义性质，以提高广大人民的利益为根本目标；而实际上市场中混乱恶劣现象日益增多，投机欺诈、物价猛涨、假冒伪劣和有害有毒产品充斥，难以管理抑制，劳动人民深受其害。

由于流行的理论严重脱离实际，既说明不了真实的关系，更无法指导实践，因而被认为是空谈，科学性不足，难以被大众接受。资产阶级经济学乘虚而入，利用其信奉者占据的领导地位，步步围攻排挤，将它边沿化。因此，正视这些状况，使用正确的方法，从理论上进行分析研究，寻找解决问题的途径，消除大众的疑虑和困惑，是政治经济学的重要任务。

一、 问题产生的根源

政治经济学的流行理论之所以脱离当前实际，是没有根据历史唯物主义，特别是它的理论分析基础——马克思主义的所有制理论，与时俱进地分析我国改革开放后生产关系的重大变化和基本特点，及时补充、修正那些在多年以前形成的传统说法，因而失去应有的说服力。所以，认识上困惑是流行的说法未能根据马克思主义的所有制理论及时分析生产关系实际而引起的思想混乱的表现。

生产资料所有制是生产条件的一定的社会形式，是任何社会生产和交换必不可少的前提条件。不同的人群在不同的所有制中处于不同的地位，以此为基础，在生产过程、交换过程、分配过程和消费过程中结成一定的社会经济关系。马克思和恩格斯高度重视所有制在生产关系中的作用，不仅在具体论述各种社会的生产关系时，都阐明它们是在一定生产资料所有制的基础上建立起来的，而且在概括人类社会一般规律时，也强调生产资料所有制是生产关系的基础，指出它对生产关系的其他各个方面起着决定作用。马克思指出，劳动条件的分配，"是在生产关系本身范围内，落到同直接生产者相对立的、生产关系的一定当事人身上的那些特殊社会职能的基础。这种分配关系赋予生产条件本身及其代表以特殊的社会性质。它们决定着生产的全部性质和全部运动。"①

马克思主义政治经济学，是在生产力生产关系矛盾统一的框架下，研究社会生产关系及其发展规律的科学。根据历史唯物主义的基本原理，物质生产条件（生产力）的变化首先引起所有制及其具体的产权制度（所有制实现形式）的改变，继之促使生产关系其他组成部分发生相应变化，原先的经济规律有的发生一些变化，有的退出历史舞台，新的经济规律开始发挥作用，最终全面体现生产力对生产关系的决定性功能。例如，随着原始社会末期生产工具的进步和生产力的提高，产生了剩余产品，个体（个人和家庭）独自使用生产资料进行生产成为可能，生产资料集体所有个人占有逐步代替了集体所有集体占有，出现了家庭私有财产，最后导致原始公有制的解体，促使社会生产、交换、分配、消费关系发生全面变化。奴隶社会生产工具的精细化，增加了剩余生产物，也突出了促使奴隶有效使用工具的重要性，为了以适当物质鼓励调动奴隶的积极性，产生了拥有部分个人产权的隶农，在某些方面改变了奴隶主和奴隶的关系。经过战争和奴隶起义，在劳动者获得土地和其他生产资料的世袭占有权以后，封建制度就代替了奴隶制度，社会生产关系的各个方面也随之发生变化。又如，纺织机器的改进和海外贸易的扩展，引起毛纺织业的兴盛和对纺织品的巨大需求，在英国掀起大规模的圈地运动，劳动者被赶出领地，解除了封建束缚，获得人身自由，同时完全被剥夺了生产资料，这就奠定了资本主义生产关系发展的基础。随着资本主义生产力的巨大发展，高度社会化的生产力和生产已经不适合由私人占有了，资本主义私有制先在其内部发生变化，由个体业主制、合伙公司发展到股份制和资产阶级的国有制，但生产社会化与资本主义私有制的矛盾依然没有解决，最终决定它必然被社会主义国家所有制替代。

社会主义公有制的建立使人们在生产、交换、分配、消费领域的关系

① 马克思：《资本论》第 3 卷，人民出版社 2004 年版，第 994 页。

发生全面变化，形成了崭新的社会主义生产关系。到了 20 世纪 70 年代末，为了更好地适应社会主义初级阶段发展不平衡的生产力，我国进行了改革开放。实际上，它也是从变革所有制和具体产权制度开始的：一方面恢复和发展国内的私有经济，引进外国资本；另一方面在公有制内部改变产权配置格局，实行多种所有制形式。多种所有制和多种实现形式促进商品经济的全面扩展，导致了社会主义市场经济代替计划经济，也使过去比较单一的社会生产关系复杂化，出现公有制和私有制、社会主义经济和资本主义经济并存的二元结构，出现经济地位和经济利益不同的阶级和阶层，不同的经济规律同时在各自的领域发挥作用并互相影响，演绎出变幻万千的各种经济行为和经济现象。

由于没能及时分析研究所有制和其他方面生产关系的剧烈变化并将其纳入理论体系，在改革前形成的政治经济学理论与改革后的现实产生明显的脱节，或者说，出现一种理论残缺，不仅引起人们认识上的一系列困惑，对如何解决新出现的社会经济问题也产生许多分歧意见。因此，学好用好政治经济学就要按照历史唯物主义，运用马克思主义的所有制理论，从根源上分析当前的各种经济关系和经济行为，认识它们各自的特点及其运行规律，寻找解决问题和矛盾、发展经济的正确道路和方法。

二、 若干理论困惑的释疑

改革开放三十多年来，我国的生产关系发生了巨大的变化，最重要的是所有制的二元化。与之相适应，社会的经济规律体系也出现了二元化，除了少数在各种生产关系下都起作用的规律以外，两种主要的经济规律体系——社会主义经济规律与资本主义经济规律同时在发挥作用，并互相影响。随着资本主义经济迅速膨胀，资本主义经济规律的作用范围和力度急剧增大，只以社会主义经济规律说明我国社会经济状况就难免漏洞百出。

因此，只有从现实的所有制状况出发去分析我国的社会经济关系，才能准确了解我国经济规律的二元化特点，全面发展政治经济学，破解当前由于理论残缺引起的一些困惑。

主张社会主义的社会主要矛盾是落后的生产与人民不断增长的生活需要的矛盾是完全正确的。因为，在社会主义公有制关系中，劳动者是生产资料的共同主人，也是生产过程以及生产成果的主人，劳动者的根本利益是一致的，生产目的就是为了更好地满足劳动人民的生活需要。这就是社会主义基本经济规律的内在要求和作用的体现。社会生产目的与妨碍它实现的落后生产力的矛盾就成为社会主要矛盾。但是，由于资本主义私有制经济的重新生长，一度在我国偃息的资本主义基本经济规律——剩余价值规律又卷土重来了，只是在开始阶段资本主义经济势力还不够强大，剩余价值规律的作用范围和力度还比较小，还不足以同社会主义基本经济规律相抗衡，人们一时还没有觉察出来。现在，资本主义经济已经占有"半壁江山"，剩余价值规律的作用也像发酵一样迅速膨胀。在就业人数占全国60%以上的私有企业中，过度的剥削使广大劳动者的收入和购买能力长期停滞，远远赶不上生产的发展，资本主义特有的生产迅速扩大与有支付能力相对缩小的矛盾在这些领域日益明显地表露出来，而且呈现出逐渐凌驾于社会主义社会主要矛盾之上的趋势。这种现实存在和凸显的矛盾打破了社会主义社会不存在生产过剩的说法，同政治经济学的流行观点大相径庭，自然会引起人们的疑问。不仅如此，由于两种经济规律同在一个社会里发挥作用，两者会互相影响，使有些规律的作用发生某些变化。例如，在私有企业的竞争压力下，国有企业也要增加盈利、扩大积累，便无法过多地提高劳动者的报酬，影响他们生活的改善。又如，资本主义的剥削抑制了劳动人民的购买能力，也会波及公有制企业的市场，压缩其销路，使其也在一定程度上发生产品过剩。这样，社会主义基本经济规律就不能充分施展其作用了。所以，如果能够从当前阶段我国所有制二元化的特点出发，就能认识到我国现阶段已经不是社会主义生产关系的一统天下，不仅运行的经济规律和产生的社会主要矛盾已经不是单一的，而且还会互相影响，呈现出某些特点。有了这种全面的科学的辨析，人们的许多理论困惑就不难化解了。

在分配领域，我国的状况也发生了巨大的变化。社会主义公有制建立以后，生产资料和劳动产品全部归劳动者共同所有，剩余产品在做了必要的社会扣除之后，以劳动为尺度进行分配。劳动者直接获得的收入包括必要产品价值和剩余产品价值的一部分；社会扣除部分用于生产、储备和公共需要，最终也归劳动人民分享。虽然劳动者的收入和生活也存在一定的差别，但它是由劳动和赡养人口的差异引起的，数量并不大，与雇佣劳动者仅仅获得劳动力价值（或低于劳动力价值的价格）而资本家凭借生产资料所有权无偿占有大量雇佣工人的剩余劳动截然不同，真正消灭了剥削，实现了社会主义的共同富裕。改革开放以后，我国资本主义私有制迅速发展。它利用我国劳动力供应充裕而资本不足的条件，有力地压制劳动者工资的增长。超强的剥削加上大量使用国家和公有经济提供的廉价资源降低成本，使中国新生的资本家获得高于劳动者收入成百上千倍的高额利润，并以超过世界的速度迅速积累惊人的财富。近年来，随着资本主义经济的比重不断加大，资本主义的基本经济规律作用的范围日益扩大，作用力度日益增强，分配严重不公越发加剧，财富占有高度悬殊愈加显著。这就是与社会主义公有制并存的资本主义私有制对分配关系的必然影响。了解这一点，社会分配状况与社会主义的共同富裕目标弥行弥远也就不足为奇了。

关于阶级关系的叙述，是当前我国政治经济学流行理论最让人不服的部分。它始终不敢正视当前的实际，总是重复半个世纪前的老话，说什么我国在生产资料社会主义改造完成以后剥削阶级就不存在了。在其教材和论著中一直不敢涉及"阶级"一词，对资产阶级和剥削的存在更是讳莫如深。这种理论风气，完全与马克思主义实事求是的原则背道而驰，使人们无法正确分析、判断我国社会关系中的一系列重大问题。列宁指出："所谓阶级，就是这样一些集团，这些集团在历史上一定社会生产体系中所处的地位不同，对生产资料的关系（这种关系大部分是在法律上明文规定了的）不同，在社会劳动组织中所起的作用不同，因而领得自己所支配的那份社会财富的方式和多寡也不同。所谓阶级，就是这样一些集团，由于它们在一定社会经济结构中所处的地位不同，其中一个集团能够占有另一个集团的劳动。"[1] 在这个经典定义中，列宁根据人们在生产关系主要方面的地位进行阶级划分，其基础就在于所有制的差别，其表现是剥削关系。在 20 世纪 50 年代后期到 70 年代后期，随着公有制全面代替私有制，我国的确消灭了剥削关系和剥削阶级。但在改革开放后的三十多年，从所有制到生产关系的其他方面都发生了重大的变化。资本主义私有制重新产生而且迅速发展，一群人凭借其占有的生产资料和货币资本，雇佣大量劳动者，按照自己的意志，驱使他们进行劳动，无偿攫取工人创造的剩余价值，在流通过程通过抬高房价和操纵物价掠夺劳动人民，赚取巨额利润。在短期间里我国冒出大批千万元、亿元乃至百亿元富豪，积累起资本主义国家二三百年才能堆积的财产。很大一部分劳动者则失去能够独立进行生产的资料，只能依靠出卖劳动力为生，收入长期被压制在很低水平，无力消费社会生产出的大量商品，在市场上还要饱受盘剥，实际收入进一步被压缩，生活艰难。我国富人的收入则上百成千倍高于广大劳动者，他们之间财富悬殊的程度根本难以度量。许多反映分配关系的资料表明，我国贫富两极分化程度已经处于世界的前列，财产急剧集中在少数富豪的程度甚至已超过资本主义发达国家。这证明了，在所有制发生变化之后，我国社会不同人群无论在生产、流通、分配、消费领域，所处的地位、所得的份额都发生明显而巨大的差别，阶级分化已是不可否认的现实了。政治经济学必须承认阶级存在的现实而不回避它、掩盖它，才能及时发现阶级关系的变化，正确

---

[1]《列宁选集》第 4 卷，人民出版社 2012 年版，第 10 页。

认识和妥善处理不可避免的阶级矛盾，谋求社会和谐稳定的正道。

经过改革开放，我国从近乎单一的公有制经济变为多种所有制经济共同发展，国家所有制也采取多种实现形式，企业拥有与经济利益相联系的产权，成为真正的商品生产者和经营者，为计划经济转变为市场经济创造了条件。由于公有制在基本经济制度中居于主体地位，决定了我国市场经济属于社会主义性质，在许多方面不同于资本主义国家的市场经济，具有重要特点和优越性。诸如，社会主义生产以更好地满足全体劳动人民的需要为最终目的，可以借助市场信息灵敏地反映社会需求，利用市场机制更好地发展生产，为广大人民利益的不断增长服务；以公有制为基础的社会主义经济不存在剥削关系，有利于避免和减少市场经济发展过程中的两极分化，实现最广大人民的共同富裕，有力地调动劳动者的积极性和创造性；引领市场经济的社会主义国家不受狭隘的私人利益所局限，有可能以马克思主义理论为指导，正确认识和利用经济规律，合理调节国民经济；社会主义市场经济能利用强有力的国有经济发挥主导作用，弥补国家调控作用的不足，减少社会生产的盲目性和自发性，实现国民经济的稳定和协调发展。虽然社会主义公有制还有许多不够完善的地方，需要继续改革，但初步获得的改革成果已经使它显现出巨大的积极作用。正是借助于公有制赋予市场经济的特殊优势，我国在世界所有实行市场经济的国家中"一枝独秀"，连续几十年保持高速发展。

问题是，在我国除了公有制以外还有资本主义私有制。它受剩余价值规律支配，一切活动都以追逐最大利润为目的。对利润的追求一方面有力地调动私有企业的积极性，促进了生产的迅速发展，解决了大量劳动者的就业问题和长期困扰我国的产品短缺状况，一定程度上改善了人民的生活；另一方面它却带来资本主义固有的许多弊病，诸如资本主义私有企业的投资和经营带有明显的盲目性和自发性，只要哪里赚钱多、赚钱快就投向哪里，不会从社会整体利益出发，自动履行国家的发展规划和产业政策，不利于社会经济结构的合理化和优化；它们只顾自己的利益，具有明显的逐利性，是一系列市场失调、混乱的根源，不利于市场有序运转；它们的自私性产生一系列负面外部性，如掠夺浪费资源、破坏生态、污染环境、制造有害有毒产品等等，严重危害国家和人民的利益；它们的短视和保守性使其不愿意承担风险，付出巨大的财力和精力对原有的方式做出重大更改，影响发展方式的转变；它们的分散性和脆弱性不利于提高企业自主技术创新能力和构建知识型技术创新体系；它们的剥削性造成严重的分配不公和财富悬殊，不利于协调社会利益关系、建立社会主义和谐社会。

总之，以上的现实情况说明，经过改革开放，我国的所有制发生了巨大变化，从而在社会主义生产关系之外，重现了一种曾经被它代替、与它相对立的资本主义生产关系，重新产生了一系列与社会主义几乎是格格不入、令人迷茫的经济、政治和社会现象。这就是我国所有制的二元化结构的必然产物。看清楚这一点，就不难找到种种问题的根源，就能理解发展社会主义公有制和加强对私有经济引导监督的重要意义，为改革和发展指明正确道路。

三、 政治经济学方法和体系的创新

如前所述，当前存在的一些理论困惑源于政治经济学流行理论的残缺，其中最重要的是方法论上的偏差，即，未能从我国当前的所有制实际出发去分析经济关系。

马克思是从所有制出发去分析和比较不同生产关系的光辉典范，例如，他将不同所有者（私有制）和社会分工并列作为商品经济存在的基本条件；从所有制及其实现形式的变化论述原始社会生产关系的变迁和解体过程；从所有制出发区分了奴隶社会、封建社会和资本主义社会以及独立生产者的生产关系的差别；指出在资本主义所有制条件下，劳动力才成为商品；

说明资本家如何利用生产资料的所有权和购买到的劳动力的支配权,监督指挥工人进行劳动,得到全部的劳动产品及其价值,揭露剩余价值生产和占有的秘密;剖析资产阶级的不同集团如何根据其所有权份额瓜分劳动者创造的剩余价值;分析资本主义私有制如何使劳动——所有权规律转化为资本占有权规律;论述资本主义私有制基础上形成的基本经济规律和其他经济规律的内涵、特点及其作用;论证资本主义私有制与高度发展的生产力的矛盾以及资本主义被消灭的必然性;预言"剥夺剥夺者"之后形成的公有制将建立起一个全新的社会。这一系列重要原理的阐述,无一不是在剖析资本主义私有制的基础上展开的。

当代的西方经济学讳言阶级差别和阶级矛盾,回避谈论生产资料所有制,但在实质上,他们是以占据社会主导地位的资本主义私有制作为理论分析的既定前提的。他们认为自由市场制度能够实现资源的最优配置,对市场体制及其运行规律展开一系列阐述,无一不是以资本主义私有制为出发点的。这种理论与隐含的所有制关系的一致性,使得他们的理论阐述基本符合于资本主义的表层关系,有利于解决许多现实经济生活中的问题。不过,正是由于他们避开了所有制关系,使得他们无法说明资本的实质和剩余价值来源的秘密,认识不到资本主义的深层次关系和最基本的规律,也看不到社会的主要矛盾及其根源,这些又使他们的理论在更重要的层次上脱离实际。

马克思主义政治经济学的流行理论不能说是不重视所有制理论,他们也曾运用所有制理论去分析社会生产关系,得出过正确的结论。但是,到了改革开放后的今天,所有制理论在某些程度上被搁置了,有些看似应用了却出现片面性,迟滞于现实的发展。许多人忽视了或者不敢正视所有制二元化这一剧变所引发的社会经济关系的重大变化,依旧只用单一的社会主义公有制去阐述当前的复杂社会生产关系,对随着所有制变化已经大量出现的资本主义生产关系及其产生的社会现象不加或不敢置评,对两种性质根本不同的生产关系的差异以及两者之间的相互关系和矛盾基本上不加研究和论述，这就使一般群众辨不清问题的根源所在，容易将资本主义私有制产生的一些消极现象错误地栽在社会主义头上，从而失去对社会主义的制度自信，模糊了社会发展的前途。

因此，政治经济学必须在方法和体系上进行创新。首先应承认和强调所有制对生产关系的基础性作用，将所有制分析作为首要的方法，真正做到全面而不是片面地运用马克思主义的所有制理论。要如实地看到，在社会主义初级阶段，所有制关系正处在不断和剧烈的变革之中，它的每一个变化都会影响到生产关系各个环节，引起它们的变化；反过来，一种经济活动或经济现象都能从所有制（产权制度）找到它产生和变化的根源。尤其要明白，在当前存在二元化所有制关系的阶段，社会主义公有制和资本主义私有制对相关的其他经济关系的作用和影响是不相同的。因此，研究各种经济关系、经济现象时，都必须先了解它们是在什么所有制基础上产生的，弄清它们的产生过程及其与所有制的联系。例如，关于经济主体在市场中的行为、作用和相互关系，市场秩序和市场发展前景，国家经济规划和政策的贯彻落实，企业与国家的关系，企业与职工的关系，企业与利益相关者的关系，劳动所得在企业新增价值的占比等等，只有根据它们所由产生的所有制基础展开分析，才能得出符合实际的正确结论。

其次，必须从社会主义初级阶段我国所有制二元化的实际出发，创新政治经济学体系。一是要改变以往分别在两个部分论述资本主义和社会主义生产关系，彼此分割、互不联系的模式，把关于两种主要的所有制以及在它们基础上建立的生产关系的其他方面的研究同时纳入当前社会之中。对主要的理论问题，既要分析社会主义生产关系及其运行规律，认识社会主义的社会主要矛盾，还要正视强大的资本主义经济的存在，揭示资本主义经济规律的作用，对资本主义的社会主要矛盾在我国的种种表现进行科学的辨析。二是要研究和分析两种不同性质的生产关系的互相影响。社会主义公有制与资本主义私有制虽然性质不同，运行规律和运动方式不同，但它们毕竟都同时存在于同一个社会，在同一个市场中交错进行联系，而不是彼此分开、完全独立、互不来往，有些活动甚至是交融在一起的；在两种所有制基础上产生的经济规律也会互相影响，使各自的作用方式和力度上出现某些特点。因此，必须研究分析它们既互相支持、共同发展又彼此争夺的关系，进行比较和综合评述。三是必须以历史的观点分析两种所有制的变化动态，阐明它们成长的条件和将来发展的前景，探寻其可能变化的方向和规律，为正确处理两种所有制经济的关系，坚持社会主义道路，推动社会进步，提供科学的理论指导。

（原载于《政治经济学评论》2015 年第 1 期）

马克思主义所有制理论是
政治经济学分析的基础

生产资料所有制是生产关系的重要组成部分，马克思、恩格斯高度重视生产资料所有制的重要地位和作用，在许多著作中称它为生产关系的基础，并运用所有制理论去分析论证各种生产关系的发展规律。所有制的重要地位使所有制理论成为政治经济学分析的基础。

一、　所有制理论是一切经济分析的基础

生产资料是社会生产必不可少的物质条件，生产资料所有制决定了生产资料与劳动者的结合方式，决定了人们在直接生产过程中的地位和相互关系，进而影响了交换和分配过程，产生和形成不同的交换关系和分配关系。生产资料归谁所有、占有和支配决定它们根据谁的意愿使用，为谁的利益服务，从而决定了社会生产的目的和各类经济主体之间的物质利益关系，决定了一种生产方式的基本特征和本质。生产资料所有制还是生产关系发生根本变革的主导环节和根源，生产资料所有制改变了，人们在生产、交换、分配过程中的一系列关系也会随之发生变化。正是生产资料所有制对生产关系的重要决定作用使它成为生产关系的基础。

因此，要从本质上认识一切经济关系以及它们变化发展的规律，就离不开对所有制的分析。马克思在《资本论》开篇论述商品的二重性就是从

不同所有制主体互相比较和交换劳动的关系进行分析的，后面谈到资本主义的生产、流通和分配过程，资本主义积累及其发展趋势等等，也无一不是根据资本主义私有制关系的特点得出结论。这是历史唯物主义的基本方法。当今我们要正确认识社会主义的经济关系，也要学习马克思运用所有制理论分析问题的方法。下面以当前几个重要的理论问题作为例证。

1. 关于分配不公

分配不公、贫富悬殊已经成为我国当前公认的重大社会弊病，但对于它的主要表现和根源何在，却是众说纷纭。

有人认为它主要表现在国有垄断企业与其他性质的非垄断企业工薪的巨大差距，特别是企业主管的收入过高，所以要实现收入公平就要废除国家垄断。其实，这是与事实不符的。根据2012年的统计资料，国有垄断企业与其他企业职工的平均工资，就总体比较，差距只有2~3倍；其中最高垄断行业（航空运输业）与最低的行业（私营的木材加工业）差距为4.52倍。但是，非垄断企业中，最高行业（证券业）与最低行业（木材加工业）的差距为8.36倍。前者平均工资的差距明显低于后者。如果把私营企业平均工资只有国有企业将近一半的因素考虑进去，不妨说，工资差距的扩大，与其说是垄断企业工资过高，不如说是私营企业工资太低。至于有些国有企业主管薪酬过高，这可能与攀比一些私有上市公司主管的收入有关①，是违背国企制度的非正常的现象，甚至可以说是国有经济的异化行为的表现，必须也可能通过国企分配制度和监管制度的完善和实施加以解决。所以，稍微了解这些简单的数字就不至于把分配不公归咎于国家垄断部门的高工资；有些人却这样做了，其目的是要混淆视听，利用公众对分配不公的愤恨，把矛头引向国有企业，攻击国家对国民经济关键部门的垄断经营，为私有经济进入和统治这些部门、获取垄断利润制造舆论。例如，理论界广泛流传这样的数字，说"电力、电信、石油、金融、保险、水电气供应、

---

① 如中国多金属矿业公司的CEO，在企业亏损期间居然领取2.35亿元的薪酬和奖励。

烟草等国有行业的职工不足全国职工总数的 8%，但工资和工资外收入总额却相当于全国职工工资总额的 55%"。其实，这是一个大错误、大篡改。占收入 55% 的不是只占全国职工总数 8% 的国企职工，而是全部由国家发工资的人员，包括党政、公共管理、文化、教育、卫生部门等等非企业单位的人员，他们占全国职工总数的 50%，是 8% 的 6 倍多。这是很容易发现的错误。可是有些人，包括理论界的一些人却相信它，以讹传讹，就是为了激起群众的公愤。

其实，分配不公和贫富悬殊的主要表现是资本家与雇佣工人收入的差距。据中央统战部、全国工商联课题组的调查，2009 年私营业主个人公开的账面收入平均值为 20.2 万元，雇工全年工资加奖金平均为 8033 元，只是雇主收入的 4%，两者相差 25 倍；资本千万元级的私营企业雇工平均工资更低，只有 6817 元，雇主资本愈多，收入愈高，而工人工资更低，两者的差距扩大到 252 倍。如果加上私营企业主没有公开的"非阳光收入"①，雇主和雇工的收入差距就远远大于公开的数字。

正是通过对雇佣工人的超强剥削和其他豪夺巧取手段，在我国造就了一批亿万富豪。据中国银行私人银行与胡润研究院联合发布的《2011 年中国私人财富管理白皮书》，中国家财 20 亿元的富豪有 2000 人，其中最富有的两位财产分别达 700 亿元和 680 亿元，排名第 50 位的家产为 170 亿元②。2009 年，中国前 200 名富豪的财富总额相当于全国 GDP 的 7.76%，大于美国前 400 名富豪的总资产与全美 GDP 之比（7.63%），表明中国财富集中度已经超过世界首富的美国了。富豪们的财产比起普通劳动者的财产相差何止成千上万倍！这些财产都是由他们的高额收入积累而成的。可见，私营企业主收入与普通劳动者收入的差距难以比拟地大于行业间的工资差距和城乡差距，它才是我国最主要的分配不公，其原因只能从所有制的变革和

①　2011 年广州市地税局公布十大稽查案件，仅查补税、费、金及罚款就逾亿元，其中半数为房地产企业。

②　1999 年排名第 50 位的家产仅为 0.5 亿元，即，在 12 年间增加 339 倍。

工作失误去说明，即在鼓励私人资本主义经济发展的同时，对其引导和监管不力，造成资本过度剥削，资本积累过快而产生劳动大众相对贫困。

了解了分配不公的主要症结，就不难看出我国一贯宣扬共同富裕和以提高人民的生活为目的，却大量生产过剩、内需不足而大批工农群众生活贫困的根本原因了。我国强调要促进内需，讲过多少年了，至今没有解决，根本原因就在于广大群众收入很低，虽有消费需求却囊中羞涩。如果离开这个根源，不努力提高广大劳动者的收入，而只从再分配的措施去想办法，问题就得不到真正的解决。

2. 关于阶级关系

在 20 世纪 50 年代，我国赶跑了帝国主义在华势力，通过土地制度改革和生产资料的社会主义改造，消灭了剥削和剥削阶级，工人、农民、知识分子等劳动者成为社会的基本阶级。但是，改革开放以后，经济社会关系发生巨大变化，产生一系列社会矛盾，于是就产生了我国社会是否存在阶级的问题。

中国社会科学院课题组组织数十位学者，历经 3 年的调查研究，把当代中国社会划分为"十大阶层"：国家与社会管理阶层，经理阶层，产业工人阶层，农业劳动者阶层，私营企业主阶层，专业技术人员阶层，办事人员阶层，个体工商户阶层，商业服务人员阶层和城市无业、失业和半失业阶层。此外，有人以年龄、资本、知本、生产方式、政治、经济社会地位等条件，作为划分社会阶级、阶层的依据，将中国社会划分为九个阶级：青年阶级、资本阶级、知本阶级、工人阶级、农民阶级、商业阶级、政权阶级、国资阶级、老年阶级；有人根据改革以来人们利益获得和利益受损的状况，将中国人分为四个利益群体或利益集团，即特殊获益者群体、普通获益者群体、利益相对受损群体和社会底层群体。有的文件将工人、农民、知识分子、私营企业主、个体生产者等都称为社会主义建设者，按照收入水平，将他们分为高低收入者、中等收入者、高收入者。

　　这些意见有的以职业、职务、从业部门、就业情况甚至是年龄等处于随时流动变化的因素作为区分阶层、阶级的依据，缺少阶级存在所应有的稳定性；有的笼统地讲获益、受损和收入高低，而不谈决定这些利益状况的根本原因，只停留于表面现象而缺乏基础性因素；有的文件只根据各种人群在社会发展中的影响，通通称之为社会的建设者，回避、掩盖我国存在阶级差别的事实。它们最大的缺陷是脱离生产资料所有制的实际，无法从本质上去认识不同社会集团在社会中的地位，无法正确分析他们在社会经济结构中的作用及其相互关系。

　　列宁指出；"所谓阶级，就是这样一些集团，这些集团在历史上一定社会生产体系中所处的地位不同，对生产资料的关系（这种关系大部分是在法律上明文规定了的）不同，在社会劳动组织中所起的作用不同，因而领得自己所支配的那份社会财富的方式和多寡也不同。所谓阶级，就是这样一些集团，由于它们在一定社会经济结构中所处的地位不同，其中一个集团能够占有另一个集团的劳动。"[①] 这个定义从不同社会集团对生产资料的占有状况出发，引申出他们在生产中的不同地位和作用以及分配方式和分配份额的差别，全面地界定他们在生产关系中地位和作用的差别，并进而说明这些集团的相互关系。这一科学的阶级定义，正是运用马克思主义所有制理论的典范。

　　根据列宁的定义，对照我国的现实情况就可发现，我国当前阶段已经再生出一个比社会主义改造前强大百倍的资产阶级，他们利用我国的特有条件，凭借所占有的生产资料超重剥削雇佣工人，以世界历史罕见的速度积累起惊人的财富，影响着我国经济的发展道路。资产阶级的重新出现和发展已是明显的客观事实。理论界许多人天天讲与时俱进，对这个极端重要并且显而易见的阶级关系的变化却视若无睹、装聋作哑，除了明哲保身的考虑以外，就在于对马克思主义所有制理论的背弃。

---

① 《列宁选集》第 4 卷，人民出版社 2012 年版，第 10 页。

3. 关于社会基本矛盾和基本经济规律

正确认识和处理社会主要矛盾对社会的发展具有重大的意义。主流的表述认定，我国的社会主要矛盾是落后的社会生产同人民不断增长的需要之间的矛盾。这基本上是重复半个多世纪前的说法，根据的是 1956 年社会主义改造基本完成后的社会状况。那时，我国不存在资本主义私有制和剥削阶级，公有制占社会经济的绝对统治优势，几乎全部的生产资料和绝大部分的产品归劳动人民共同所有，满足劳动人民不断增长的需要代替利润的追逐成为社会生产的目的，而低下的生产发展水平却使社会生产目的无法实现，于是，它们之间的矛盾就成为社会的主要矛盾。但是，时至今日，我国的经济社会面貌已经发生巨大的变化。从生产状况看，我国的 GDP 从 1956 年的 1029 亿元增加到 2011 年的 471564 亿元，增长了 458 倍多，早已位居世界第二位，生活消费资料供应充足，而且许多产品已经从短缺变成过剩或严重过剩。从社会关系看，占我国企业大多数的私营企业是以获得最大利润，而不是以满足广大人民的需要为生产目的。资本主义的超强剥削导致收入和财富差别悬殊，两极分化严重，使中国变成世界上基尼系数最大的国家之一。富豪们追逐高级奢侈品消费，使中国成为世界第一的奢侈品消费大国，而大多数劳动人民却因收入低下无力购买堆积如山的商品。"内需不足"和对国外市场的过度依赖成为我国生产进一步发展的重大障碍。因此，简单搬用原来的关于我国社会基本矛盾的说法已经远远不符合当前的实际了。问题就出在它严重脱离了我国所有制状况。实际上，我国存在着两种主要的所有制：社会主义公有制和资本主义私有制。在它们基础上形成的生产关系以及由它们产生的社会矛盾，是完全不同的。就社会主义生产关系而言，它的主要矛盾还是人民日益增长的需要同落后的社会生产的矛盾。从资本主义关系看，深受私人利益局限的资本主义经济与整个社会生产协调发展之间的矛盾、生产无限扩大的趋势和劳动者有支付能力的需求相对缩小之间的矛盾，在我国已经明显暴露，而且愈演愈烈。这些矛盾与资本超重剥削、劳资之间收入悬殊的阶级矛盾交相掩映，构成资本主义生产关系的主要矛盾。社会主义和资本主义两类社会主要矛盾并存，互相影响，其社会效应会随着两种所有制力量的竞争而变化，其前途最终要由占主导地位的所有制决定。当公有制力量足以控制社会经济时，社会主义的社会主要矛盾就起主导作用；反之，如果资本主义私有经济成为控制一方时，资本主义的主要矛盾就可能成为社会的主要矛盾了，社会发展的前途也会随之改变。

由所有制的巨大变化决定，我国原先存在的社会主义基本经济规律，即"用在高度技术基础上使社会生产不断增长和不断完善的办法，保证最大限度地满足整个社会经常增长的物质和文化的需要"的规律，已经不能决定我国经济发展的一切主要方面和主要过程，支配社会经济发展的方向了。与它同时存在的还有资本主义的基本经济规律。剩余价值规律也在我国经济发展的一些主要方面和过程发挥了支配作用。究竟哪种性质的规律会在我国占主导地位，也一样要取决于哪种所有制的经济力量居于支配地位。

以上分析充分显现出所有制对社会主要矛盾和社会经济规律及其社会发展前景的重要作用，也可看到马克思主义所有制理论对正确认识经济社会关系的重要意义。

4. 关于市场经济

为什么在当前阶段要实行和可能实行市场经济？国家所有制能与市场经济兼容吗？我国的市场经济有什么特点？市场经济能主宰我国的发展吗？这些长期争论的问题只能从所有制关系的分析找到正确答案。

之所以要实行和可能实行市场经济，并不是因为有人觉得它比计划经济好，而是因为我国的所有制关系在改革开放后发生了巨大变化，所有的经济主体都变成拥有独立产权的商品生产者，它们主要从市场接收资源配置信息，听从市场而不是政府的指挥。过去，当全国几乎都是公有制，而国有经济的产权（即权、责、利关系）还高度集中在中央政府的时候，企业没有自身的独立经济利益，没有生产经营的自主权利，也不需承担任何责任，因此，市场信号对企业就失去意义，市场机制就发挥不了作用。在这种所有制条件下，非但无法实行市场经济，连国有企业也成不了真正的企业，他们的产品也的确只有商品的"外壳"而无实质。改革开放以后，我国出现了大量的私营企业、个体生产者、混合所有制企业，它们都是独立的商品生产主体，只通过市场交换与国家和公有制企业建立经济联系。国家所有制也实行多种实现形式，国有企业开始拥有自主的权能和独立的利益，它们为了获取更多利润，都要根据市场提供的信息，生产成本低廉、价格较高的产品，自由地在市场上买卖，国家再也无权对它们的产品进行无偿调拨。于是，价格机制便成为企业生产经营的指挥力量，市场经济就水到渠成地取代计划经济了。可以说，过去产权高度集中的国有制与市场经济是不兼容的，但在国有企业具有自主权能和利益的条件下，它们变成真正的商品生产者，必然要受市场的指挥和调节。这种变化是所有制改革的必然结果。同时，这种市场经济由于是建立在公有制为主体、多种所有制经济共同发展的基本经济制度之上的，便具有社会主义的特点。所谓市场经济都一样、没有性质差别的说法，是不懂所有制的决定作用，因而是错误的。但是，市场毕竟只是资源配置的方法和手段，是处于经济运行层次的关系，要受到根本的制度，即所有制关系的制约，不能反过来以它为导向，按它的要求去改造公有制，去规划社会发展的方向。只要所有制的社会结构更合理，公有制内部的产权配置更能激发企业的活力和自我约束的自觉性，市场秩序就会愈加健全，市场就会愈加活跃，市场经济就能更好地发展。所以，不能只按西方经济学的理论去运作，把市场经济看成高于一切，一切都依赖市场机制，而忽视所有制关系的作用。作为经济关系的科学概括，政治经济学也不能以市场经济的建立和发展作为理论的主线。

此外，分析好所有制关系还有助于正确认识社会主义各方面经济关系的特点，包括企业、农户、居民等社会主义微观主体的行为和经营机制；了解影响社会主义经济发展的各种因素，如社会发展目标、增长方式、资源配置、产业结构、地区结构、人口和就业、消费方式和水平等等；了解调整国家的经济职能，解决宏观调控模式、体系、形式和手段等问题。

二、　坚持与否定马克思主义所有制理论的交锋

对待生产资料所有制地位和作用的态度历来是马克思主义与其他学说的重要分水岭。马克思高度重视生产资料所有制的重要地位和作用，他还批判过拉萨尔关于劳动是一切财富的源泉的论点，指出这个说法回避生产资料所有制的重要性，掩盖资本主义和其他一切剥削的根源，是"资产阶级的说法"①。资产阶级占据统治地位以后的经济理论，都极力掩盖资本主义剥削的根源，讳言生产资料所有制。连标榜研究经济制度的新制度经济学，也是避开资本主义最根本的制度——生产资料所有制，只局限在经济运行层次的具体产权上做文章。究其原委，就是为了掩盖资产阶级利用他们独占的生产资料剥削劳动者的关系。这些都充分暴露了他们理论的阶级属性和局限性。有的经济学虽然也声称关心劳动者，提出要研究弱势群体及其转化机制，但它离开所有制的研究，既无法了解这些群体变成"弱势"的根源，也找不到如何使之转化和摆脱贫困的途径。在我国，是否坚持社会主义公有制为主体，关系到社会主义的方向和前途。可是，在改革开放过程中，彼落此起地接连出现一些抹杀所有制重大意义的观点，并挑起理论论战，其中有些人是由于对所有制内涵了解不够，另一些人却是想采取迂回的途径，通过否认所有制的基础作用，否认公有制为主体的必要性和

①《马克思恩格斯选集》第3卷，人民出版社1972年版，第5页。

重要性，为私有制的发展制造舆论①。

下面简要评述几次有关所有制地位和作用的理论交锋。

1. 对所有制客观性的质疑

早在改革开放初期，就出现一种观点，认为所有制是法学范畴，不属于经济关系。他们还引用马克思批判普鲁东的话："要想把所有权作为一种独立的关系、一种特殊的范畴、一种抽象的和永恒的观念来下定义，这只能是形而上学或法学的幻想"②，认为把生产资料所有制作为生产关系的一个组成部分，是沿袭斯大林的教条，犯了"形而上学或法学幻想"的错误。这种观点以为引用马克思的某些话语就可否定所有制的存在及其重要性，实际上没有弄清马克思对普鲁东批判的真正含义。因为，普鲁东把所有制当成一种独立于历史进程之外的抽象的永恒观念，否认它的历史的暂时的性质，还把所有制同分工、竞争、垄断、贸易等经济关系截然割裂开来，把它们看成是时间上处于不同顺序的阶段或互不相关的东西，当成是在社会生产关系之外的独立范畴。马克思批判普鲁东把所有制当成"独立"的关系，指的是他把所有制排除在生产关系之外；批判他"形而上学或法学幻想"指的是他否认所有制会随着历史进程而发展，抽象地讲所有制。斯大林精确归纳马克思、恩格斯的论述，把生产资料所有制列为生产关系的一项，突出它在生产关系中的作用，是与普鲁东的观点完全相反的。他科学地阐明生产关系的内涵，揭示生产资料所有制和生产关系其他方面的内在本质联系，恰恰是坚持辩证唯物主义和历史唯物主义。因此，决不能断章取义地利用马克思对普鲁东所有制观念的批判来否定生产资料所有制的地位和作用。

---

① 近年来国内一些组织和个人发表了许多号称"触目心惊"的数字，突出我国的贫穷、落后、腐败，却绝少涉及占人口极少数人的惊人财富，也是为了掩盖由私有制造成的两极分化的严重后果。

② 《马克思恩格斯全集》第 4 卷，人民出版社 1958 年版，第 180 页。

2. 以"总和论"否定"基础论"

有些学者摘引马克思的话，主张所有制是生产关系的总和而不是生产关系的一部分，以此否认生产资料所有制是生产关系的基础。他们所持的根据，主要是马克思早期著作中的两句话："私有制不是一种简单的关系，也绝不是什么抽象概念或原理，而是资产阶级生产关系的总和。"① "给资产阶级的所有制下定义，不外是把资产阶级的全部社会关系描述一番。"② 但是，马克思讲所有制是生产关系的总和，并不是指所有制是再生产各个领域生产关系的简单相加，或者认为这两个范畴是完全等同的，他只是从所有制是生产关系中最基本的关系，对生产关系的其他方面具有决定作用这个意义上作出简要的表述。因为，以不同客体为对象的所有制存在于再生产的各个领域，而且是各个领域经济关系的重要部分和决定性因素，讲清所有制，便可容易地理解生产关系的其他方面，或者反过来看，讲清生产关系的各个方面，就能体现出所有制的性质、特点和作用；而且由于所有制对其他关系起着重要作用，与其他关系的关系非常紧密，要说明一个社会的所有制，也可以先把这个社会全部的生产关系描述一番。这就是把所有制称为生产关系的总和的真正含义。因此，不能用这两段话说明生产关系和所有制是完全等同的。这种理解不是凭空推测的。马克思说过："废除私有制甚至是工业发展必然引起的改造整个社会制度的最简明扼要的概括。"③ 这一方面突出所有制的重要作用，即"要改造整个社会制度""就要废除私有制"，另一方面也明确地指出这是"最简明扼要的概括"。可见，把所有制称为生产关系总和是因为所有制的重要性，也是一种泛称或简明的说法，不是说两者完全相等，不能以它去否定所有制是生产关系的重要组成部分。

---

① 《马克思恩格斯全集》第 4 卷，人民出版社 1958 年版，第 352 页。
② 《马克思恩格斯全集》第 4 卷，人民出版社 1958 年版，第 180 页。
③ 《马克思恩格斯选集》第 1 卷，人民出版社 1995 年版，第 237 页。

把所有制和生产关系完全混同起来，在理论上会产生一系列的错误后果。它不能如实反映生产关系的构成，无法正确反映生产关系内部各个方面的相互关系，即生产资料所有制决定生产关系的其他方面，而生产关系的其他方面又反作用于生产资料所有制的辩证关系，从而，就不可能从生产关系内部去掌握生产关系发展变化的规律。应用于实践，这都不利于经济建设和体制改革的顺利展开。

3. 认为生产资料所有制是生产的结果，否定它是前提

否认生产资料所有制的基础地位还有一种说法，即所有制是生产的结果而不是前提，因而不能成为生产关系的基础。这是断章取义，不符合马克思的基本理论和社会实际。

的确，马克思有时也讲过，由生产资料的分配形成的所有制是生产和分配的结果，但他这样说主要是为了强调生产和分配、生产和再生产之间的辩证关系，反对把它们割裂开来的形而上学观点，绝不是用这些话来否定生产资料所有制作为生产前提的作用。马克思指出："生产实际上有它的条件和前提，这些条件和前提构成生产的要素。这些要素最初可能表现为自然发生的东西……并且对于这一个时期表现为生产的自然前提，对于前一个时期就是生产的历史结果。"① 这里阐述了社会再生产过程以及生产和分配的辩证关系，也清楚地说明了生产前提和结果的相互转化。那就是，如果从生产关系的再生产看，后一个关系（如生产资料所有制）是前一个关系的产物；但从一个生产过程来看，或者把不断反复的再生产作为整个历史过程来看，生产资料所有制就是前提，而不是结果了。马克思对这个关系的论述还有很多，例如："劳动者的劳动条件像这样完全被剥夺，并不是资本主义生产方式所要达到的结果，而是它作为出发点的现成的前提。"② "对劳动的自然条件的占有，即对土地这种最初的劳动工具、实验场和原料

---

① 《马克思恩格斯全集》第 46 卷上，人民出版社 1979 年版，第 34 页。
② 《马克思恩格斯全集》第 25 卷，人民出版社 1974 年版，第 673 ~ 674 页。

贮藏所的占有，不是通过劳动进行的，而是劳动的前提。"① "劳动者的所有权关系，不是他的劳动的结果，而是他的劳动的前提。"② 总之，这些论者把真正的因果关系颠倒过来了，他们的个别摘引并不能否定生产资料所有制是生产关系基础的原理。

4. 掀起所有制是目的或手段之争，否定所有制存在的客观性和重要作用

在所有制改革进入深化阶段，有些人掀起所有制是手段还是目的的争论。这是一个非科学的"伪"论题，挑起它是企图混淆不同的关系，否认所有制的客观性及其重要地位，进而迂回反对坚持公有制为主体的必要性。

首先，历史唯物主义认为，所有制的变化发展不是由人们的主观愿望，而是由生产力发展的要求决定的。社会主义公有制代替资本主义私有制，是一种不以人们的意志为转移的客观必然性，不可能由人们自由选择。恩格斯说过，废除私有制，建立公有制的思想，早在几百年前就已经出现在某些先进分子和派别的头脑中了，但只有在条件成熟时，即生产力高度发展并要求突破资本主义私有制的狭窄框框的时候，这种理想才能实现。从历史来看，尽管过去社会的统治者千方百计地想维持旧制度，但在代表新生产力的阶级的冲击下都失败了，这表明一种所有制的出现或消亡，是客观经济条件变化的结果，不是由人们主观意愿选择的。可见，生产资料所有制既非手段，亦非目的，议论它是前者或后者是不科学的。

其次，从一定生产关系主体的活动来看，为什么处于统治地位的阶级必然尽一切手段去巩固和发展他们的所有制？就是因为，生产资料所有制是生产关系的基础，也是一切经济利益的基础，原有的生产资料所有制变了，生产关系也会随之发生变化，他们的地位和利益就会全部丧失。因此，生产资料所有制是生产关系的基础，是一个阶级根本利益之所在，不应该

---

① 《马克思恩格斯全集》第 46 卷上，人民出版社 1979 年版，第 483 页。
② 《马克思恩格斯全集》第 46 卷上，人民出版社 1979 年版，第 519 页。

把它仅仅看成是可以随便采用或放弃的手段。以目的和手段来概括生产资料所有制的地位和作用，无法反映出它在生产关系中的决定性的重要意义。

在争论中有些人提出，发展生产力才是目的，所有制只是手段。这也不对。

人们不是为了发展生产力而发展生产力，发展生产力并不是目的，由生产力发展带来的利益才是目的。资本家发展生产力，只是为了增加所得的利润并且巩固其优势地位。一旦这个目的不能达到，他们宁可把能够促进生产力的发明束之高阁。重要的是，得到和维护经济利益的基础是生产资料所有制。因为，所有制本身就包含了权能和利益，而且还是一切经济利益的根源和基础。在任何社会里，有了生产资料，就能够得到一切经济的乃至于政治的、社会的权利；失去生产资料所有权，就会失去一切。对一无所有的雇佣劳动者来说，发展生产只是老板的事，对他们是没有意义的。不仅如此，早期的工人甚至还把体现新生产力的机器当作他们厄运的根源，以破坏机器来表达他们对剥削性所有制的反抗。在社会主义社会，发展生产力只是手段，目的是为了提高劳动人民的物质文化生活水平。但怎样才能实现这个目的？根本的条件只有一个，就是维护和发展社会主义生产关系，在基本经济制度中坚持社会主义公有制为主体、国家所有制为主导。这就是马克思主义关于所有制与发展生产力相互关系的论述给予我们的启示。

5. 以"所有制崇拜"诋毁马克思主义对生产资料所有制重要性的论述

有些人以批判斯大林为掩护，把坚持生产资料所有制的基础地位、强调社会主义公有制重要性的理论蔑称为"所有制崇拜"。这在理论上是极其错误的，也完全违背历史和现实。所有制是客观存在的关系，它在生产关系中发挥基础性、决定性作用是生产过程的必然结果，完全可能科学地认知和描述其作用的缘由和轨迹，根本不同于那些因人类受制于自然界而不知其原委的神秘幻觉。将所有制重要地位和作用的科学说明称为拜物教，实际上是对马克思主义所有制理论的歪曲和攻击，必将对社会主义事业带来巨大的不良影响。因为，一旦否定了马克思主义所有制理论，就无法辨别和分析不同性质的经济关系，不懂它们变化发展的原因和规律，非社会主义和反社会主义的势力就可趁乱行事，干扰我国发展的社会主义方向。只需留意下文列举的在所有制关系上的一系列反公促私、反"社"促"资"观点，就可容易地看清，反对马克思主义所有制理论的人不是不了解，而是太懂得所有制的重要性了。他们骨子里搞"私有制崇拜"，却大讲所有制是虚幻的，无关紧要，不要"崇拜"云云，是想麻痹我们，使我们忽视所有制的重要性，放松对公有制的防护，好让资产阶级趁机占领所有制阵地。遗憾的是，这种正中资产阶级下怀的说法，居然也在马克思主义理论队伍中传开了，很值得我们担忧。

三、 散布错误所有制理论掩护私有化的重大回合

所有的经济理论都有一定的立场，都同一定群体的经济利益息息相关。主张资本主义私有化的人，维护的不是劳动人民，而是资产阶级的利益，他们始终以一定的理论为掩护，抓紧一切时机和借口反对公有制，特别是国家所有制。改革开放以来就出现过不少此类活动。

1. 推出"国有经济低效"论、"包袱论"、"冰棒论"，主张国有制必须尽早退出

有些人提出"无偿劳动"比"无效劳动"好，利用改革开放初期国有企业对市场运行不适应以及设备老化、生产条件较差等情况，断言公有经济效率低下，必须尽早退出。在这种论调的影响下，有些政府部门下令所属国有企业限期改制，使大量国有企业贱价出卖给私人。

2. 制造"'国''民'对立"论，反对真正归全民所有的国有制，鼓吹私人所有的资本主义所有制

本来，社会主义的"国"和"民"的根本利益是一致的，作为政权的"国"（社会主义国家）是人民政治经济权利的坚强保障；作为所有制的"国"（社会主义国家所有制）是全民所有制在国家尚未消亡时的存在形式，是属于全体人民（即最广大的"民"），为全体人民利益服务的。但是，有些人蓄意将私营经济改称为"民营经济"，掩盖生产资料归少数人所有并剥削多数人的关系，抹杀社会主义与资本主义、公有制与私有制的差别。同时又否定社会主义国家所有制是全民所有的实质，将它挤出人民的行列，使"民"的称号转归私有经济专用。于是，社会主义国有经济与资本主义私有经济的关系便被篡改成"国"与"民"的关系。有些别具用心的人还进一步把国有经济诬称为"官本经济"，将"国"改为"官"，制造了"国""民"对立论。经过几次概念是非的颠倒，他们便堂而皇之打着"民"字旗号，大力鼓吹以私有经济代替公有经济了。

3. 散播"所有制歧视"论，为私有经济争夺资源和地位

有些人说国家垄断金融，多给国有企业贷款，不肯为私营企业融资，挤占民间资本的空间，造成资源分配不公，是所有制歧视。这是利用对金融政策和借贷原则的歪曲，将局部问题夸大为全面的政策偏差。银行贷款必须遵循效益性、安全性和流动性的原则。国家银行的贷款首先要按产业政策支持国家鼓励发展的产业，保证资金利用的社会效益。几年来贷给国有部门的贷款很大部分用于基本设施、公共福利事业和重要产业，无可厚非。有些私营企业因为资信条件较差贷不到款是正常的，不叫挤占民间资本的空间。如果要讲资源分配不公，少数人掌握巨额资本，还可利用大笔贷款去赚钱而劳动者什么也得不到才是最大的不公。所以，这种叫喊只是要替私人资本争夺更多的社会资源，支持私营经济发展。

4. 高唱"不与民争利论"，推进"国退民进"

它把国有经济的发展歪曲为"与民争利"，实际上是把"'国''民'对立"论合法化，掩护私有经济全面进攻，企图进一步排除国有经济。在它的影响下，我国发生了大规模的"国退民进"浪潮。

5. 鼓吹"领域分割"论，主张公有经济退出一切竞争性领域

一些人趁着国有经济进行战略性调整的时机，把国有经济要在关系国计民生的领域里加强和发展，歪曲为国有经济和私有经济要根据生产领域的差别分别发展，提出"国有经济退出一切竞争性领域"的口号。这种主张完全违背国有经济战略调整有进有退、进而有为、退而有度、进退相济的方针，遭到党的十五届四中全会否定。但是，一些人还继续鼓吹这种论调，企图按资本主义国家的模式，压制国有经济的生存空间。

6. 虚构"间接所有制"论，美化资本主义私有经济

有的人想要掩盖资本主义私有制的剥削性，美化资本主义，提出所有制关系应该"不求所有，但求所用"，说资本家赚了钱只有极小部分用在个人，大部分都再投资去发展社会生产，利及民众，是间接的社会所有，不能简单地说它"姓私"，而应该大力支持它发展。这些人根本不懂最基本的产权理论：其一，归属含义的所有权是产权的核心，有了它就能设置和支配一切的其他产权，并使所有者得到由于使用各种产权带来的一切利益；其二，生产资料的使用者不是具体操作人员，而是支配生产资料用途、指挥生产过程并因使用生产资料创造的利益的获得者。资本家追加投资不是为了社会和劳动人民谋福利而是为了以钱生钱。我国私营业主总资产迅猛增加而劳动者所得无几，就能证实这一点。而且，只要投资风险稍微增大，他们就会将资产转移，连本人也会溜到外国①，造成的经济动荡，只能由劳动人民去承担。所以，他们的资产是百分之百姓"私"的，所谓间接的社

---

① 据招商银行《2011中国私人财富报告》，可投资资产在1000万元以上的高净值人群，近60%已完成投资移民；这个现象在企业主中尤其明显，约27%受访者已完成投资移民，正考虑者也高达47%。

会所有是刻意偏袒资本主义私有制的彻头彻尾的谎言。

7. 抛售"新公有化"论，企图全面瓦解国家所有制

有些人主张在国有企业中实行资产量化到人，广泛推行股份制，把任何情况下一群人组成的经济体都当成公有制，并将其称为"新公有化"。这种观点离开公有产权的基本特征，抹杀以个人所有权为基础的生产组织与共同所有的公有制生产组织的本质区别，在理论上是非常错误的。其目的是要以完全私有的和混合所有的股份经济替代社会主义的国有经济，推销私有化，瓦解公有制，根本不是什么"新的"公有化。

8. "反'国进民退'"论，将"国退民进"确立为既定的改革原则

近几年来，经过产权制度改革和战略调整，国有企业得到一定的发展和壮大；同时，有些私营企业因受国际经济危机影响和经营不善等原因，出现财务困难，或倒闭，或被国有企业收购，有些则因产业整顿而进行改组或与国有企业合并。这本是市场竞争的正常活动和转换经济发展方式、优化结构的必要措施，一些人却夸大事实①，群起叫嚷"国进民退"，并向国家施压。他们的意图是将"国退民进"说成是侵犯不得的既定原则，以便他们随时利用这一原则对国有经济展开攻势。

9. 煽动"反国企垄断"论，进攻国有经济最后的战略高地

改革开放三十多年来，经过一阵阵的紧缩，国有经济占国民经济的份额大幅度减少，已经退到一些关系国家经济命脉的部门。然而，私有化鼓吹者对此并不满足，近年来，他们又利用民众对分配不公的严重不满以及对所谓"中等收入陷阱"的担忧，将矛头引向国有经济，特别是国有垄断企业。这是私有化者的重要战略行动，是在私有经济广泛占领"竞争性领域"之后，向国有经济的最后的战略高地发动进攻，意欲效法有的西方国家，将国有经济逼到不盈利的公共部门，让私有经济全面统治国民经济。

---

① 从统计数据看，与 2003 到 2010 年平均值相比，2011 年 1～4 月政府投资占比下降 8.3 个百分点，民间投资增加了 22.5 个百分点，同"国进民退"的说法正好相反。

10. 散布"国有经济腐败"论，企图全盘否定国有经济

近来，随着民众对官场腐败的愤恨日益强烈，有些人又将怒火引向国有经济，并且恶毒地把国有经济诬称为比资本主义还坏的"权贵资本主义"。诚然，国有企业中存在一些腐败现象，但它只是少数人的不法行为，可以通过完善监督制度和法律手段逐步解决，不会改变社会主义国有经济的基本性质。况且，经济和政治腐败的根源是资本主义对利润的无限贪欲，纵观资本主义国家，政府高官乃至首相总统之类的权贵与资产阶级的勾结和贪污行为遍地皆是，资本主义和"权贵资本主义"不存在谁好谁坏之别。所以，散布这种论调是对国有经济百般责难后新增加的严重诽谤，企图以此全盘否定国有经济，为私有经济全面进军扫清道路。

综上可见，对社会主义国家所有制的批判和攻击接连不断，它逐步暴露了私有化鼓吹者的面目和意图，也锻炼和提高了马克思主义者的认识水平，增强了其捍卫社会主义生产关系的理论能力。但是，利益的争夺必然引发理论的斗争，社会主义与资本主义两条道路谁胜谁负的问题远未解决，斗争也不会停止。大家一定要高度重视所有制对经济发展的决定作用，坚持社会主义公有制的主体地位，保障社会主义道路，维护劳动人民的福祉之源。

（原载于《马克思主义研究》2013 年第 7 期）

所有制理论与社会主义政治经济学创新

近年来，经济理论界普遍呼吁进行社会主义政治经济学的改革和创新。虽然对存在问题的性质、原因，尤其是解决问题的方向、道路，看法分歧很大，但有一个比较共同的意见，即认为它脱离我国实际，难以有力解释现实问题，未能充分发挥指导社会主义建设和改革并充当其他经济科学理论基础的应有作用。

我认为，各门社会科学理论都是对某一社会关系的内涵、特征和变化发展规律的抽象归纳和概括。它来源于生活、深究生活的本质又高出于生活。不能要求它处处同丰富多彩的生活现象完全一致，否则就等于取消科学理论的必要性。即使是作为有些人理想目标的西方经济学，同经济现实的差距也是非常大的。因此，必须正确认识理论和实际的关系，合理对待理论的实践性。当然，不能以此忽视我国政治经济学在某些方面存在与实际相脱离的问题。但是，要解决这些问题，不能像有些人主张的那样，以西方经济学取代马克思主义政治经济学。因为那样只会离开我国的国情更远，更难以适应我国社会主义建设和改革的需要。正确的思路应该是，以已经在中国扎根和发展了的马克思主义基本原理为指导，吸收西方经济学的科学成果，紧紧从我国社会主义初级阶段的客观条件出发，通过对以公有制为主体、多种所有制共同发展的基本经济制度的分析，全面研究社会再生产过程的各种关系及其运行规律。人类社会的历史证明，生产资料所有制是生产关系的前提和基础，所有制改变了，其他的生产关系也必定随之发生变化。所以，在社会主义政治经济学的改革和创新中，建立正确反映客观实际的所有制理论，对科学分析和阐述各方面的经济关系，揭示它们的发展规律，增强经济理论解释和解决现实问题的能力，起着十分重要的作用。

一、 所有制理论在社会主义政治经济学中的重要地位

所有制指人们围绕和凭借各种客体建立和形成的责任、权能和利益关系，是一个包含着各种产权的复杂体系。适应于不同的生产力，各个社会阶段不仅存在着不同的所有制，各种所有制内部也存在不同的产权结构。在所有者不变的条件下，同一种所有制可能出现不同的产权配置格局，即产权制度或所有制实现形式，它们是所有制的具体化。相对于具体的产权制度，所有制则是根本的产权制度。政治经济学不能把所有制关系简单化，把它仅仅理解为财产归属于谁的问题，只看到狭义的所有权，即归属权，而应该认识它的复杂性，从主体和客体、各种主体的外部关系和内部关系，具体研究它们如何随着客观条件的变化不断改变其结构。只有这样，才能建立正确反映现实的所有制理论。

既然生产资料所有制是生产关系的前提和基础，离开了生产资料所有制，就无法充分说明生产关系其他方面的特点和它们的相互关系以及它们形成和发展的规律，因此，尽管在各种经济学的体系中对所有制的理论探索详简不一，理论阐述的结构次序各异，却毫无例外地要以一定的所有制作为分析经济关系和经济运行的前提。而且，一种经济学理论的科学性，与它所依据的所有制理论密切相关。

马克思虽然从商品的剖析开始《资本论》鸿篇巨制的铺展，但仍然是以资本主义的私有制作为立论前提的。例如，他强调私有制是商品经济存在的基本条件，商品交换必须承认对方是商品的所有者，强调小商品生产

和资本主义商品生产的差别，指出在资本主义所有制条件下，劳动力才成为商品，商品生产的所有权规律才转化为资本占有权规律。至于剩余价值的生产、流通和分配理论，对资本本质和资本积累规律的揭露，关于资本主义的基本矛盾和资本主义必然被社会主义所代替等重要原理的阐述，更无一不是在剖析资本主义私有制的基础上展开的。社会主义理论能够从空想转为科学，就在于马克思不是笼统地反对私有制，而是如实地分析资本主义私有制的历史作用以及它带来的一系列弊病，深刻揭露资本主义私有制与高度发展的生产力的矛盾。劳动人民正是在这一科学学说的指引下，夺取革命的胜利，建立了社会主义制度。马克思也阐述了未来社会生产关系的基本特点，可是，它们仅是根据资本主义私有制的发展趋势作出的预言，与后来建立的社会主义国家的实际条件不可能完全相同，这就需要根据社会主义的实际情况加以发展。

西方传统经济学以资本主义私有制作为理论分析的既定前提。他们关于自由市场制度能够自动实现资源的最优配置的基本观点、关于市场体制及其运行规律的阐述，也是以资本主义私有制为出发点的。这使得他们的理论在许多方面符合于资本主义实际，能够解决许多现实经济生活中的问题。但是，他们为了回避客观存在的阶级矛盾，讳言所有制关系，加上他们构建理论体系时不得不设置的种种假设条件，又使他们的理论在很大程度上脱离实际，在诸如外部性、劳资关系、分配关系、劳动效率、企业制度演变等重大问题面前显得苍白无力，削弱了解释问题和解决问题的能力。

西方现代产权经济学修改了传统经济学的某些假设，强调在交易费用为正的条件下产权制度对资源配置效率的决定性作用，并且以此为理论核心，分析了资本主义经济微观和宏观发展的一系列问题，出现了西方经济学和经济史学的重大突破和创新，也为资本主义社会新出现的某些问题提供了解决办法。但是，西方产权学派仍然以资本主义私有制为既定的前提。它不研究根本产权制度的变化发展，而只关心具体运行层次的产权关系，甚至是那些已有的法律、法规还未具体明确的细小的产权界定，分析它们对运行效率的影响。特别是，他们仍然站在维护资本主义私有制的立场，解释资本主义具体产权制度变化的必然性和合理性，掩盖了资本主义的剥削关系，因而严重歪曲了经济生活的实际，也无法从根本上解决资本主义的矛盾。他们的所有制理论的这些缺陷，当然不能不影响到他们整个理论体系的科学性。

社会主义政治经济学，既不能像西方传统经济学那样，把所有制作为无须说明的既定前提；也不能像西方现代产权经济学那样，避开根本所有制关系，只在细小枝节的产权关系上做文章；还不能停留在马克思关于未来社会的所有制的预言上，而需要对现实的所有制关系进行比较全面的分析和论证。这是因为：第一，社会主义是人类历史上崭新的生产关系。它从社会主义公有制建立之时开始形成，随着公有制的成长、变革而变化、发展，离开了公有制就谈不上真正的社会主义经济关系。因此，不阐明公有制关系就无法正确分析社会主义生产关系的其他方面。第二，由于社会主义首先在生产力相对落后的国家出现，还要经历一个相当长期的初级阶段，公有制还不能覆盖整个社会的生产资料，它的内部产权配置也会因客观条件的差异而呈现多样化，需要根据实际情况及时调整；与公有制同时存在的还有其他的所有制，各种不同性质的所有制互相竞争、共同发展，处于复杂的关系之中，这些所有制关系都会影响到社会主义社会各种经济关系的发展。政治经济学要研究不同产权制度对生产关系其他方面以及对经济效率的影响，不能不全面深入地分析所有制的这些复杂关系。第三，在社会主义建设和改革过程中，出现了许多理论和实际的疑难问题，诸如，怎样探索有效的公有制多种实现形式和现代企业制度、社会主义公有制与市场经济能否兼容、为什么社会主义必须实行多种分配形式、如何建立现代企业制度，等等。它们有的本身就是所有制关系问题，有的则与所有制关系的变化密切联系着。把有关的所有制、产权制度阐述清楚了，这些问题就能比较容易理解，易于看清解决问题的方向和途径，社会主义政治经济学也就能够有更深刻的理论依据，与现实也能有更加紧密的联系，更有说服力。第四，政治经济学的发展当然需要吸收西方经济学的有益研究成果，尤其是有关经济运行和提高资源配置效率的一些理论。但是，这些理论是否适合我国的基本国情和由它决定的所有制关系，将在很大程度上影响它们的利用效果。研究清楚社会主义的所有制关系，将有助于判别这些理论对我国的适用性，弄清如何对它们进行改造、吸收，丰富社会主义政治经济学的内容。

掌握好所有制理论，可以比较有力地解释社会主义政治经济学的一系列疑难问题。下面着重以难度较大、分歧较多的市场经济和多种分配方式并存与社会主义所有制的关系为例作一些说明。

二、 关于公有制与市场经济的关系

长期以来，许多人把公有制，特别是国家所有制同商品经济对立起来，认为它们之间互不相容。根据这种认识，曾经有不少人认为在国家所有制内部不可能存在真正的商品关系，并将市场经济视为私有制所独有，不赞成在社会主义制度下搞市场经济。另有一些人则从这种"对立论"出发，认为要发展商品经济，实行市场经济，就不能搞公有制，特别是不能搞国家所有制，主张私有化或非国有化。产生这些偏差的理论认识根源在于：（1）没有认识到所有制是复杂的经济关系，把归属关系当成是所有制的唯一内容，看不到除此之外还有其他重要的权能和利益关系，也看不到所有制主体的各种权能可能互相分离，而且随着权能的调整，经济利益必然相应发生变化，使同一所有制出现不同的实现形式。（2）对我国国家所有制的产权关系在十几年改革后的重大变化认识不足，看不清现阶段我国国家所有制内部关系与苏联模式和我国过去的传统体制的巨大差别，笼统地谈论国有制与商品经济的矛盾。（3）除了以上两方面的原因，对于主张按照商品经济和市场经济的要求改造公有制的人来说，症结还在于，他们没有真正弄清所有制与商品经济和市场经济的关系，不懂所有制关系不仅决定商品经济的有无，而且决定商品经济的特点，不会区分不同的所有制或公有制的不同实现形式对商品关系的重大影响。此外，还有一些人把所有制和商品经济当成各不相干的两种关系。他们虽然也认为国有制可以同商品经济相兼容，实质上却把商品经济当成是无须所有制基础的东西，离开了马克思主义关于所有制和商品的基本原理，在理论上也是缺乏充分论据的。因此，要扭转把公有制与商品经济、市场经济对立起来的旧观念，对长期困扰着经济理论界的问题作出正确的回答，必须首先正确掌握所有制的丰富内涵，从社会主义初级阶段国家所有制的具体产权制度出发，分析国有企业之间的交换关系及其对经济权力、职能和利益的影响，然后根据马克思主义关于所有制与商品经济相互关系的基本原理，对国有企业间交换关系的性质，对它们是否是真正的商品作出判断。

在这里，最重要的是必须区分和明确分析研究的对象和根据：所有制关系。因为，无论是在国外或国内，许多人之所以否认公有制存在商品经济和实行市场经济的可能性，或者认为两者互不相容，重要的原因是，他们心目中的公有制是马克思和恩格斯所设想的发达的、成熟的全社会所有制，或者是像苏联和我国改革前实行的那种将产权全部集中于国家的全民所有制。过去瑞典学派的卡塞尔，奥地利学派的米塞斯，自由主义学派的哈耶克、罗宾斯等人将社会主义同市场经济对立起来，除了他们的私有制偏见之外，重要的原因就在于他们是以当时苏联高度集中的产权制度作为分析对象。至于兰格，虽然主张社会主义与市场机制不抵触，却只能提出模拟市场的方法，而无法以实际资料证明公有制与真实的市场能否相容，其理论弱点也在这里。现代一些外国经济学家，从东欧的奥塔·锡克、弗·布鲁斯到美国的迪夸特里、法国的勃拉尔顿、英国的 A.马科利，虽然也主张社会主义可以同市场经济兼容，但也都没有从公有制的具体产权制度进行分析，理由都不够充分。如马科利认为，在生产垄断化后，即使不进行全面私有化，社会主义国家的市场也可以是有效的，只要所有市场主体的活动服从刚性的市场规律就够了。但是，当国有企业处于改革前那种无权又无利的时候，它们能灵敏地感受市场信息并自主地作出应对决策吗？市场规律对它们能够发挥应有的作用吗？它们的活动可能服从市场的刚性规律吗？我国有些经济学家在公有制和商品经济能否兼容问题上的认识也有同样的缺陷。总之，离开了公有制产权关系的具体分析，它与商品经济的关系就无法得到有说服力的证明。

马克思和恩格斯认为在未来社会不存在商品生产，是因为他们预料社会主义将在最发达的国家取得胜利。到那个时候，与生产力高度发展、生产高度社会化的条件相适应，社会的全部生产资料都将归整个社会所有，一切社会成员对生产资料的权利将完全相同，在生产资料使用上的差别不形成独立的局部利益。在这种所有制条件下，社会生产和流通的组织和实施，不会受到集体或个人的产权利益的干扰，完全可能由社会按计划统一安排，人们的劳动将直接成为社会劳动的组成部分，劳动耗费能够直接按照劳动时间计算，不必借助于价值以迂回曲折的方式去衡量。

历史证实，马克思和恩格斯关于社会主义必然代替资本主义的论断是正确的，但是历史的进程却没有完全按照他们的设想发展。社会主义不是在高度发达的资本主义国家，而是在生产力相对落后的国家首先取得胜利。受到这种落后的生产力的制约，归全社会所有的只是部分的生产资料。除了全民所有制以外，社会上还存在着生产资料归部分劳动者共同所有的集体所有制。斯大林注意到苏联的所有制状况与马克思、恩格斯预言之间的差别，批驳了那种认为社会主义社会不存在商品生产的观点，指出由于公有制存在两种基本形式，集体企业和全民所有制企业是不同的所有者，集体企业之间以及集体企业和全民所有制企业之间进行经济联系时，为了保障自己的所有权，只能采取商品交换的方式，因而社会主义社会必然存在商品经济关系。这是斯大林在新的历史条件下对马克思和恩格斯商品理论的突破，在公有制与商品关系的认识上取得了重大发展。他的理论进步正是立足于正确分析现实的所有制关系的基础之上的。

但是，斯大林在商品理论上取得进展的同时却认为，在全民所有制内部不具备商品经济的基础。因为全民所有制企业互相交换产品时，不发生所有权的转移；它们之间出现商品交换，是受到两种所有制间交换的影响；在全民所有制企业之间互相交换的产品没有商品的实质，而只有商品的"外壳"。这种认识显然是同当时苏联的全民所有制的实际状况相符合的，表明一种受制于历史条件的局限性。因为，当时苏联的全民所有制实行的是产权高度集中于国家的体制，企业只是全民所有制这个大工厂的"车间"，没有任何独立的经营自主权利，也不存在企业的局部利益。就是说，国有企业还不是具有自身权能和利益的产权主体。因此，国有企业之间交换产品时，当然不会发生任何所有权的转移。这与真正的商品交换显然是不相同的。而且，在这种产权制度下，企业对市场信息的反应是迟钝乃至麻木的，也没有适应市场变化的自主权和机动权，根本谈不上运用市场机制去调节资源配置，当然也不可能提出建立市场经济的任务，甚至把市场经济当作资本主义所特有的，是社会主义的异己力量。可见，限制商品和市场理论进一步发展的就是苏联所有制关系的现实，而不是当时的经济学界，包括斯大林，在理论素质和分析方法方面的原因。我国建立社会主义公有制以后，长期采用苏联模式，在国家所有制内部实行产权高度集中于国家的制度。公有制的这种状况当然也同样地制约着我国的商品理论，使它在长时期里无法用有说服力的论据突破斯大林的观点。

经过十几年的经济体制改革，我国不仅在整个社会的所有制结构上发生了重大变化，对国家所有制内部的产权关系也进行了重大的调整。大多数国有企业实行了所有权和经营权分离的产权制度，部分企业还建立了出资者所有权与法人财产权相分离的公司制度。就前一类的国有企业而言，它们虽然不拥有本企业生产资料的狭义所有权（即归属权），却有权占有、使用和在不同程度上支配国家委托给它们的资产，并得到经营所带来的一部分经济利益。社会主义国家通过一系列法律、法规确认国有企业的法人地位，保障企业的自主经营权利和相应的经济利益。这样，原来只相当于国家所有制的大车间、没有自己的自主权力和局部利益的国有企业，就变成具有相当一部分产权的所有制主体。它们从狭义的所有权看，是国家所有制的一部分，是由全体人民组成的统一的所有制主体的一个局部，但从生产资料的占有、使用、支配和收益方面看，又是具有自身产权的不同所有制主体。或者说，它们从整个社会看，只是全体劳动者联合体的一个部分，彼此不是不同的所有者，但从企业的层次看，却是各有自身权力和利益、彼此独立的产权主体。在这种产权关系下，各个全民所有制企业之间是否进行等价交换，就关系到企业的劳动耗费能不能得到实现，成为同企业和职工的利益密切相关的事情。当国家和企业或者国有企业之间互相需要对方的产品时，就不能像过去那样采取无偿调拨或其他变相方式，而必须通过市场实行等价交换，做到互不多占对方的劳动成果，互不侵犯对方的经济利益。这是确认和维护企业产权制度的内在要求。于是，在国家和企业以及国有企业之间就必然存在实实在在的商品关系。

当国有企业享有自主经营的权力和利益，真正成为独立的商品生产者、经营者的时候，它们为了争取自身的经济利益，求得生存和发展，只能按照市场状况调节其经济活动，服从于价值规律和市场机制的权威。国家也不能再像过去那样只凭计划和行政手段去指挥企业的活动。于是，市场机制必然成为调节社会资源配置的基本手段和方式，计划经济便不能不逐步被市场经济所取代。

可见，只要认真分析改革后发生了巨大变化的公有制（包括国家所有制）内部的产权关系，便可认识到，商品经济和市场经济与公有制不仅存在内在统一的关系，而且是公有制经济发展的客观的必然要求。不仅如此，国有企业独立产权的出现，还为实现市场经济的要求提供了客观条件和现实可能性。正是在这种新的所有制关系下，邓小平同志和党中央及时提出建立社会主义市场经济的目标，并迅速得到全国人民的响应。我国才由计划经济体制顺利地过渡到社会主义市场经济体制。

正确理解马克思主义的所有制理论不仅可以解决公有制与市场经济能否兼容的问题，还能揭示社会主义市场经济不同于资本主义市场经济的许多特点，包括社会主义市场经济体制和运行机制、市场体系、市场秩序和市场组织等的一系列特点。这些都容易在教材中进行具体的分析。

三、 关于多种分配方式并存的理论依据

党的十五大提出要"坚持按劳分配为主体、多种分配方式并存的制度"，"把按劳分配和按要素分配结合起来"。如何正确理解这种分配制度，经济理论界的看法分歧很大。

有的同志主张从市场经济规律的要求去说明这一制度的依据，认为生产要素参与分配是市场原则的重要体现，是优化资源配置的需要。这种意见是难以令人满意的。因为，市场规律只要求商品按照由社会必要劳动时间决定的价值进行交换；它并不会使生产要素的所有者通过交换得到比自身价值还要多的价值，否则恰好是破坏了等价交换，违背市场原则。所以，市场并不会产生价值的余额，不能成为要素参与分配的理由。持这种意见的同志还以利息是"资本的价格"，同让渡一般商品得到价格的道理是相同的，解释按要素分配是市场经济的原则。这也是一种源于西方经济学的不科学说法。利息、地租等收入实质上是剩余价值的分配形式，是货币和土地所有权的体现，不是一种交换关系，但在资本主义关系中，利息却被歪曲为"资本的价格"，似乎货币能自我增值。这与将工资当作"劳动的价

格"一样，是西方经济学的庸俗概念。当然，按要素分配也不是同市场经济毫无关系。这主要是，在市场经济条件下，按要素分配必须通过市场进行，不可避免地会受到市场机制的影响，如利息率的高低要受到市场货币供求关的影响。但这与市场原则决定生产要素能参与收入分配是不同的两种关系。至于合理配置资源，则是市场经济中产权发挥的功能之一。正是由于所有制主体可以凭借生产要素的投入获得一定的经济利益，调动了所有制主体充分利用生产要素的积极性，使资源得到有效的利用。可见，将合理配置资源的要求当成生产要素参与分配的原因，恰恰是颠倒了因果关系。

"坚持按劳分配为主体、多种分配方式并存"只能以现阶段我国所有制的特点去说明。既然要以社会主义公有制为主体，自然必须坚持按劳分配为主体。这是多年讲过的社会主义消费品分配原则，无须重新论证。新的发展和需要说明的只在于按要素分配，而它是由社会主义初级阶段存在多种所有制和各种所有制都存在多种实现形式决定的。

所有制按最高度的概括，包含着所有、占有、支配、使用关系。它们从产权的角度说，就是狭义的所有权、占有权、支配权、使用权。每种关系或产权都包括所有制主体对客体的权力、职能以及行使权能所带来的经济利益。收益或受益是同所有制主体的权能联系在一起，与各种权能孪生或由各种权能派生出来的。主体的权能与利益互相依存，不可分割，存在着内在统一的关系。一方面，利益是权能的目的和权能行使的结果，是权能的一种体现；权能是获得利益的条件和手段，是利益存在的前提和基础。另一方面，利益又是使一定权能得以成为所有制内涵的条件；离开了利益的获得，单纯的权能就不能构成为所有制权利。所有制关系的这四个方面可能统一由一个主体行使，这个主体就能得到全部的收益。它们也可随着社会分工的发展互相分离，归不同的主体行使，这时，产生的利益就要由各个主体分享。这就在主体之间形成了收益的分配关系。各个主体都可以根据拥有的产权，分得应有的部分。在社会主义公有制经济中，劳动者在企业中共同劳动，对生产资料具有平等权利，不存在按生产资料份额分配所得的条件，只能以劳动作为同一的尺度分配消费品。但是，在社会主义初级阶段，除了公有制还有其他各种类型的私有制和混合所有制；公有制也采取了多种实现形式，在有些实现形式中，除了公有的资产以外，还有个人或非公有制主体的投资。因而，按劳分配不能成为唯一的消费品分配方式，在以按劳分配为主体的同时还要按要素分配。这是由社会主义初级阶段的所有制关系决定的。只有它，才是按要素分配的原因和基本依据。

有的同志以生产要素对价值创造的"贡献"作为按要素分配的理由或它的合理性的证明。其论证的方法也不尽一致。有的人修改马克思的劳动价值论，主张生产资料也和活劳动一起共同创造新增价值，所以劳动以外的生产要素参加分配是公平合理的。另一种意见认为，非劳动生产要素虽然不直接创造价值，但对价值的创造做了贡献，因而它参与分配是公平合理的。前一种意见明显违反了马克思的劳动价值论，其价值论的谬误是易见的，且已受到多方面的驳斥，不必在这里分析。后一种意见看来虽不直接反对劳动价值论，却背离了马克思的所有制理论。马克思曾经论证过为什么独立小生产者"能够占有他自己劳动的全部产品"，指出："这并不是靠他的劳动（就这方面来说，他同其他工人毫无区别），而是仅仅靠他占有生产资料。因此，仅仅由于他是生产资料所有者，他自己的剩余劳动才归他所有。"① 但是，在资本主义私有制条件下，劳动者却无法得到他创造的产品。关键就在于他们不是生产资料的主人。马克思在分析资本主义制度下劳动产品的所有权时深刻指出："最初，在我们看来，所有权似乎是以自己的劳动为基础的，至少我们应当承认这样的假设，因为互相对立的仅仅是权利平等的商品生产者，占有别人商品的手段只能是让渡自己的商品，而自己的商品又只能是由劳动创造的。现在，所有权对于资本家来说，表

---

①《马克思恩格斯全集》第26卷第1册，人民出版社1972年版，第441页。

现为占有别人无酬劳动或产品的权利，而对于工人来说，则表现为不能占有自己的产品。"① 可见，无论采取什么方式以对价值创造的作用论证非劳动生产要素参与剩余劳动分配的合理性，都离开了马克思主义的所有制理论，难以作出有说服力的论证。

其实，以公平或合理之类的伦理标准分析包括分配方式在内的经济关系并非政治经济学的正确方法。马克思主义一贯坚持以生产力和生产关系、经济基础和上层建筑的矛盾分析社会经济、政治关系的变化和发展，将它们当成是不以人们意志为转移的客观必然过程。尽管奴隶制度的剥削是野蛮残酷的，马克思和恩格斯仍然把它们当成是人类社会的巨大进步。他们也讴歌创造出前所未有的强大生产力和高度文明的资本主义制度，而同时根据社会发展的规律论证它必然被社会主义所代替。不是人们依照伦理标准选择所有制和其他生产关系，相反的，生产关系决定了人们的观念，决定了有关公平合理的判断标准。奴隶主掌握对奴隶生杀予夺的权利，在奴隶社会里是天经地义的；对雇佣劳动的剥削也完全符合资本主义的商品买卖关系；即使是社会主义的按劳分配原则，也存在尺度的平等与实际分配结果和消费水平的不平等。这表明了，"权利永远不能超出社会的经济结构以及由经济结构所制约的社会的文化发展。"② 多种所有制共同发展是由社会主义初级阶段的客观条件决定的，不是人们按道德标准选择的结果。哪怕在其中的某些制度里还不能消灭剥削，只要它们符合"三个有利于"的原则，还得承认它们的存在。同时，却无须为它们的公平合理寻找各种各样的辩护理由。这个道理对于受所有制关系制约的分配方式同样是适用的。因此，只要具体分析社会主义初级阶段的所有制结构，讲清马克思主义关于所有制与生产和分配相互关系的原理，就能解释清楚以按劳分配为主体、多种分配方式并存的客观原因。

---

① 《马克思恩格斯全集》第 23 卷，人民出版社 1972 年版，第 640 页。
② 《马克思恩格斯选集》第 3 卷，人民出版社 1972 年版，第 12 页。

四、 其他例证和结束语

除了解决一些理论疑难问题之外，分析好所有制关系还有助于正确认识社会主义各方面经济关系的特点，包括企业、农户、居民等社会主义微观主体，特别是公有制企业的行为和经营机制；了解影响社会主义经济发展的各种因素，如社会发展目标、增长速度、增长方式、资源配置、产业结构、地区结构、人口和就业、消费方式和水平等等；调整国家的经济职能，解决宏观调控模式、体系、形式和手段等问题。这里不一一叙述了。

尽管所有制理论在政治经济学中居于重要的地位，能够发挥重大的作用，但是，如何准确地阐述其内容，妥善地安排它在整个政治经济学体系中的位置，如何将其原理在各个篇章中加以贯彻论证，都有待进一步考虑。而且，社会主义所有制关系还处在继续变革之中，所有制理论还不够完善，还将随着所有制的变革不断充实和发展。因此，为了进行政治经济学的改革和创新，必须重视和继续加强所有制理论的研究。

（原载于《东南学术》1999 年第 2 期）

生产方式概念及其相关的几个理论问题

生产方式是马克思主义政治经济学的重要概念。由于它在马克思的著作中出现频率很高（据简略统计，仅在《资本论》中它就出现过 568 次），而且分别在许多不同的场合使用，遂引起学者对其含义的理解产生较多分歧。对生产方式含义的不同认识看起来虽是一个概念性的问题，但是，如果由此进行理论拓展，却可能对一些重要问题形成不够正确的认识，影响马克思主义政治经济学的建设。

一、 广义的生产关系是生产方式概念大量使用的含义

在马克思、恩格斯的论著中，生产方式一词具有不同含义。初步阅读国内的有关研究成果，能列举出处并加说明的含义就不下十种，例如，认为生产方式指：生产的同义词、生产的技术方式、劳动方式、劳动过程、劳动者与生产资料结合的方式、生产的社会类型或形式、社会经济结构、经济的社会形态、生产力和生产关系的统一。据我个人的初步查找和简略归纳，生产方式除了以上的含义以外，至少还指：第一，生产力发展状况或劳动过程的条件；第二，从社会联系看的具体生产类型，如商品生产的生产方式、自给自足的生产方式、工场手工业生产方式、行会手工业生产方式、独立的生产方式、结合的生产方式等；第三，按规模或生产工具划分的生产类型，如小生产的生产方式、大工业的生产方式、机器的生产方

式；第四，具体的生产方法，如影响生产效率的陈旧的生产方式、改良的生产方式、新的生产方式、在个别部门采用的生产方式，等等。

本文想进一步提出的是，生产方式最大量出现的含义之一是生产关系，即包括生产、交换、分配、消费关系的广义的生产关系，或者马克思所说的"生产关系总和""社会生产关系""经济关系"（而不是仅在生产领域中发生的，与交换、分配关系并列的狭义的生产关系）。以下分类摘引一些比较清楚地反映马克思、恩格斯用意的论述并作简要的解释。

1. 马克思或是直接用括号的方式标明生产方式就是"社会生产关系"，或是指出生产方式即特定的生产关系。前者如《1857—1858 年经济学手稿》中说：资本主义生产方式"显然是长期历史发展的结果，是许多经济变革的总结，并且是以其他各生产方式（社会生产关系）的衰亡和社会劳动生产力的一定发展为前提"①。后者如："对于这个历史上一定的社会生产方式即商品生产的生产关系来说，这些范畴是有社会效力的、因而是客观的思维形式。"②

2. 马克思将生产方式和社会生产关系看作是相同含义的用语。例如，"这种生产方式的主要当事人，资本家和雇佣工人，本身不过是资本和雇佣劳动的体现者，人格化，是由社会生产过程加在个人身上的一定的社会性质，是这些一定的社会生产关系的产物。"③ 大家知道，资本和雇佣劳动不是单纯的物，而是资本主义的生产关系，资本家和雇佣工人是这种生产关系的主要当事人和人格化。据此，第一，马克思称资本家和雇佣工人是资本主义生产方式的主要当事人以及资本和雇佣劳动的人格化，等于说资本主义生产方式就是资本主义生产关系；第二，他还指出，资本主义生产方式中的这些表现，"是这些一定的社会生产关系的产物"，表明生产方式和

---

① 《马克思恩格斯全集》第 31 卷，人民出版社 1972 年版，第 398 页。
② 马克思：《资本论》第 1 卷，人民出版社 1975 年版，第 93 页。
③ 马克思：《资本论》第 3 卷，人民出版社 1975 年版，第 995 页。

社会生产关系是等同的用语。

3. 马克思在解释资本主义的特点时，生产方式与生产关系具有同样含义。例如，"资本主义生产方式按照它的矛盾的、对立的性质，还把浪费工人的生命和健康，压低工人的生存条件本身，看作不变资本使用上的节约，从而看作提高利润率的手段。"① "以生产剩余价值为目的的资本主义生产方式，必然要越来越成为占绝对支配地位的生产方式。"② 众所周知，"把浪费工人的生命和健康看作提高利润率的手段" "以生产剩余价值为目的" 等等，完全是资本主义生产关系的本质特点。马克思在许多场合用这些特性去描绘资本主义生产方式，表明资本主义生产方式是资本主义生产关系的另一种表述用语。

4. 从马克思对资本主义经济规律的叙述看，他所说的资本主义生产方式等同于资本主义生产关系。例如，"生产剩余价值或赚钱，是这个生产方式的绝对规律。"③ "竞争使资本主义生产方式的内在规律作为外在的强制规律支配着每一个资本家。"④ "工人人口本身在生产出资本积累的同时，也以日益扩大的规模生产出使他们自身成为相对过剩人口的手段。这就是资本主义生产方式所特有的人口规律。"⑤ 上述各种经济规律正是资本主义社会生产关系在几个方面的规律。可见，马克思使用的资本主义生产方式概念完全等同于资本主义生产关系，应是属于社会生产关系的范畴。

5. 从马克思对资本和剩余价值本性的分析可看出他所说的资本主义生产方式即资本主义生产关系。例如，"每一个劳动过程中的生产资料都分为劳动资料和劳动对象。但是，二者只有在资本主义生产方式下才成为资

---

① 马克思：《资本论》第3卷，人民出版社1975年版，第102页。

② 《马克思恩格斯选集》第3卷，人民出版社1972年版，第322页。类似的论述还可参见《资本论》第1卷第334页、《马克思恩格斯选集》第3卷第66页、《资本论》第3卷第919～920页。

③ 马克思：《资本论》第1卷，人民出版社1975年版，第679页。

④ 马克思：《资本论》第1卷，人民出版社1975年版，第649～650页。这里讲的已不仅限于生产或劳动过程。

⑤ 马克思：《资本论》第1卷，人民出版社1975年版，第692页。

本。"① "在资本主义生产方式中，——也就是说，一旦资本支配生产本身并赋予生产一个完全改变了的独特形式，——商人资本只是表现为执行一种特殊职能的资本。"② "利润，和剩余价值是一回事，不过它具有一个神秘化的形式，而这个神秘化的形式必然会从资本主义生产方式中产生出来。"③ 在这些句子里，第一，马克思将资本主义生产方式说成是资本支配生产的独特形式，讲的就是资本主义的生产关系。第二，他讲生产资料只有在资本主义生产方式下才成为资本，而资本是资本家雇佣工人、攫取剩余价值的生产关系，即资本主义生产关系。第三，马克思还讲到利润的"神秘化"的根源是资本主义生产方式，显然不是指生产的技术方面或劳动条件，而是资本主义生产总过程中人们的相互关系，因为"神秘化"根本不是从物质技术条件，甚至不是从直接生产过程中产生的。可见，他在这些地方说的资本主义生产方式就是资本主义的社会生产关系。

6. 根据马克思对资本主义积累的描述，他所说的资本主义生产方式就是资本主义生产关系。例如，"所谓原始积累只不过是生产者和生产资料分离的历史过程。这个过程所以表现为'原始的'，因为它形成资本及与之相适应的生产方式的前史。"④ "只要劳动者是自己的生产资料的所有者，他就能为自己积累；只要他能为自己积累，资本主义积累和资本主义生产方式就是不可能的。"⑤ 这些论述表示，不是资本主义生产方式决定资本的"原始积累"，而是相反的，劳动者被剥夺生产资料是资本主义生产方式的条件；不是资本主义生产方式形成资本，即资本家无偿占有剩余价值的关系，而是它"与资本相适应"。可见，这些地方所说的资本主义生产方式分明是指资本主义的生产关系，而不是介乎生产力和资本主义生产关系之间的其

---

① 马克思：《资本论》第 2 卷，人民出版社 1975 年版，第 181 页。

② 马克思：《资本论》第 3 卷，人民出版社 1975 年版，第 365 页。

③ 马克思：《资本论》第 3 卷，人民出版社 1975 年版，第 44 页。

④ 马克思：《资本论》第 1 卷，人民出版社 1975 年版，第 783 页。

⑤ 马克思：《资本论》第 1 卷，人民出版社 1975 年版，第 836 页。

他因素。

7. 从马克思对资本主义前提的分析，表明资本主义生产方式就是资本主义生产关系。"资本主义的生产方式和积累方式，从而资本主义的私有制，是以那种以自己的劳动为基础的私有制的消灭为前提的，也就是说，是以劳动者的被剥夺为前提的。"① "剥夺人民群众的土地是资本主义生产方式的基础。"② 这些地方谈到的资本主义生产方式的前提，正是作为资本主义生产关系基础的资本主义私有制，表明马克思讲的这种生产方式就是资本主义的生产关系。同时，这些地方指出资本主义生产方式以劳动者生产资料被剥夺的资本主义私有制为基础，与有的专家所说的资本主义生产方式产生私有制，决定资本主义生产关系，正好完全相反。

综上所述，无论从字面上或从资本主义生产方式的性质、特点和规律、历史进程和所有制基础去辨析，马克思、恩格斯在许多地方讲到的生产方式实际上就是指生产关系。对这种大量使用的含义，决不应该忽视或回避。它对解决政治经济学建设问题具有重要意义。

二、 生产方式概念的规范化

在马克思、恩格斯长时期的著述中，关于生产方式的概念确实随着不同的论述场合而具有众多的含义。概念的多含义固然可根据不同的环境和对象方便地叙述相关的问题，但它也是理论发展过程中受历史局限的阶段性结果和表现。例如，马克思在《德意志意识形态》中早就提出生产力与生产关系辩证关系的理论，但当时他用的不是生产关系概念，而是用"交换方式""交往关系""生产和交往的关系"等；以后他在使用生产关系时

---

① 马克思：《资本论》第 1 卷，人民出版社 1975 年版，第 843 页。
② 马克思：《资本论》第 1 卷，人民出版社 1975 年版，第 837 页。同类的论述还有许多，为节省篇幅，在此不多引证。

又往往同交换关系并列；在《共产党宣言》中他就基本上使用生产关系这一概念了。只要想到马克思、恩格斯对当时的经济政治局势和理论斗争的紧迫快速反应，戎马倥偬，就不能苛求他们使用的概念一提出就很精确并处处高度一致。但是，理论概念的含义过于多样，免不了会使其内涵和外延处于不确定状态，影响了理论逻辑的严密性，不利于理论的明白表述，并容易在传播中引发歧义（就像今天我们面临的情况一样）。因此，随着理论的广泛传播和应用，要求概念逐渐明确和规范化。这是理论发展的必然趋势和结果。

北京大学的赵家祥教授不随时俗，分析生产方式的多种含义的共同点和基本点，肯定斯大林将生产方式概念规范化和明确化的理论意义，认为斯大林将生产方式定义为人们在物质资料生产过程中生产力和生产关系的统一，符合马克思生产方式概念的基本含义，是对马克思历史唯物主义理论的发展，倡言不要退回到这一概念的多含义状态①。我赞同他的这个观点并就此作一些补充。

有人认为斯大林关于生产方式的定义不符合甚至是违反了马克思的基本论断。实际并非如此。马克思虽然没有直接说生产方式是生产力和生产关系的统一体，但他在一些场合谈到生产方式时，确实具有生产力和生产关系的矛盾统一体的含义，例如：

1. "这难道不是说，生产方式，生产力在其中发展的那些关系，并不是永恒的规律，而是同人们及其生产力的一定发展相适应的东西，人们生产力的一切变化必然引起他们的生产关系的变化吗？"② 这句话清楚地指出，第一，生产方式即生产力在其中发展的关系，其当然的含义应是：生产力是在生产方式当中发展的，而不是独立于生产方式之外的东西，生产方式

---

① 赵家祥：《生产方式概念含义的演变》，《北京大学学报（哲学社会科学版）》2007 年第 5 期。

② 《马克思恩格斯选集》第 1 卷，人民出版社 1995 年版，第 152 页。在 1972 年中文版，"生产方式"之后用的是顿号，由此使有些人误认生产方式与生产关系是并列的范畴。

包含了生产力。第二，生产力的一切变化直接引起生产关系的变化，而不必通过别的中介去决定生产关系。第三，生产力与生产关系同处于生产方式之中，这样，它们才能互相影响并引起对方发生变化。第四，在生产力与生产关系的相互关系中，生产力是矛盾的主要方面。旧的生产关系不适合生产力发展要求的时候就会被突破，由新的生产关系替代，这时，整个生产方式也就改变了。所以，生产方式是与生产力、生产关系矛盾相应发展的历史范畴。总之，这句话表明了，生产力与生产关系都包含在生产方式之中并是相互影响和发展的，生产方式是两者矛盾的统一体。马克思还在叙述原始部落共同体的生产方式时写道："这种生产方式既表现为个人之间的相互关系，又表现为他们对无机自然界的一定的实际的关系。"① 同样表明生产方式包含着生产力和生产关系两个方面。

2. "资本主义生产方式的矛盾正好在于它的这种趋势：使生产力绝对发展，而这种发展和资本在其中运动、并且只能在其中运动的特有的生产条件不断发生冲突。"② 在英文版，这段话是："The contradiction of the capitalist mode of production, however, lies precisely in its tendency towards an absolute development of the productive forces, which continually come into conflict with the specific conditions of production in which capital moves, and alone can move." 其中，"conditions of production" 一词，在《资本论》第一版序言 "我要在本书研究的，是资本主义生产方式以及和它相适应的生产关系和交换关系（In this work I have to examine the capitalist mode of production, and the conditions of production and exchange corresponding to that mode）" 也使用了，而在序言的中文版，它被翻译为生产关系（同样的译法，在《共产党宣言》中也出现过）。这就直截了当和明白无误地指出，资本主义生产方式的矛盾就是生产力的发展同资本在其中运动的生产关系的矛盾。

---

① 《马克思恩格斯全集》第 46 卷上，人民出版社 1980 年版，第 495 页。

② 马克思：《资本论》第 3 卷，人民出版社 1975 年版，第 287 页。

3. "矛盾在于：资本主义生产方式包含着绝对发展生产力的趋势，而不管价值及其中包含的剩余价值如何，也不管资本主义生产借以进行的社会关系如何；而另一方面，它的目的是保存现有资本价值和最大限度地增值资本价值（也就是使这个价值越来越迅速地增加）。"① "在资本主义生产方式内发展的、与人口相比显得惊人巨大的生产力，以及虽然不是与此按同一比例的、比人口增加快得多的资本价值的增加，同这个惊人巨大的生产力为之服务的、与财富的增长相比变得越来越狭小的基础相矛盾，同这个日益膨胀的资本的价值增值的条件相矛盾。危机就是这样发生的。"② 这些话揭示了：生产力不受社会关系的限制，按照它内在的必然趋势在生产方式内部绝对地发展，而资本主义的生产方式却要以资本的增值为目的，所以，生产力的发展与追求剩余价值的生产关系之间存在矛盾，引发了经济危机。可见，这里使用的"生产方式"就包括了生产力和生产关系以及它们相互矛盾的关系。

4. "如果说资本主义生产方式是发展物质生产力并且创造同这种生产力相适应的世界市场的历史手段，那末，它同时也是它的这个历史任务和同它相适应的社会生产关系之间的经常的矛盾。"③ 这句话指出，资本主义生产关系同（作为资本主义生产方式的任务和手段的）生产力经常发生矛盾，而两者又是同时存在于生产方式之中，表明生产方式是生产力与同它相适应的生产关系的矛盾统一关系。

可见，将生产方式表达为生产力和生产关系的统一，并不违背马克思、恩格斯理论的基本精神，而且，如此定义生产方式也能排除生产方式概念多义性的不利因素，突出社会经济生活中最主要的两极，阐明它们之间的矛盾统一关系，使人们对社会发展的动因和规律有了更为简要和明确的了

---

① 马克思：《资本论》第 3 卷，人民出版社 1975 年版，第 278 页。
② 马克思：《资本论》第 3 卷，人民出版社 1975 年版，第 296 页。
③ 马克思：《资本论》第 3 卷，人民出版社 1975 年版，第 279 页。

解，抓住基本的、主要的矛盾，进而弄清它们与其他非主要因素的关系。这对辩证唯物主义和历史唯物主义原理的传播和运用，都有重要的意义，可以说是包括斯大林在内的后人对马克思主义的重大发展。

为了避免产生误解还需指出：我虽然赞成对生产方式范畴进行规范化表述，却不主张用经过后人规范化的表述去统一诠释马克思在不同历史时期对生产方式范畴的运用。因为，生产方式概念的进一步明确和规范化毕竟是继承者的工作，我们今天研究马克思、恩格斯的著作，不能用后人发展了的范畴去代替他们在特定场合的思考和表述，把经过发展的概念含义强加给他们，一定要分别不同场合如实地去领会他们用过的生产方式的含义。一般化的、统一的定义，并不符合当时马克思关于《资本论》或政治经济学研究对象表述中生产方式的语境，容易产生牵强附会式的解释。因此，用后人规范了的生产方式的定义去推断马克思对政治经济学研究对象的意见，也是非历史的、片面的和不合适的。

三、 生产方式是否是生产力和生产关系之间的中介？

社会发展是否存在所谓的"生产力—生产方式—生产关系"范式？换言之，生产方式是不是生产力和生产关系之间的必不可少的中介？对这个问题持肯定态度的学者，大都是到马克思著作中去找几段语录并对它们进行符合自己需要的解释。这种论证方式很难使人认同。第一，如果靠摘引语录能证实自己的论点，反对者也能找出几句意思相反的话，演绎出相反的结论。马克思在许多地方就直接讲生产力决定生产关系，而不涉及生产方式概念。例如，"人们生产力的一切变化必然引起他们的生产关系的变化。"[①] "各个人借以进行生产的社会关系，即社会生产关系，是随着物质生

---

① 《马克思恩格斯选集》第 1 卷，人民出版社 1972 年版，第 119 页。

产资料、生产力的变化和发展而变化和改变的。"① 同样的，对于他们主张的生产关系要与生产方式"相适应"、生产方式决定生产关系的说法，别人也能找出相反意思的话，例如，"我们称为资本主义生产的是这样一种社会生产方式，在这种生产方式下，生产过程从属于资本，或者说，这种生产方式以资本和雇佣劳动的关系为基础，而且这种关系是起决定作用的、占支配地位的生产方式。"② "在这种社会生产关系及与之相适应的生产方式所借以建立的自然形成的不发达的状态中，传统必然起着非常重要的作用。"③ 这些地方讲，作为生产关系一部分的资本与雇佣劳动的关系是资本主义生产方式的基础，决定、支配生产方式；还讲生产方式与生产关系"相适应"：恰好与他们的主张翻了个儿。第二，有些被他们当作论据的个别引文，其含义也可作完全相反的解释。例如，他们援引《哲学的贫困》的一段话："随着新生产力的获得，人们改变自己的生产方式，随着生产方式即保证自己生活的方式的改变，人们也就会改变自己的一切社会关系。"④ 如果把其中的生产方式的含义理解为生产关系，社会关系解释为经济关系以外的关系，那就等于说，生产力决定生产关系，随着生产关系的变化，一切社会关系，如政治、法律、伦理关系等都会改变。可见，单靠引文去证明"生产力—生产方式—生产关系范式"，论据并不充分，至少是值得怀疑的。

所以，重要的是，必须切实弄清生产方式的含义究竟是什么，只有这样才可能辨清它是否是生产力和生产关系之间必不可少的中介。如果还没有弄明白生产方式的确切含义是什么，不了解它对人们的经济关系起什么作用，在社会经济结构中居于什么地位，而仅凭几句自己任作解释的语录妄下结论，那是没有说服力的。

---

① 《马克思恩格斯选集》第1卷，人民出版社1972年版，第363页。
② 《马克思恩格斯全集》第32卷，人民出版社1998年版，第153~154页。
③ 马克思：《资本论》第3卷，人民出版社1975年版，第893页。
④ 《马克思恩格斯全集》第4卷，人民出版社1958年版，第144页。

显然，如果生产方式的含义是多方面的、外延有大有小，那么，它的地位和作用就是不确定的，这样的范畴肯定承担不了生产力与生产关系"中介"的理论重任。因此，"三要素模式"只能立足于生产方式只有单一含义的前提进行研究。在这种意见中，影响较大的有两类：一是主张生产方式是劳动者和生产资料的结合方式，一是主张生产方式就是劳动方式或劳动过程。

持前一种意见的专家提出，资本主义生产方式"即资本主义条件下劳动者和生产资料相结合以生产人们所需要的物质资料的特殊方式，也就是雇佣劳动和资本相结合以生产人们所需要的物质资料的特殊方式"①。他还引用马克思叙述资本主义生产方式特征的话证明自己的意见："我们称为资本主义生产的是这样一种社会生产方式，在这种生产方式下，生产过程从属于资本，或者说，这种生产方式以资本和雇佣劳动的关系为基础，而且这种关系是起决定作用的、占支配地位的生产方式。"②

这里有几个问题值得探讨。首先，生产方式是指劳动者和生产资料的结合方式吗？这种意见援引了几段马克思关于生产力决定生产方式、生产方式决定生产关系的语录，说明生产方式是与生产力和生产关系并列而且决定着生产关系，阐述了如何理解这个"原理"，却没有举出马克思在什么地方明确说过生产方式就是劳动者和生产资料的结合方式。这样，他们关于生产方式就是这种结合方式的推断就失去了论据的可靠性，使人怀疑它究竟是马克思、恩格斯的原意还是他们自己的推测。

其次，他引用的那段语录能说明马克思讲的"生产过程从属于资本"和"以资本和雇佣劳动的关系为基础"的生产方式，指的是劳动者和生产资料的结合方式吗？能说明这样的生产方式是与生产关系并列而且能决定生产关系的独立范畴吗？不能。第一，那句话一是讲生产过程与资本的从

---

① 本节所引这位专家的意见均见《论政治经济学或经济学的研究对象》，《中国社会科学》1997 年第 2 期。
② 《马克思恩格斯全集》第 47 卷，人民出版社 1997 年版，第 151 页。

属关系，二是讲生产方式以什么关系为基础，这些与劳动者和生产资料的结合方式并不是一回事，无法看出文中的生产方式就是指生产要素的结合方式。第二，马克思在分析雇佣劳动与资本的关系时明确指出："资本也是一种社会生产关系。这是资产阶级的生产关系，是资产阶级社会的生产关系。构成资本的生活资料、劳动工具和原料，难道不是在一定的社会条件下，不是在一定的社会关系下生产出来和积累起来的吗？难道这一切不是在一定的社会条件下，在一定的社会关系内被用来进行新的生产吗？"① 可见，资本主义的生产过程是资本雇佣劳动进行生产和积累的过程，即在资本主义生产关系范围内进行的过程，体现着资本主义的生产关系，当然是资本主义生产关系的一部分。"生产过程从属于资本""以资本和雇佣劳动的关系为基础"，描述的正是资本主义生产关系，而不是与生产关系并列、决定生产关系的什么中介范畴。

再次，即使退一步同意生产方式是指劳动者和生产资料的结合方式，还需要分析它与生产关系究竟有什么关系，从它们发生的过程看到底谁先谁后、谁决定谁。生产资料和劳动者的结合方式在直接形式上体现的是生产资料和劳动者之间的关系，从社会关系看，其实质却是生产资料的代表，即生产资料的所有者或占有者与劳动者之间的关系。它本身就是一种生产关系，或者说，是社会生产关系的一个组成部分。它的基础是生产资料所有制，并由生产资料所有制决定。生产资料所有制是经济主体围绕着生产资料结成的关系，也是生产关系的组成部分。但是，它又是人们进行生产不能或缺的前提，对生产关系的其他部分起着决定作用。生产资料所有制不同，劳动者和生产资料的结合方式就不一样。例如，在奴隶主所有制下，劳动者是奴隶主会说话的工具，与生产资料一样都是奴隶主的财产，两者是在奴隶主的支配下直接结合的。在欧洲的封建所有制下，农奴世世代代终身束缚在封建领主所有的土地上，劳动者与最主要的生产资料直接结合。

---

① 《马克思恩格斯选集》第 1 卷，人民出版社 1972 年版，第 363 页。

自耕农使用自己所有的土地和其他生产工具，独立从事耕作，在他们和生产资料之间没有插入别的主体，也是与生产资料直接结合的。只有在资本主义私有制条件下，劳动者被剥夺了生产资料，也解脱了土地的终身羁绊，成为一无所有的自由人，他们丧失生产资料，只能通过被雇佣才能获得劳动和谋生的机会。处于这种所有制，劳动者只能通过雇佣劳动的方式、在生产资料所有者支配下与生产资料间接地结合。因此，结合方式反映的是劳动者和生产资料根据生产资料所有者的意志和利益，在一定范围内，通过特定的途径相结合的关系。就资本主义而言，劳动者和生产资料是根据创造剩余价值的需要，通过劳动力买卖，在资本家控制的生产过程中，在资本家的指挥和监督下实现两者的结合的。它是生产资料资本主义私有制发生作用的后果，在实质上反映了资本家奴役、剥削雇佣劳动者的关系。可见，结合方式不仅不能脱离生产关系，反而要受到相同的基础——生产资料所有制的制约。

不仅如此，生产资料所有制与劳动者和生产资料的结合方式存在于不同的过程，发挥不同的作用。生产资料所有制存在于生产过程之前，体现着生产资料所有制的各个主体之间的关系，是劳动者与生产资料相结合、进行劳动生产的前提条件。所以马克思指出，生产条件的分配不同于一般产品的分配，"是在生产关系本身范围内，落到同直接生产者相对立的、生产关系的一定当事人身上的那些特殊社会职能的基础。这种分配关系赋予生产条件本身及其代表以特殊的社会性质。它们决定着生产的全部性质和全部运动。"① 有些学者不注意马克思的这一重要论述，他们在强调劳动者和生产资料的结合方式的重要作用时，都喜欢引用马克思下面一句话："实行这种结合的特殊方式和方法，使社会结构区分为各个不同的经济时期。"殊不知他们却漏掉紧接的另一句话："在当前考察的场合，自由工人和他的生产资料的分离，是既定的出发点，并且我们已经看到，二者在资本家手

中是怎样和在什么条件下结合起来的——就是作为他的资本的生产的存在方式结合起来的。"① 后一句话就明白地指出，资本主义的结合方式是以工人丧失生产资料和资本家拥有资本作为前提条件的。可见，作为前提条件的生产资料所有制形成在前，劳动者和生产资料的结合方式是在所有制关系确定以后才产生的，发生在后。例如，在资本主义私有制条件下，各种生产资料早就被资产阶级占有了，劳动者对它们没有任何权利，这样，生产资料是由所有者自己使用或是租借承包给别人经营，必须由生产资料的所有者事先确定，在这些关系确定之后才可能开始规划生产进程，由经营者决定到底生产什么产品，需要什么人员和数量多少，等等，继之才招聘、雇用员工，然后才发生劳动者和生产资料的实际结合。

总之，生产资料和劳动者的结合方式是由一定的生产资料所有制决定的，在所有制关系明确以后才形成的关系，是生产关系总体中发生在生产过程中的人们相互关系的一部分。因此，它不是独立于生产关系之外的关系，更不是处于生产力和生产关系之间并能决定生产关系的中介环节。

持后一种观点的专家认为，生产方式是指劳动过程或劳动方式，并说它决定生产关系。这也是值得商榷的。

劳动过程是劳动者运用劳动资料作用于劳动对象，生产一定使用价值的过程。它一方面体现了人与物的关系，另一方面体现了人与人的关系。劳动过程存在于人类一切社会形态，从人与物的关系看，它们具有各个社会形态共有的一般特征，同时也随着生产要素的变化出现新的特点，并影响劳动过程中人们的相互关系。但从人与人的关系看，即使在相同的物质技术条件下，由于生产资料所有制的差别，劳动过程中各种主体的地位和关系不同，相应的劳动过程所具有的特点也不同。在资本主义制度下，生产资料归资本家所有，他们在市场上购买了劳动力，获得了一定时间的劳动力支配权和使用权。这就决定了资本主义的劳动过程和劳动方式具有两

①　马克思：《资本论》第2卷，人民出版社1975年版，第44页。

个特征：一是劳动者在资本家的监督指挥下，根据资本家的意志进行劳动；二是劳动产品作为资本家支配、使用的生产要素发挥作用的成果，全部归资本家占有。因此，资本主义的劳动过程，就是资本家无偿占有雇佣工人的剩余劳动、剥削和奴役雇佣工人的过程，体现了资本主义特有的生产关系。马克思指出："社会生产过程既是人类生活的物质生存条件的生产过程，又是一个在历史上经济上独特的生产关系中进行的过程，是生产和再生产着这些生产关系本身，因而生产和再生产着这个过程的承担者、他们的物质生存条件和他们的互相关系即他们的一定的社会经济形式的过程。"① 既然劳动过程是在"独特的生产关系中进行的过程"，会"生产和再生产这些生产关系"，它就是生产关系的一部分，而不是独立于生产关系之外的因素。虽然，由于生产在整个再生产过程中的重要地位，生产过程中人们的相互关系在生产关系的总体中也起着重要的作用，影响着交换关系、分配关系，但是，这只是它作为生产关系的组成部分在生产关系总体中的作用，它和生产关系的其他部分一样，都要以一定的生产资料所有制为基础，受所有制的制约，显现出由所有制决定的特殊的经济性质。

综上所述，劳动者和生产资料的结合方式或劳动过程、劳动方式，实际上都是以生产资料为基础的生产关系的组成部分，无论把生产方式定义为结合方式或劳动过程、劳动方式，都无法说明它是独立于生产关系之外，同生产力、生产关系并列而且决定生产关系的中介环节。

四、 政治经济学要不要以生产关系为研究对象

对于政治经济学要不要以生产关系为研究对象，大多数马克思主义政治经济学的研究者都给予肯定的回答。差别只在于，主张"生产力—生产方式—生产关系"的同志，将生产方式（劳动者和生产资料的结合方式或

① 马克思：《资本论》第3卷，人民出版社1975年版，第925页。

劳动过程）独立出来，强调生产方式的作用。他们认为，生产关系是从生产方式中产生的，要以前者为主，将二者结合在一起进行研究。因此，如果按照本文前一部分所分析的，生产要素的结合方式或劳动方式、劳动过程无非是社会生产关系的一部分，都是在生产资料所有制基础上形成的，它们本身就是生产关系的一个部分，那么，它与"生产力—生产关系"的观点就没有本质的差别，就不影响政治经济学以生产关系为研究对象的基本结论了。如果进一步考虑到，马克思、恩格斯对生产方式最为常用的含义是社会生产关系，不妨这样说：马克思主义的政治经济学，是在生产力—生产关系矛盾统一体的框架下，研究社会生产关系（包括生产过程、流通过程、分配过程、消费过程中人们之间的经济关系）及其发展规律的科学。这可能是对马克思关于《资本论》研究对象的那句名言的最符合历史唯物主义基本原理和方法、在逻辑和语义上最少矛盾的解释。

有的专家指出："如果将生产方式解释为生产关系，马克思的那句话就成了'我要在本书研究的，是资本主义生产关系以及和它相适应的生产关系和交换关系'。这显然犯了逻辑混乱的错误。"这个意见是把社会生产关系，即作为与生产力相对应的广义的生产关系，同具体的生产过程中人们的相互关系混淆起来了。只要查阅一下马克思、恩格斯的著作就不难看到，他们经常将生产关系同交换关系、生产方式、交换方式、分配方式并列使用，表明他们在这些场合讲的生产关系，只是与具体的交换、分配过程属于同一层次的具体生产过程中人们的相互关系。所以，如果正确区分口径宽窄不同的生产关系，质疑者提出的逻辑错误就不存在了，那些由于语义而产生的分歧就不难消除，政治经济学以生产关系为研究对象的问题就能比较容易达成一致。

只要在基本方向达成共识，不纠缠于一些细节，大家便可在马克思主义旗帜下团结起来，研究一些对当今社会发展关系重大的问题，共同进行政治经济学的建设，同时允许在研究重点、研究次序和其他问题上保留不同意见，展开研讨，促进学科的繁荣和发展。例如，有的专家虽然主张生产方式指的是劳动者和生产资料的结合方式，但同时承认它是建立在生产资料所有制基础上，本身属于生产关系之列，不是区别于并决定生产关系的范畴，只是强调它在生产关系的体系中具有重大影响作用，属于重要的层次，应给予充分重视和探讨。不论他们对生产方式含义的理解是否准确，这个意见对生产关系的深入细致研究还是有积极意义的。

不过值得注意的是，近来却有一些学者借着对生产方式的不同理解，将研究生产方式的范式与研究生产关系的范式割裂开，甚至对立起来。有人还列举以生产关系为研究对象的范式的几宗错误，即："所研究的生产关系缺乏客观基础，只有主观的价值判断，脱离客观实际来讲生产关系'应当如何'，属于主观主义、唯意志论"；"缺乏客观立场与科学分析，它的根本任务是论证传统社会主义生产关系如何'优越'、如何'和谐'，而不是如何解决现实社会生产关系的各种实际问题"；"宣扬所有制崇拜，把虚幻的生产关系当作真实的生产关系来研究，陷入了形而上学与法学的幻想"；"违背了以历史唯物主义为核心的科学世界观与以辩证唯物主义为指导的科学方法论，脱离了马克思主义经济学范式的科学轨道"；"是一种既不科学又缺乏客观适应性的经济学范式。"[1] 虽然作者也在这种范式前加上"传统"二字，但通篇论述一点也没有谈到研究生产关系的"传统"范式和一般的范式有什么区别、一般的以生产关系为对象的政治经济学有没有他列举的几宗错误，表明他加上"传统"只是一种遮掩，他的批判应是指向所有的以生产关系为研究对象的经济学。因为，倘若一般的研究生产关系的政治经济学与他批判的"传统"范式不同，与那些原则性错误无关，或者并不必然产生那些错误，就不需要完全否定，他主张的"生产方式范式"就不是唯一正确的，就没有什么理论"发展"可言，就不能打击别人，抬高自己了。

---

① 于金富：《中国经济学范式的反思与创新》，《江苏行政学院学报》2012 年第 1 期。

然而，以生产关系为政治经济学的研究对象必然会导致"唯心主义"和"形而上学"，必定产生那一系列的错误吗？不！这里存在一系列的理论的混淆、误解和歪曲。

首先，它混淆了学科研究对象和研究中存在的缺陷。对象的明确有利于学科研究的开展，但它只是研究能否正确进行的条件之一，此外还取决于方法、途径、条件等因素，因而，不能把研究中发生的各种问题都归咎于对象的确定。政治经济学的研究对象包括资本主义和社会主义的生产关系。对前者的研究，除了有关现代资本主义的发展需要不断更新以外，其分析和阐述基本上是正确的，在马克思主义理论队伍中，尚未听说因其将研究对象定为资本主义生产关系而斥之为唯心主义和形而上学的。至于对后者的研究，在初期虽然出现过某些缺陷，其根源也不在于研究的是生产关系，恰好相反，有些问题是由于没有研究好生产关系及其发展规律而发生的。可见，断言政治经济学以生产关系为对象必然导致"唯心主义"和"形而上学"，是事物辨认上的逻辑错误。

其次，以我国的生产关系作为研究对象的政治经济学，除了"文革"期间因社会动荡和理论混乱受到影响以外，其基本方向是正确的，都是为了研究和发现社会主义经济的发展规律，繁荣我国的社会主义经济。它在建立初期出现的一些缺陷，并不是因为研究对象以及基本理论和基本方法的错误导致的，而是同新社会制度的不成熟有关。恩格斯在评价空想社会主义理论的历史意义时说得好："不成熟的理论，是同不成熟的资本主义生产状况、不成熟的阶级状况相适应的。"① 社会主义是人类历史上崭新的制度，初建不久就显现出巨大的优越性，经济迅速发展，人民生活显著改善，但是由于它的建设缺少成熟经验可循，在前进道路上就得"摸着石头过河"，免不了会出现许多波折。实践中的问题必然会在理论上反映出来，出现一些缺陷。经过反复总结经验教训，实践中的问题逐步得到解决，理论

---

① 《马克思恩格斯选集》第 3 卷，人民出版社 1972 年版，第 299 页。

也会随之不断完善。所以，不能将以前的政治经济学一棍子打死，戴上"唯心主义、形而上学"等一大堆黑帽子，更不能将之归咎于研究对象的问题。

再次，指责以生产关系为对象的范式只是"论证传统社会主义生产关系如何'优越'、如何'和谐'，而不是如何解决现实社会生产关系的各种实际问题"，这既不符合实际，又是自我矛盾的。随着"文革"后的拨乱反正和改革开放的发展，以生产关系为对象的政治经济学有了很大改进。它发现传统经济体制的弊病，论证改革开放的意义，进而全面分析现有生产关系的变化和存在的问题，探讨我国经济的发展道路，并不只是论证传统生产关系如何优越①。而且，这种意见说"生产关系范式"错在不解决"现实社会生产关系的各种问题"，恰好证明了政治经济学研究生产关系的必要性，否定了自己的意见。因为，如果不研究生产关系，怎么能够发现生产关系的问题并加以解决呢？

这位学者认为生产方式有三种含义：一是劳动方式，即"各种生产要素在一定生产技术条件的基础上以一定的生产组织结合起来的具体形式与作用方式"；二是生产形式，即"一定历史阶段产品的生产、交换以及通过交换（或分配）来体现和实现生产者之间的社会联系或关系的经济形式"；三是生产的社会形式，即"生产的社会性质，从根本上说它表现为劳动者与生产资料结合的特殊方式"。这些含义中，第一种和第三种除了一些附加定语以外没有什么差别，都是指生产要素的结合方式，是叙述的重复，本文前一部分已经论证它是生产关系的一个部分了。至于第二种所说的"生产、交换或分配体现的社会联系和关系"，更直接和明显的是社会生产关系的组成部分，其中的生产、分配体现的社会联系和关系，与斯大林讲的

---

① 其实，每个阶级都有自己的理论立场，资产阶级经济学都一致歌颂资本主义如何合乎天性和美好，难道我们也要同他们站在一起责骂社会主义才正确吗？何况社会主义属于新生事物，更需要彰显它的优越性，以增强劳动人民为新社会奋斗的信心和决心。

"生产过程中人与人的相互关系和分配关系"有什么本质的不同？还有，他说的第二种和第三种含义，一个叫"生产形式"，一个叫"生产的社会形式"，它们如果硬是要加以区别的话，后者应该是包含于前者之中的子概念；既然前者是生产关系，后者也不能不是生产关系了。总之，无论他所说的哪一种含义，生产方式都是生产关系的一部分，属于生产关系的范畴。所以，他说"生产方式是生产关系的产生基础与存在载体，它既决定着生产关系的基本性质，也决定着生产关系发展的趋势与方向"，讲轻一点是同义反复，究其实质是对生产关系内涵的认识错误。

五、 批判 "所有制崇拜" 意欲何为？

提出政治经济学应以生产方式为研究对象的主张，作为学术争鸣是应该受到欢迎的。然而，持这种观点的个别学者，为了强调生产方式的重要性，故意淡化、贬低生产资料所有制的作用。有人竟然说以生产关系为对象的政治经济学"宣扬所有制崇拜，把虚幻的生产关系当作真实的生产关系来研究，陷入了形而上学与法学的幻想"，这种观点明显地背离了马克思主义的基本原理，可能被利用去反对共产党坚持社会主义公有制为主体的正确主张。

生产资料所有制是生产条件的一定的社会形式，是任何社会生产必不可少的前提条件。马克思和恩格斯非常重视所有制在生产关系中的地位和作用，在许多场合都明确地指出，各种不同的生产关系（生产方式）都以一定的生产资料所有制作为基础。例如，马克思在《哥达纲领批判》中把未来的社会称为"集体的、以共同占有生产资料为基础的社会"。恩格斯也指出，未来社会制度"同现存制度的具有决定意义的差别当然在于，在实行全部生产资料公有制（先是单个国家实行）的基础上组织生产"[1]。马克

---

①《马克思恩格斯全集》第37卷，人民出版社1971年版，第443～444页。

思和恩格斯不仅在提到原始公社、古代社会、小生产、资本主义和未来社会时都指出它们要以一定的生产资料所有制作为生产关系的基础①，而且在概括人类社会一般规律时，也强调生产资料所有制的基础作用，指出它决定着生产的全部性质和全部运动。

古今中外的一切实践都证实了这一理论的正确性。历史上，各个地区和国家经济关系的性质和特点都是由生产的基本条件即所有制决定的，从原始社会、奴隶社会、封建社会到资本主义社会的经济关系的更迭替代，无一不是生产资料所有制变更的结果。在资本主义社会，资产阶级占有生产资料而工人一无所有决定了雇佣劳动制度以及资产阶级对雇佣工人的剥削；生产社会化和私人资本主义占有的矛盾，不可避免地发生周期性的经济危机。在我国，如果没有没收官僚资本，土地改革，进行生产资料所有制的社会主义改造，就不可能出现劳动者当家做主、平等互助、公平分配的社会主义生产关系。所以，邓小平同志说："我们社会主义制度是以公有制为基础的，是共同富裕。"②从具体一点的层次看，在单一的公有制和高度集中的产权制度下，实行的只能是计划经济；改革开放后，多种所有制的发展加上国有制产权结构的多样化，才可能实行社会主义市场经济。中华人民共和国成立以来所有的经济变化以及当前存在的种种问题和矛盾，只能从所有制找到根源和科学的解释。

可见，生产资料所有制是客观存在并对社会生产关系发挥重要作用的经济关系。有些人称它为"虚幻"关系和"形而上学与法学幻想"，是非常错误的。第一，马克思、恩格斯就揭露过资产阶级法律和法学给人们造成一种幻想和错觉，"仿佛私有制本身仅仅以个人意志即以对物的任意支配为基础"，指出"仅仅从私有者的意志方面来考察的物，根本不是物；物只有

---

① 参见《马克思恩格斯全集》第 46 卷上第 484 页，《资本论》第 1 卷第 265 页、第 830 页、第 837 页，《资本论》第 3 卷第 675 页、第 696 页，《马克思恩格斯选集》第 3 卷第 13 页。

②《邓小平文选》第 3 卷，人民出版社 1993 年版，第 216 页。

在交往中并且不以权利为转移时，才成为物，即成为真正的财产（一种关系，哲学家们称之为观念）。这种把权利归结为纯粹意志的法律幻想，在所有制关系进一步发展的情况下，必然会造成这样的现象：某人在法律上可以对某物享有权利，但实际上并不拥有某物"①。所以，与这些人的看法相反，马克思、恩格斯恰好强调必须将财产看作人们的经济关系而不是法学幻想。第二，这些人曲解了马克思的这句话："要想把所有权作为一种独立的关系、一种特殊的范畴、一种抽象的和永恒的观念来下定义，这只能是形而上学或法学的幻想。"实际上，这句话并不是针对所有制关系本身，而是针对普鲁东对所有制概念的错误认识。因为，普鲁东把所有制当成一种独立于历史发展进程之外，不依历史发展而变化的抽象的永恒观念，否认它的历史的暂时的性质，还把所有制同分工、竞争、垄断、贸易等经济关系截然割裂开来，把它们看成是时间上处于不同顺序的阶段或互不相关的东西，从而把所有制当成是在社会生产关系之外的独立范畴。马克思就是针对这两个错误，批判普鲁东的观点是形而上学与法学幻想。所以，这个断章取义的帽子不能强加在所有制关系头上。本来，这个曲解在 20 世纪 80 年代的争论中已经出现过并已被澄清了，如今有人为了攻击马克思主义的所有制理论重拾他人牙慧，说明他们在理论上已是末路穷途。

　　承认不承认生产资料所有制的重要地位和作用历来是马克思主义和其他学说的重要分水岭。马克思批判过拉萨尔关于劳动是一切财富的源泉的论点，指出"只有一个人事先就以所有者的身份来对待自然界这个一切劳动资料和劳动对象的第一源泉，把自然界当作隶属于他的东西来处置，他的劳动才成为使用价值的源泉，因而也成为财富的源泉"，揭露他回避生产资料所有制的重要性，是有意掩盖资本主义和其他一切剥削的根源，是"资产阶级的说法"②。近现代的西方经济学回避资本主义社会的生产关系，

①《马克思恩格斯选集》第 1 卷，人民出版社 1972 年版，第 70~71 页。
②《马克思恩格斯选集》第 3 卷，人民出版社 1972 年版，第 5 页。

更是闭口不谈生产资料所有制。连标榜研究经济制度的新制度经济学，也是避开资本主义最根本的制度——生产资料所有制，只局限在经济运行层次的具体产权，甚至是一些细微产权上做文章。究其原委，就是为了掩盖资产阶级利用他们独占的生产资料剥削劳动者的关系。这就充分暴露了他们理论的资产阶级属性。在我国的社会主义建设中，是否坚持社会主义公有制为主体，关系到社会主义的方向和前途。在改革开放初期关于生产资料所有制的地位和作用的辩论和后来关于所有制是目的或者手段的辩论中，一些观点的意图就在于淡化、抹杀所有制的重大意义，否认公有制为主体的必要性和重要性，为私有制的发展制造舆论。在理论是非遭到混淆之后，有些人便从反对辨别所有制的"公"和"私"进而反对区分生产关系性质的"资"和"社"，这就令人清楚地看出否定所有制理论的社会、政治意义了。

有些人以批判斯大林为掩护，指责所谓的"所有制崇拜"，这在理论上是站不住脚、完全违背历史和现实的。所有制是客观存在的关系，它在生产关系中发挥基础性、决定性作用是生产过程的必然结果，完全可能科学地认知和描述其作用的缘由和轨迹，根本不同于那些因人类受制于自然界而不知其原委的神秘幻觉。将所有制重要地位和作用的科学说明蔑称为拜物教，实际上是对马克思主义所有制理论的歪曲和攻击，必将对社会主义事业带来巨大的不良作用。因为，一旦否定了所有制理论，就无法辨别和分析不同性质的经济关系，不懂它们变化发展的原因和规律，非社会主义和反社会主义的势力就可趁乱行事，干扰我国发展的社会主义方向。试看改革开放过程中，不同社会势力围绕所有制问题展开的斗争是很激烈的。一些人为了发展资本主义私有制，利用各种时机和借口，不断转换口号，如斥责国有企业效率低下，主张以私营企业取而代之；鼓吹国有制经济不"与民争利"，应退出一切竞争性领域，全面推行"国退民进"；将国有企业经过改革调整得到发展以及企业并购的市场行为，歪曲为"国进民退"；歪曲、捏造统计资料，转移公众视线（如利用公众对分配不公的愤怒将它归咎于国家垄断），借机反对国有经济对关键部门的掌控。如此步步紧逼，直欲使资本主义经济占据我国所有的盈利部门和关键部门而后快。近年来，国外企图抑制中国发展的势力，也大力渲染和攻击中国国有企业的"垄断"，声讨国有企业的发展。在所有制关系上的这一系列反公促私、反"社"促"资"行径，处处表现出他们不是不懂得所有制的重要性，而是太在乎它了。他们骨子里搞"私有制崇拜"，却大讲所有制是虚幻的，无关紧要，不要"崇拜"，是想麻痹我们，使我们忽视所有制的重要性，放松对公有制的防护，好让资产阶级趁机占领所有制阵地。遗憾的是，这种正中资产阶级下怀的说法，居然也在马克思主义理论队伍中传开了，很值得我们担忧。现在，私有经济已经在我国得到快速发展，造就了一大批家财千万、亿万的富豪，导致许多重大的社会矛盾，如果不尽快警醒过来，注意从所有制关系去认识矛盾的根源，矛盾不但得不到解决，还可能积累得越加深重，社会主义事业必然受到极大危害。

最后，我想解释一下，本文的主要目的并不是想争辩生产方式含义的是非，因为，我深知自己的理解不见得都是正确的，充其量只是在多种分歧意见中再添上一种，认识不可能就此辨清。反正这些不同的含义已经存在一百多年，过去并没有妨碍人们对马克思、恩格斯著作基本精神的领会，让它再悬挂一阵子也无妨。之所以写此长文谈这个话题，是因为我担心，现在有些人根据生产方式的不同的含义去任意发挥，而生产方式的多义性又可能影响对马克思主义一些基本原理和基本方法的认识。例如，怎样正确认识对立统一规律（一分为二？一分为三？），使辩证唯物主义和历史唯物主义得到更简明的阐述，更容易、更广泛地被广大群众中接受和运用？怎样才能准确说明生产力和生产关系的相互关系，进而正确认识社会的基本矛盾及其发展规律？怎样完整阐述生产关系的内涵及其各个组成部分的相互关系？怎样认识所有制在生产关系中的基础性作用，如它们怎样决定人们在生产过程中的相互关系、怎样影响交换关系和方式以及分配关系和方式？怎样在当前的实践中去验证马克思主义的经济理论，建立和发展中国的现代的政治经济学，并运用它们去认识和解决实际生活中的问题和矛盾，促进经济的发展和人民生活水平的提高？这些比较根本的问题如果没有解决好，将对马克思主义政治经济学的建设带来非常不利的影响。鉴于目前理论界存在某些浮躁情绪，为了搞所谓的"创新、发展"，将马克思的论述碎片化，断章取义，穿凿附会的现象屡见不鲜，所以，我希望马克思主义的理论队伍不要因为概念理解的分歧，干扰、搅乱政治经济学的基本理论体系，应该求大同、存小异，坚持马克思主义的基本理论和方法，反击以新自由主义为主的资产阶级经济理论利用各种机会和场合的进攻，为马克思主义政治经济学的建设共同努力。

（原载于《当代经济研究》2013 年第 3 期）

阶级分析在我国政治经济学中的地位

要建立既符合我国国情又能指导我国社会主义建设的政治经济学，首要的是必须具有以辩证唯物主义和历史唯物主义为指导的科学研究方法和分析方法。建立在马克思主义所有制理论基础上的阶级分析方法就是其中的重要方法。

一、 阶级分析是马克思主义经济学的重要方法

在社会生产和再生产过程中，人们通过各种方式结成一定的关系。政治经济学就是研究生产关系及其发展规律的科学。但是，生产必须以一定的物质资料为前提，不同的人与生产资料的关系不同，在社会生产和劳动组织中所起的作用和所处的地位就不相同，取得归自己支配的那份社会产品的方式和份额也不同，因而有些人就能凭借其占有的生产资料在生产过程中占据支配地位，进而无偿占有另一些人的部分劳动成果。马克思主义把存在这些差别的不同人群或集团称为阶级。

对阶级关系的分析是辩证唯物主义和历史唯物主义这个政治经济学基本方法和基本理论的重要构成部分，是马克思主义关于生产力与生产关系相互关系理论以及所有制理论的自然延伸和运用，也是正确认识社会经济、政治关系的重要方法。在研究资本主义和以前社会的生产关系时，马克思主义的政治经济学始终贯彻和运用了阶级分析方法，阐明这些社会中人们

形成一定生产关系的所有制基础，亦即阶级产生的基础，深刻地揭示了在这些基础上人们相互关系的实质，精辟地论述这些关系的发展规律。

马克思从不隐讳他的学说的阶级性。科学性和阶级性的结合，在马克思主义政治经济学中得到充分的显示。只要是存在阶级的地方，对阶级关系的分析仍然是研究社会经济政治关系的有效方法。例如，虽然有人主张经济发达国家的阶级界线已经日益淡化，但在这些国家里，剥削、贫困仍然没有消失，财富向少数人集中的过程不仅没有停止，反而大大加快了，美国 2009 年的基尼系数就升至 4.68。肇源于美国、震撼全球的大危机就是劳动人民有支付能力的需求与迅速扩张的资本主义生产的基本矛盾，即使依靠庞大的信贷消费也无法解决的一次总爆发。而在美国尚未完全走出危机之际，2010 年第三季度，全美企业居然获得 1659 亿美元的利润，创出了有纪录以来的最高数字。这种阶级状况，使得美国虽然花费巨大的投资企图振兴经济，但收效甚微。徘徊于 9% 以上的严重失业率一直居高不下，约有 200 万户居民因无法还贷而被收回房屋；23% 的美国家庭背负的抵押贷款金额高于其房产的价值，穷人面对满身的债务走投无路，为生计而不得不忍受更加繁重的压榨，群众的焦虑和怨恨不断聚集①。为了转移人民的不满，美国政府想方设法转移群众对社会矛盾的视线。这就是为什么不管正义和有识人士如何说明真相，美国政府仍然不顾事实，坚持把失业和危机归咎于中国的出口和人民币汇率。可见，无论从经济关系或者政治关系看，阶级分析仍然是正确认识资本主义社会问题的重要方法。

问题是，在劳动人民夺取了政权并进行了生产资料所有制的社会主义改造以后，尚处在社会主义初级阶段的我国是否还存在阶级、阶级差别和阶级矛盾，政治经济学是否还要使用阶级分析方法。

---

① 《两极分化令美国社会危机四伏》，《参考消息》2010 年 11 月 29 日。另据报道，美国马萨诸塞州的风险资本和管理咨询公司副总裁 Peter Cohan 称："收入增长依然迟缓，因此企业认为，暂停招聘是合理的应对之举"，"企业将进一步压榨其现有劳动力。由于失业率如此之高，这些压力转嫁到员工身上，人们不得不逆来顺受。"

对于这些问题，似乎无须太多的理论探讨，实践和客观现实可以容易地、清楚地给出答案。

二、 现阶段我国还存在阶级差别和阶级矛盾

中华人民共和国的建立标志着劳动人民从反动统治者手中夺取了政权，在政治上成为社会的主人。但是，旧的经济关系并没有立即改变。后来，经过没收官僚资本和农村土改，消灭了官僚资产阶级和封建地主阶级。在20世纪50年代前期，我国社会还存在着多种经济成分以及与之相应的阶级：工人、农民、个体生产者和民族资产阶级。在这个时期，社会的中心任务是尽快恢复因长期战乱遭到破坏的国民经济，以增强国力，抵御外敌，提高人民的生活水平。为了实现共同的任务，各个劳动阶级在政治上和经济上结成巩固的联盟，他们与民族资产阶级也存在团结协作的一面。但是，当时社会秩序尚未完全稳定，经济极端困难，加上抗美援朝的沉重负担和帝国主义的封锁禁运等，国内外形势非常严峻，一些资本家乘此时机，囤积居奇，哄抬物价，扰乱金融秩序，为攫取最大利润而大肆活动。劳动人民与力量还相当强大的资产阶级之间，还存在矛盾对立的一面，有的还十分激烈，谁在经济领域占据主导地位的问题还没有完全解决。在这种特殊的历史条件下，为了维护新生的社会主义关系，保障劳动人民的利益，我国加速了对资本主义工商业的改造，在所有制方面消除阶级对立的根源。

到了1956年底，我国基本完成了所有制的社会主义改造。随后，公有制不断扩大，囊括了几乎所有的经济领域，私有制几乎被全部消灭了。从此之后到改革开放前的长时期里，在中国大地上，剥削制度被铲除，剥削阶级不复存在了。虽然有些时期还在讲阶级斗争，但它只能从国外敌对势力的活动以及思想政治的分歧和对立去解释，在经济领域里讲的是劳动人民根本利益一致的条件下长远利益和眼前利益，整体利益和局部利益、个

人利益的矛盾，除了一些穿凿附会（如割"资本主义尾巴"之类），基本上不再使用阶级差别去分析经济利益关系。

改革开放以后，我国的所有制结构发生了巨大的变革。为了实现发展生产的中心任务，国家先是在原有体制外发展个体和私有经济，引进外资，接着又在体制内将很大部分的公有企业改造为私营企业和混合所有制企业。公有经济在社会主义生产中所占的比重大幅度下降，国内的私营经济加上外资企业在就业人数和产值上逐步占居首位。雇佣劳动制度重新恢复并且大规模发展了，在这一大片经济领域里又出现了两极分化：一边是数以亿计的雇佣劳动者靠出卖劳动力换取微薄的工资，养家糊口；一边是靠剥削工人无偿劳动积累起巨额资产的私营企业主，他们及其家属（按照外国记者的说法）"享受疯狂消费"。2009 年，中国家财千万元的富豪已达 82.5 万人，家产亿万的有 5.1 万人。2010 年，荣登胡润富人榜家产十亿的富豪就有 1363 人，其中百亿富豪 97 人；家产亿元以上的达 5.5 万人。根据胡润榜，中国仅仅前 200 名富豪的财富总额就达 26022 亿元，相当于国有中央企业总资产（21 万亿元）的 7%，占 2009 年全国 GDP（335353 亿元）的 7.76%。而 2009 年美国前 400 名富豪的总资产为 1.13 万亿美元，相当于全美 GDP（14.8 万亿美元）的 7.63%。就是说，中国前 200 名富豪的总资产占全国 GDP 的份额，大于美国前 400 名富豪所占的份额，表明我国财富集中的程度已经超过世界上最富有的国家，更是远远超过我国进行所有制的社会主义改造以前的状况。贫富悬殊、两极分化发展到如此显著的地步，如果再说我国不存在阶级和剥削，就是逃避或者抹杀现实，就是自欺欺人。我国有些人天天口不离"与时俱进"，但是，他们却固守我国三大改造后一段时期的说法，对现实阶级关系的巨大变化视而不见，甚至故意掩饰，说明他们只是想利用"与时俱进"去反对所谓过时的马克思主义，并不是真正的时代精神。

既然存在阶级，人们在生产和再生产各个领域中的地位和相互关系就必然受到影响，就会有矛盾和对立，要正确认识和处理社会上发生的各种问题就离不开阶级关系和阶级分析。

三、 离开阶级分析许多经济问题就无法找到合理的答案

先举内需不足问题为例。严格地说，所谓"内需不足"指的是居民生活消费不足，因为内需应该包括国内的投资需求，它已是长期处于亢奋状态，并非不足。居民消费不足造成社会经济结构和产业结构不合理，许多产品生产过剩，过度依靠出口，经济受制于他人，限制了我国经济的持续快速发展。原因何在，如何解决呢？有人说它是信息阻隔造成的，理由是，有供给就必然会有需求，只要信息准确，供需会自然平衡，内需不足的问题就能解决。这种搬用西方经济学的可笑说法在环球的经济危机面前破产了，连大部分的外国人都不相信，还能解决我国居民消费不足的问题吗？

有人说消费不足是因为缺少一个强大的中产阶级，把这一阶级培育大了，消费需求就会提高。这种说法没有正确认识我国资本主义私有制的特点，即，由于庞大的劳动后备军的存在极大地增强了私人资本的地位，有力地压制了包括智力和体力劳动在内的劳动者的工资的增长，使中国私人资本得以超过世界的速度迅速积累，加剧了财富占有的悬殊，同时也将只是相对概念的所谓"中产阶级"的财产限制在很低的水平。依靠这个收入仍然很低的"中产阶级"能使我国居民消费普遍提高吗？而在我国财富悬殊、分配严重不公的条件下，劳动者仅仅依靠个人才能致富的几率越来越小了。这些人期盼的真有实力消费国内产品的"中产阶级"，何年何月才会形成，我国居民消费不足的局面还得拖延多久？

有人将内需不足怪罪于税收太高。这一是不符合实际，二是缺少阶级分析。2009 年，我国宽口径的财政总收入占 GDP 的比重为 30%，低于发展中国家的平均水平（占 GDP 的 35.5%）更是远低于工业化国家的平均水平

（占 GDP 的 45.3%）。从所得税来看，我国几年前就取消了全部的农业税；城镇企业所得税的税率为 25%，需要重点扶持的高新技术企业为 15%，小型微利企业为 20%，而几个主要资本主义国家的企业所得税税率，荷兰为 26%，英国为 28%，德国为 30%，美国为 39%，日本为 42%，都超过或大大超过我国的水平。至于个人所得税，我国中等收入阶层个人所得税税率为 9% ~ 12%，美国为 10% ~ 15%，英国为 20% ~ 21%，瑞典为 31.5%，我国的税率也是最低的。目前我国在税收方面的问题是，国有企业的实际税负明显高于其他类型企业，是私营企业平均税负的 5 倍多；实际征税中存在工薪阶层成为纳税主体，富人纳税相对少的税收"逆调节"；许多以富有者为纳税对象的应征税项如遗产税、暴利税等没有开征；很大部分的私营企业偷税漏税行为严重。所以，说我国税收过高既不是事实，也不是我国居民消费不足的真正原因。笼统地、一般地减税并不是提高居民消费需求的途径，正确的办法是分别不同阶层，调整税负，提高个人所得税起征点，减少普通工薪人员的税负，增大高收入者的所得税率；增设财产性收入的税种，如遗产税、赠予税、第二套房产税、暴利税以及高档消费税；严格税收制度，消除私营企业主能够轻易偷税漏税的常见弊病，禁止地方官员任意给某些大户减税免税优惠。与此同时，还要合理使用财政收入，增加公共品供应，完善社会保障制度，减轻劳动者在教育、保健方面的负担，减少和解除他们进行现期消费的后顾之忧。

还有一位海外归来的学者提出："中国未来十年主要靠内需，而内需主要靠民营企业。"① 暂不论这位先生想把私营经济抬上主要地位的是非，他显然忽略了，我国所欠缺的是广大居民的消费需求而不是原来就很高的私营企业的投资。从私营企业主的生活消费看，虽然他们拥有巨大的支付能力，但所追求的是高档汽车、高价洋酒、高级衣着和化妆品。他们为中国创造的是超过美国、位居世界第二的进口奢侈品市场，是在境外高端消费

① 《中国未来十年发展要看内需靠民企》，《经济参考报》2010 年 11 月 29 日。

领域令外国游客惊羡的一掷万金的"豪爽"形象，而不是本土产品的消费能力①。他们对提高广大居民的消费，解决国产产品的市场出路，作用是有限的，哪里谈得上是"主要"依靠呢？

其实，我国消费需求不足反映的是生产的迅速增长与广大劳动者有支付能力相对不足的矛盾，根本原因是：农村公有经济和合作经济得不到扶持，分散而细小的农户经营难以使广大农民走向富裕；城市资本介入农村资源的经营时，造成大量的劳动收入远低于城市工人的雇佣农民；在鼓励、支持私营经济发展时失去监督和引导，致使广大雇佣劳动者创造的价值过多地落入少数剥削者囊中而自己所得过少。必须充分重视由所有制结构引起的这些问题，采取正确的方法，改变不合理的分配关系，增加城乡广大劳动者的收入，才能真正扩大人民群众有支付能力的消费需求。

再以公众最关心的分配不公、财富悬殊为例。有人认为行业垄断是我国分配不公的主要原因。这是缺乏事实根据，故意混淆视听的。据国家统计局的资料，我国垄断行业与非垄断行业的平均工资，差距只有 2～3 倍，而非垄断产业中的不同行业（如证券业、IT 行业与纺织业、木材加工业），差距却为 4～5 倍。这些人歪曲事实，目的是想利用公众不满分配不公的情绪，反对国有经济对重要产业进行控制，进一步推行私有化②。

根据今年 10 月公布的胡润"百富榜"，今年我国前 1000 名富豪的财富平均增长了 10 亿元，比起 2009 年全国城镇居民年均可支配收入的 17175 元和农村居民年均的 5153 元③，差距达到 5.8 万倍和 19.4 万倍以上。如对比前 10 名富豪增长的财富（平均 98.2 亿元），则差距高达 57 万倍和 190 万倍。这个差距远远不是行业间的工资差距和城乡间的收入差距所能比拟的。

如果有人认为以上资料只是反映我国收入和财富两极分化的特殊情况，

---

① 有报道称，迪拜六星、七星级豪华酒店的顾客中有 60% 以上为中国人
② 吴宣恭：《分配不公的主要矛盾、根源和解决途径》，《经济学动态》2010 年第 11 期。
③ 温家宝：《政府工作报告》（2010 年 3 月 5 日），人民出版社 2010 年版。

那么，可以看看多数的私营企业主与劳动者的收入差别。

由中央统战部、全国工商联等的课题组发布的《2009 中国私营企业调查报告》，提供如下与分配有关的信息：（1）私营企业的注册资本由 1993 年底的 681 亿元增加到 2009 年底的 35305 亿元，增长了 52 倍，年均增长 48.41%，是雇工工资增长幅度的几十倍。（2）2009 年我国企业主个人年收入平均值为 20.2 万元，雇工全年平均工资加奖金和部分分红，总数是 8033 元；工资最低的行业，年均国有资产在 6000 元以下。企业主的平均收入为雇工收入的 25.15 倍；如与工资最低的行业相比，收入差距为 33.66 倍。（3）资本千万元级的私营企业，雇工平均工资甚至低于全部被访问企业的平均工资水平，只有 6817 元；按此计算，企业主与雇工的收入相差 251.87 倍。（4）国有单位在岗职工年平均工资是 14577 元，集体单位在岗职工为 8678 元。私营企业的平均工资只等于国有单位的 55%（如根据国家统计局的资料，2009 年全国城镇私营单位就业人员年平均工资为 18199 元，国企在岗职工年平均工资为 35053 元。私企平均工资只为国企平均工资的 51.9%）。

可见，我国分配和财富不公的主要矛盾根本不是垄断行业与一般行业的工资差别，也不是城乡之间收入的差别，而是私营企业主惊人的收入和巨大财富与普通劳动者的收入和财产的巨大差距。造成这个巨大差别以及差距快速扩大的原因只能从私有经济迅速发展而形成的资本急剧积累和劳动大众相对贫困去说明。因此，我国分配不公和财富差别悬殊是过度剥削的结果，其制度根源是在短期间迅速膨胀的资本主义私有制，或者说，是引导和监管不力的、带有浓重原始积累性质的资本主义私有制。

有人认为官吏和企业高管腐败是分配不公的罪魁祸首和首要原因。这些人的确看到存在于官场职场，严重危害我国经济政治的重大弊害。痛恨它，谴责它，要求铲除它，完全符合社会正义原则。但是，仅仅看到腐败现象而没有探究它产生的所有制基础，是远远不够的。应该清楚地认识到，私人资本对最大利润的追逐才引发勾结官府，进行权钱交易的动机，得到巨大利益的私人资本才能满足腐败官吏的贪欲。愈是暴利的行业，权钱交易就愈是严重。有位分析家说，"几乎每一个腐败的案件背后都离不开资本的影子"，如实道出了私人资本才是政治上滋生腐败的真正根源。政治腐败无非是私人资本攫取最大利润的重要工具，正是借助于腐败，一些私人企业主才得以暴发致富。如果没有私人资本的迅速发展及其拉拢腐蚀，中国官场职场的腐败就不会蔓延到今日的地步。因此，反腐、惩腐不光是政府监察纪检部门的事，在毫不动摇地鼓励、支持私有经济发展的同时，还要运用经济手段、法律手段和行政手段规范他们的活动，注意从思想上引导他们守法经营，并利用社会监督和舆论监督，揭露、制止私人业主的不良、违法行为。

最后以农产品价格飞涨为例。关于这个引起广大群众和政府焦虑的民生问题怎样发生，如何抑制，也有不同的意见。有人认为它是因供给不足引起的，主张采取优惠措施，奖掖生产以平抑物价。这种意见看似符合经济学原理，却不够全面。我国虽然自然灾害频仍，但粮食连续 7 年丰收，今年总产达 54641 万吨，比上年增产 2.9%；蔬菜种植面积没有减少，主产区的生产正常，某些价格猛烈上涨的农副产品产量并没有剧烈波动。因此，在全国或较大地区物价飞涨不见得是供应不足造成的。有人主张物价猛涨是由成本提高拉动的，于是建议对生产者进行补贴，对经营者给予优惠贷款，对某些食品的运输者豁免过路费，等等。这也是浮于表面的意见。其实，我国日用必需品和粮食、蔬菜、副食品的生产条件还是比较稳定和有所改善的，成本提高的幅度有限，产地的收购价涨幅也不大，不足以掀起价格的巨额攀升，补贴生产者对抑制价格涨势虽然不无用处，却需要经过一定的周期才能生效，无法应对当前如此凶猛的涨价浪潮。此外，这次农产品的最大涨幅产生在流通阶段，给经营者和运输者的种种优惠只会增大他们的获利，不是平抑价格的必要措施。

有人认为这股涨风是流动性过高的结果，就套用西方经济界的惯用方法，主张采取货币调控、加息、提高银行准备金等手段。虽然这些做法也有些道理，但是，仅在"没有味道"的货币上打主意而不问它们掌握在"什么人"手中、用来干什么，是解决不了问题的。截至目前，我国经过两度加息，准备金率也提高到最高水平的18.5%，物价涨风仍然没有压住，却同时在另一方面造成信贷紧缩，令人担心经济发展速度会受到影响，使"防涨价"和"保增长"处于两难的尴尬境地，足可证明单纯的货币调控的局限性[①]。现在看来，导致这次农产品价格暴涨的主要原因并非前面所提的那些，而是境内外的一些私人资本互相串通勾结，利用手中的巨额游资（这是国家紧缩银根管不到的），囤积某些产品或操纵期货市场，控制生产者和货源，采用造谣、虚假交易和其他欺诈手段，制造市场恐慌情绪[②]，形成"供应方囤积，需求方抢购"的现象，反复联动炒作，大力哄抬物价。其他厂商则不管生产、流通条件有无变化，成本是否受到影响，也借着这股涨风纷纷提价。这是私人资本在中华人民共和国成立初期与劳动人民多次较量的故伎重演，是它的消极面的一次明显暴露。现在，有关领导部门终于看到并且公开证实了这种损害大众利益牟取巨额利润的肮脏行为。正是认准这一重要祸根，政府配合经济手段和法律手段采取直接的行政干预，强化价格监管制度，严肃查缉各种违法违规的价格行为，加大处罚力度，坚决打击和制止投机倒把、囤积居奇和操纵物价，并逐级派出督查组检查措施落实和物价变动情况。政府的这个重招一出，农产品价格终于开始回落，表明破除市场自由主义观念，对私营经济进行引导、监督的正确性和

---

① 有的经济分析人员还担心，加息将诱使境外游资更大量流入，加大对紧缺物资的投机炒作，进一步抬升重要生活消费品的物价。

② 例如，前段某些媒体报道大批豆油厂家停产，春节期间可能发生供应困难，引起有些市民恐慌、抢购。实际上是因为流通不畅，豆油库存积压过多，厂家暂时停产，并非由于政府限价，工厂无利可图。而且今年东北大豆丰收，进口数量正常，国家库存充裕，甚至还出现过大豆巨额拍卖"流拍"的事件，不会产生油料和食用油供给紧张。

必要性。

不过，只是一时对某类物品实施这种行政手段还不足以树立正常的市场秩序。境内外巨额的游资必然按其本性追逐最大利润，四出寻找可图高利的机会，其破坏市场稳定秩序的力量不容小视①。为此，国家首先要吸取中华人民共和国成立初期反击不法资本家哄抬物价、维持正常市场秩序的经验，重视流通环节的重要作用，在流通领域保持必要的力量，控制重要部门，掌握足够的物资，适时地吸纳或抛售，对付不正当的投机炒作行为（当然，这种方法无疑地会遭到反对②）。甚至还可拨出足够雄厚的资金或给予必要的信贷额度，设立以平抑物价为基本任务的专门经济组织，以经济手段与投机倒把、哄抬物价的商贾展开斗争。同时，必须根据行之有效的方法制定管理法规和法律，如《反投机法》《反暴利法》等，由有关管理机构和司法部门严格实施。银行也要对现金的提存和贷款的流向实行严格的管理并协同有关国家机构进行监控。只有建立完备的法律、法规，相关机构共同配合，加强经济管理和监控，并以强有力的经济力量为支撑，才能持之以恒，保证市场的持续健康运行。

四、 正确认识和处理阶级关系是构建社会主义和谐社会的重要前提

承认社会主义初级阶段还存在阶级和阶级矛盾，不是要回到"阶级斗争为纲"，而是正视现实，贯彻马克思主义和共产党一贯坚持的实事求是精

---

① 有人跟踪我国游资的投向：股市高涨时大肆炒股；股市低迷时冲击房地产业和矿山，组织到处游击的"炒房团""炒矿团"；国家加紧调控房地产业、治理采矿业时，就转而炒作紧俏物资和农产品，有人称它"像风一样刮来，像潮水一般退去"。

② 就在国家开始增加玉米和油料收购并限制某些私营大企业收购之时，一些人就评论此举破坏了"市场内生定价功能的完整性"，是"对粮食生产和农业资源配置的干扰"。市场自由主义理论与私商利益的默契和配合，可见一斑。

神。阶级差别和阶级矛盾是客观存在的，不是人脑臆想的产物，不管人们是否认识它、承认它，必然按其本性发挥影响和作用。有差别，就有矛盾或对立，就会产生摩擦或者斗争。阶级矛盾和斗争始终存在于阶级社会。马克思主义有关阶级的理论不过是现存的阶级斗争、眼前的历史运动的真实关系的一般表述。今天，在为构建社会主义和谐社会而努力的时候，也需要以正确认识和处理阶级关系为重要前提。

有位资深评论家说，构建社会主义和谐社会必须扬弃传统的阶级分析方法。因为这一方法的应用，把十三亿人分成三六九等，贴上各种各样的阶级标签，给予各种不同的待遇和机会，制造各种矛盾，撕裂人民的团结，使社会谈不上平等、公正和法治，导致了一系列不和谐、不公平、不公正和非正义现象的产生与长期存在。

显然，这位评论家根本不懂历史唯物主义并产生抵触和反感，他的说法完全颠倒了经济基础与上层建筑的关系。马克思讲过："无论是发现现代社会中有阶级存在或发现各阶级间的斗争，都不是我的功劳。在我以前很久，资产阶级的历史学家就已叙述过阶级斗争的历史发展，资产阶级的经济学家也已对各个阶级作过经济上的分析。"① 本文在第二节已经根据无可否认的现实资料，证明在我国的社会主义初级阶段仍然存在阶级和剥削，接着又指出由于阶级和剥削的存在产生了一系列的社会弊病，导致了严重的分配不公，损害了广大劳动者的利益。阶级的存在是由私有制决定的客观事实，是一系列不和谐关系的前提和基础。不公平、不公正、非正义并不是哪种思想和方法制造出来的，而是阶级和剥削存在的必然表现和结果。

中国共产党在十六大和十六届三中全会、四中全会明确提出构建社会主义和谐社会的战略目标，就是因为我国社会还存在许多不协调、不和谐因素，还有许多社会矛盾。因此，要构建社会主义和谐社会，就必须清楚地了解社会存在的矛盾，分析哪个是主要矛盾、重要矛盾，矛盾各方的关

①《马克思致约·魏德迈》，《马克思恩格斯选集》第 4 卷，人民出版社 1972 年版，第 332 页。

系如何，矛盾的主要方面在哪里，矛盾的变化及其趋势如何。只有这样，才能及时发现问题，正确疏导，缓和或者化解矛盾，减少或者祛除妨碍和谐的因素，才能实现社会关系的和谐。在社会主义初级阶段，阶级矛盾是社会存在的各种矛盾中重要的方面，其他矛盾也多数与阶级矛盾有关。要构建社会主义和谐社会，要消除不协调、不和谐的因素，就要进行阶级分析，有针对性地疏导、化解阶级矛盾，改善各个阶级之间的关系。相反的，如果对客观存在的阶级矛盾视而不见或故意掩盖，任其发展，矛盾和对立的因素就可能积累和激化，最后以剧烈的方式爆发出来。这才是不利于社会主义和谐社会的建设的。

　　总之，以上意见只想说明，必须如实地认识现阶段的阶级关系，恢复阶级分析方法在经济学中应有的地位，这是对改革开放以来讳言阶级关系的经济学的艰难的突破。如果否定这一点，就没有马克思主义经济学，更谈不上它的发展和创新了。

（原载于《政治经济学评论》2011 年第 2 期）

"人力资本"概念悖论分析

近几年来，我国经济理论界频繁出现了有关劳动者拥有"人力资本"的论述，其中有的旨在强调人力以及人力的培育对经济发展的重要作用，主张发展教育事业，提高劳动者素质，并使劳动者得到相应的合理报酬。这些观点都具有积极和重要的意义。但是，就经济学理论的严谨性和科学性而言，劳动者的"人力资本"却是一个背离马克思主义资本理论，沿袭西方的庸俗资本观，并错误地将其嫁接到我国经济学的悖谬概念。

在我国，宣传劳动者"人力资本"概念的学者把人力当作资本，其基本根据是：人力能够自我增值，可以获得或分享剩余，具有同其他资本一样的特征。本文从理论和实践方面质疑这种论据。拟先从资本与劳动力的本质关系去辨析资本范畴，分析劳动力与资本的对立关系，然后指出劳动力或人力根本不可能转化为劳动者的"人力资本"①，进而论证这一概念的悖谬性。

一、 从经济关系的本质去把握资本范畴

要正确判断劳动力是不是、能不能成为资本，首先应全面把握资本的

---

① "人力资本"理论的倡导者舒尔茨不区分劳动力和人力，认为人力资本是"体现于劳动者身上，通过投资形式并由劳动者的知识、技能和体力所构成的资本"，甚至还将"影响一个人的寿命、力量强度、耐久力、精力和生命力"的医疗保健费用也当作人力资本五大投资之一。我国也有人主张二者的范围有所不同，本文暂不分析这些不同的意见，将二者作为相同概念使用。

本质，分析劳动力与资本究竟存在什么关系。

资本不是物，而是特定历史条件下的一种生产关系、一种过程。要真正认识资本的本质，不能笼统地说它能够带来"剩余"，而且还要明确：这"剩余"是什么？它是怎样产生的？源泉是什么？由谁创造，归谁所得？体现了什么样的经济关系？产生的基本条件是什么？

1. 资本只能靠占有雇佣劳动者的无酬劳动使自己增值，无酬劳动是产生"剩余"的唯一和真正的源泉

马克思说，资本的"实质在于活劳动是替积累起来的劳动充当保存自己并增加其交换价值的手段"①。"一切剩余价值，不论它后来在利润、利息、地租等等哪种特殊形式上结晶起来，实质上都是无酬劳动时间的物化。资本自行增值的秘密归结为资本对别人的一定数量的无酬劳动的支配权。"②因此，比较确切地说，资本是靠占有劳动者的无酬劳动使自己增值的价值。离开无酬劳动的占有便没有剩余价值，也就不存在资本。可见，要判断人力能不能成为劳动者的"资本"，关键在于，劳动力能不能得到自身提供的无酬劳动？（有关结论请见后文，但思维逻辑严谨的人从问题本身已不难得出答案）

2. 资本必须以劳动力的买卖为前提

资本之所以能够占有无酬劳动，使自己增值，关键在于它购买到劳动力这种特殊的商品，它的使用能创造出大于自身价值的价值。在资本主义制度下，劳动者与生产资料相分离，只能通过出卖自己的劳动力才能与生产资料相结合，进行劳动和生产，维持生活。劳动力出卖以后就归资本家支配和使用，劳动创造的全部价值只能归资本家所得。这个价值大于劳动力的价值，其余额就是剩余价值。马克思指出："劳动力的购买是这样一种购买契约，按照这个契约，提供的劳动量，一定要大于补偿劳动力价格即

①《马克思恩格斯全集》第 6 卷，人民出版社 1974 年版，第 488 页。
② 马克思：《资本论》第 1 卷，人民出版社 1975 年版，第 584 页。

工资所必需的量，也就是，一定要提供剩余劳动，——这是预付价值资本化或者说剩余价值生产的根本条件。"①

　　恩格斯在评价马克思学说的伟大意义时指出，他"研究了货币向资本的转化，并证明这种转化是以劳动力的买卖为基础的"②。"创造资本关系的过程只能是劳动者和他的劳动条件的所有权分离的过程。"③ 离开劳动力的买卖，离开劳动雇佣关系，就不可能了解剩余价值产生的必要前提和根本条件，也不能正确认识资本的本质。既然如此，在流通过程中作为商品出卖给资本家、在生产过程中被资本家驱使的劳动力，还能占有自己创造的剩余价值并使自身成为资本吗？

　　除了具有人身自由而一无所有的劳动者这一基本条件和历史前提以外，马克思还提出货币形成资本在数量上的条件。他说："不是任何一个货币额或价值额都可以转化为资本。相反的，这种转化的前提是单个货币所有者或商品所有者手中有一定的最低限额的货币或交换价值。""单个的货币所有者或商品所有者要蛹化为资本家而必须握有的最低限度价值额，在资本主义生产的不同发展阶段上是不同的，而在一定的发展阶段上，在不同的生产部门内，也由于它们的特殊条件而不相同。"④ 因此，即使劳动者不是穷得"一无所有"，绝大部分也不可能成为资本家，而由于大生产对个体生产的排挤以及行业门槛的限制，他们连独立进行生产的可能性也不大，最终不得不走上被雇佣之路。这些因素客观上补充和强化了预付价值资本化的根本条件。

　　即使人力所有者具备独立生产的必需条件，出于投入和收益的比较，他也可能选择被雇佣的道路。这样，他与资本结成关系时仍然只是作为与生产资料相分离的劳动力所有者，所得到的仅是劳动力的价值或价格。比

① 马克思：《资本论》第 2 卷，人民出版社 1975 年版，第 36 页。
② 马克思：《资本论》第 2 卷，人民出版社 1975 年版，第 22 页。
③ 马克思：《资本论》第 1 卷，人民出版社 1975 年版，第 782～783 页。
④ 马克思：《资本论》第 1 卷，人民出版社 1975 年版，第 343 页。

起一无所有的人，他顶多在被雇佣时多几分讨价还价的筹码，仍然不是资本的所有者，无法成为"人力资本"家。

总之，"资本关系以劳动者和劳动实现条件的所有权之间的分离为前提"①，以劳动力的买卖为根本条件。以此判断人力能否成为资本，就绕不过一个无法解决的矛盾，即，如果人们想要成为资本的主体，就必须购买劳动力，支配、使用和剥削劳动力，但劳动力的所有者不可能购买自己、剥削自己。这就是说，人力的所有者不可能成为自己的资本家，人力不可能成为资本。

3. 资本是使用劳动力产生剩余价值后才实现转化的

马克思指出："在现实的运动中，资本并不是在流通过程中，而只是在生产过程中，在剥削劳动力的过程中，才作为资本存在。"② 他还说："只要劳动力在市场上流通，它就不是资本，不是商品资本的形式。劳动力根本不是资本；工人不是资本家，虽然他把一种商品即他自己的皮带到市场上去。只有在劳动力已经出卖，并入生产过程之后，就是说，只有在它不再作为商品流通后，它才成为生产资本的组成部分：作为剩余价值的源泉。"③

资本家花钱购买了生产资料和劳动力，得到这些要素的支配权和使用权，自然成为生产过程的主人，享有使用这些要素的全部成果。马克思揭示，资本主义的劳动过程就是资本家消费劳动力的过程，它具有两个特点：一是工人在资本家的监督指挥下劳动，他的劳动属于资本家；二是产品是资本家的所有物，而不是直接生产者工人的所有物。正是在消费劳动力、剥削劳动力的生产过程中，实现了资本的自我增值，体现出资本的功能和本质。

在资本的生产过程中，起主导作用的是资本家的意志，消费劳动力、

---

① 马克思：《资本论》第 1 卷，人民出版社 1975 年版，第 782 页。
② 马克思：《资本论》第 3 卷，人民出版社 1975 年版，第 384 页。
③ 马克思：《资本论》第 2 卷，人民出版社 1975 年版，第 231 页。

剥削劳动力的是资本家。概言之，资本是资本家所有的；劳动者则是被驱使、被剥削的对象，处于无权的被动的地位，根本不是实施资本权能、获取资本收益的主体。如果说人力可以成为资本，那只能在人力被他人消费时才得以实现，但是，这时人力创造的产品和价值已经不归人力所有者所得了。可见，所谓被他人消费的人力能够使自身的价值自行增大并转化成为人力所有者的资本，显然是个悖论。

二、 从资本的运动中理解劳动力与资本的矛盾

1. 从商品化过程看劳动力价值与使用价值的矛盾

由于劳动者与生产资料相分离，丧失独立进行生产的可能，劳动力的使用价值，即能够生产商品和剩余价值的能力，对劳动者已经失去实际意义了，他只能将劳动力让渡给资本家去使用。然而，在一般的商品买卖中，卖者实现了商品的价值，就不得不放弃商品的使用价值，他在交易之后再也无权使用已经卖出的商品和享有使用该商品所得到的利益。根据这个商品交换的"永恒规律"，劳动者出卖了自己的劳动力以后，就得让出劳动力的使用价值，无权获得劳动创造的商品和剩余价值。因此，劳动力商品的二重性决定了它不可能成为劳动者的"人力资本"。马克思多次指出："资本只有同非资本，同资本的否定相联系，才发生交换，或者说才存在于资本这种规定性上，它只有同资本的否定发生关系才是资本；实际的非资本就是劳动。"（马克思在撰写此文时尚未完全确立劳动力范畴，这里所提的劳动应理解为劳动力）"资本只有把劳动当作非资本，当作单纯的使用价值，才使自己成为资本。"①

2. 从资本运动过程看资本和劳动的真实关系

资本不仅是一种关系，也是一个过程，只能理解为运动，而不能理解

---

① 《马克思恩格斯全集》第 46 卷上，人民出版社 1979 年版，第 231、248 页。重点号是马克思加的。

为静止物。它是在运动中发挥作用并体现出资本特征的。资本依靠对劳动力的支配，使它与别的生产要素相结合而发挥作用，产生剩余价值，从而实现自身的功能。这种关系以及人力要素和物质要素的地位和作用，从资本循环与周转的过程中明白地显现出来。在流通中，只要劳动力没有被出卖，它就处在商品阶段，是与生产资料相分离的要素，根本不会成为资本的组成部分。这时，它还不是资本。马克思指出："劳动力的购买，决不是资本形态变化的交错，因为劳动力固然是工人的商品，但只有卖给了资本家，才变为资本。"① 也就是说，当劳动者还能支配自己的劳动力时，它只是等待出售的商品，是潜在的生产要素，不能成为资本。"在现实的运动中，资本并不是在流通过程中，而只是在生产过程中，在剥削劳动力的过程中，才作为资本存在。"② 但是，一旦劳动力被出卖而进入生产过程，它就并入买者的资本，作为"生产资本的一个器官"发挥作用。生产过程是资本各个要素融合在一起发酵，进行增值的过程，这个过程及其结果都属于资本家所有，劳动者的人力已经像皮一样交给资本家去鞣了，还可能独立化出来成为"资本"吗？

3. 从生产和再生产过程看资本与劳动力的对立和统一关系

一方面，资本和劳动力在地位和利益上存在对立。因为，"在生产过程中，资本发展成为对劳动，即对发挥作用的劳动力或工人本身的指挥权。人格化的资本即资本家，监督工人有规则地并以应有的强度工作。其次，资本发展成为一种强制关系，迫使工人阶级超出自身生活需要的狭隘范围而从事更多的劳动。"③ 在这里，劳动者是被资本支配、剥削的对象，劳动者创造的产品和价值全部被资本家占有。更重要的是，从劳动者身上剥夺去的剩余价值还异化为统治自己的力量。马克思明确地指出这种对立关系：

① 马克思：《资本论》第 2 卷，人民出版社 1975 年版，第 131 页。
② 马克思：《资本论》第 3 卷，人民出版社 1975 年版，第 384 页。
③ 马克思：《资本论》第 1 卷，人民出版社 1975 年版，第 343～344 页。

"一方是资本，另一方是劳动，两者作为独立的形态互相对立；因而两者也是作为异己的东西互相对立。与资本对立的劳动是他人的劳动，与劳动对立的资本是他人的资本。"① "工人本身不断地把客观财富当作资本，当作同他相异化的、统治他和剥削他的权力来生产，而资本家同样不断地把劳动力当作主观的、同它本身物化的和实现的资料相分离的、抽象的、只存在于工人身体中的财富源泉来生产。"② 这种对立关系还会随着资本主义的发展而加剧。"资本主义生产方式使劳动条件和劳动产品具有的与工人相独立、相异化的形态，随着机器的发展而发展成为完全的对立。"③ 所以，劳动力和资本虽然共处在一起，却各自作为对方的否定物而存在并发生关系。"资本只有作为非劳动，只有在这种对立的关系中，才成为资本。"④ 所谓劳动者具有自己的"人力资本"的说法，硬是将资本概念加到与其相对立的人力身上，完全是逻辑的混乱。

另一方面，作为资本的要素，劳动力和资本又存在互相依存的关系。这首先表现在劳动力对资本存在依附性。在资本主义条件下，劳动力离开资本就"没有任何实现自己的劳动力所必需的东西"⑤，处于闲置状态，不仅无法发挥自身的作用，还会随着时光的流逝而消失。但它一进入资本主义的劳动过程，就被合并在生产资本之中，无法独立出来了。这种依附性使劳动者不能不处于一种屈从的地位，只能忍受资本的统治，作为企业劳动组织中的一员被迫实现资本的目标。"劳动力必须不断地作为价值增值的手段并入资本，不能脱离资本，它对资本的从属关系只是由于它时而卖给这个资本家，时而卖给那个资本家才被掩盖起来。"⑥ 其次，资本离不开劳

---

① 《马克思恩格斯全集》第 46 卷上，人民出版社 1979 年版，第 222 页。重点号是马克思加的。

② 《马克思恩格斯全集》第 46 卷上，人民出版社 1979 年版，第 626 页。

③ 马克思：《资本论》第 1 卷，人民出版社 1975 年版，第 473 页。

④ 《马克思恩格斯全集》第 46 卷上，人民出版社 1979 年版，第 248 页。重点号是马克思加的。

⑤ 马克思：《资本论》第 1 卷，人民出版社 1975 年版，第 192 页。

⑥ 马克思：《资本论》第 1 卷，人民出版社 1975 年版，第 674 页。

动力。它只有攫取劳动力所创造的剩余价值时才实现其职能，才真正成为资本。离开对劳动力的剥削（或者对劳动者无酬劳动的占有），就不存在资本。"人力资本"理论把人力看成可以独立发挥作用、增值自己的资本，而不懂资本只能靠剥削人力才存在；正是出于这种对资本关系及其本质的无知，导致概念自身的悖谬。

4. 可变资本不是劳动者的"人力资本"

国内有的学者认为，马克思的《资本论》已经具有"人力资本"的思想。其实，他们是将资本家的资本存在于劳动力要素的部分，即可变资本，歪曲为劳动者的"人力资本"，并把这种谬误强加到马克思身上。马克思一贯主张，劳动力只是一种生产要素，自身并不是资本，只有在它出卖给资本家以后，才根据资本家的意志同生产资料合并在一起，转化为能够运作的资本，成为资本的一种存在形式和表现形式。他说："工人作为劳动力的出卖者和资本家进行交易时，是自己劳动力的所有者……但是在劳动过程中他们已经不再属于自己了。他们一进入劳动过程，便并入资本。作为协作的人，作为一个工作机体的肢体，他们本身只不过是资本的一种特殊存在方式。因此，工人作为社会工人所发挥的生产力，是资本的生产力。"① 这种资本的特殊存在形式就是可变资本。似乎是为了避免人们的误解和歪曲，马克思在区分不变资本和可变资本时特地指出："一方面是生产资料，另一方面是劳动力，它们不过是原有资本价值在抛弃货币形式而转化为劳动过程的因素时所采取的不同存在形式。"② 就是说，劳动力和生产资料一样，"只不过是原有资本"，即原本就属于资本家的资本的不同存在形式。在《资本论》第 2 卷，马克思更是明白地说："劳动力一经出卖而和生产资料相结合，它就同生产资料一样，成了它的买者的生产资本的一个组成部

---

① 马克思：《资本论》第 1 卷，人民出版社 1975 年版，第 370 页。
② 马克思：《资本论》第 1 卷，人民出版社 1975 年版，第 235 页。

分。"① 但是，工人"劳动的创造力作为资本的力量，作为他人的权力而同他相对立。他把劳动作为生产财富的力量让渡出去；而资本把劳动作为这种力量占有……因此，对于工人来说，他的劳动的生产性成了他人的权力"②。在这种关系下，劳动力已变成资本家所有的资本的一个部分，不归劳动者支配，也不能为劳动者带来任何剩余，对劳动者而言毫无资本的功能。"劳动对于工人来说不是生产财富的力量，不是致富的手段或活动……只是由于消费劳动，资本在与工人的关系上才是作为资本的资本。"③ 可见，企图以马克思关于可变资本的论述充当"人力资本"的理论依据，只能是对马克思的笨拙的歪曲。

5. 分清劳动力、活劳动和物化劳动

与人力有关的资源可分为两类：一类是人力自身，即与劳动者不可分离的劳动能力，包括劳动者的体力、智力和技能、素质等。它是潜在的、有待发挥的劳动能力，它的使用就是活劳动或"流动状态"的劳动力。这两种状态的劳动力都不能脱离主体而独立存在。另一类是能够与劳动者分开的其他东西，如技术、设计、发明、专利、产业信息、商誉和其他属于知识产权范畴的东西，它们是劳动之后创造的产品或由其构成的财产，属于凝固化的劳动、物化劳动、死劳动。马克思严格地区分了这些范畴，指出："昨天发挥了作用的劳动并不是今天发挥作用的劳动。它的价值，加上它创造的剩余价值，现在是作为一种和劳动力本身不同的东西即产品的价值而存在的。"④ 科学地区分这些不同的范畴对于正确理解价值、剩余价值和资本、资本积累、劳动异化等有重要意义。

国内有人以技术、专利或其他知识产权投资入股当成"人力资本"存在的"证明"。这种意见实际上是混淆了劳动力和物化劳动，把"和劳动力

---

① 马克思：《资本论》第 2 卷，人民出版社 1975 年版，第 38 页。

②《马克思恩格斯全集》第 46 卷上，人民出版社 1979 年版，第 266 页。重点号是马克思加的。

③《马克思恩格斯全集》第 46 卷上，人民出版社 1979 年版，第 265 页。重点号是马克思加的。

④ 马克思：《资本论》第 1 卷，人民出版社 1975 年版，第 344 页。

本身不同"、由物化劳动构成，甚至是劳动的异化物、对立物的物质资本乔装充当"人力资本"。如非思维逻辑的差错问题，就是故意制造混乱，推销假伪理论产品。

三、 人力不能成为资本

1. 产生"剩余"不能使劳动力成为资本

主张人力是资本，论据是它能自行增值，产生剩余，具有资本的特征。这是站不住脚的。劳动力创造剩余存在两种情况：

第一种情况。在劳动者独立从事生产的条件下，劳动创造的价值都会大于再生产劳动力所需物质资料的价值；就是说，它可能产生剩余。而且，由于独立劳动者是全部生产要素以及劳动过程的主人，他可以获得自己创造的全部价值，包括增值部分。但是，在这种条件下，劳动力只是劳动力，尽管它也可能产生剩余，却不是资本，不能成为"人力资本"。这就是马克思所说的"只要劳动者是自己的生产资料的所有者，他就能为自己积累；只要他能为自己积累，资本主义积累和资本主义生产方式就是不可能的。为此所必需的雇佣工人还没有"①。可见，只凭人力能够创造剩余就称之为"人力资本"，是背离经济关系本质的肤浅观点，也是一种理论幻觉。

第二种情况。在资本主义关系中，雇佣工人的劳动创造了剩余价值，但是，由于劳动力已经出卖给资本家，劳动者创造的全部价值，包括剩余价值，都归资本家所得，劳动者得到的只是劳动力的价值或价格。在这种条件下，虽然存在着资本，但是，劳动力已经按照资本家的意志，同资本家所有的生产资料相结合，成为资本的可变部分，为资本家牟取最大限度利润服务。因此，它是资本家的资本，根本不属于雇佣劳动者所有。对此，马克思指出："如果说，劳动力只有在它的卖者即雇佣工人手中才是商品，

① 马克思：《资本论》第 1 卷，人民出版社 1975 年版，第 836 页。

那末相反，它只有在它的买者手中，即暂时握有它的使用权的资本家手中，才成为资本。"① 这时，劳动力已不可能脱离其他资本独立存在和发挥作用，已经失去劳动的自主性，更遑论为劳动者带来剩余价值，怎么可能成为劳动者自己所有的"人力资本"？

可见，主张人力能够成为资本的观点摆脱不了两难困境：如果劳动者能够凭借自己的劳动力取得剩余，他是独立自主的劳动者，不受别人剥削，就不存在资本关系，他也不能自己雇佣自己，成为自己的资本家，他的人力就不能成为资本。在人力能够创造出剩余价值，成为资本的存在形态时，它已经是资本家占有的资本的组成部分，人力所产生的剩余已经不归人力所有者而归人力购买者所有了，劳动者根本没有条件将自己的人力独立出来作为资本。

2. 劳动力的自然特点使它无法成为劳动者自己的"人力资本"

（1）对人身的依附性。劳动力是附着在人身上的一种能力，劳动者是它的天然载体。劳动力不可能离开人身而独立存在，也谈不上对自身载体的支配和剥削。然而，要成为资本，就需要剥削劳动者（或无偿占有劳动者提供的剩余劳动），因此，人力要转化为资本，只能是自己剥削自己。这显然是前面指出过的悖论。

（2）时效性。劳动力存在于一定的生命时间，因此，它与物质生产要素不同，是不能储存或积累的。如果它不能及时出卖和使用，就会随着时间的流逝而丧失。这个特点使劳动者始终处于被动的不利的地位，毫无讨价还价的能力。所以，人力不仅不能像货币和其他物资那样通过积累达到必要的数量，实现资本化，而且还要被迫接受购买者的条件及时出卖，使劳动者处于被支配的处境，无法成为资本的所有者。

（3）发挥作用的协作性。在资本主义关系中，劳动者只能在日益广泛和细化的协作体系中劳动。但是，协作是由资本家控制的，协作形成的集体生产力及其成果和利益也是资本家所有的。而且，劳动协作还反过来作

---

① 马克思：《资本论》第 2 卷，人民出版社 1975 年版，第 45 页。

为资本的强制力量，支配了劳动者。马克思深刻地指出："雇佣工人的劳动的联系，在观念上作为资本家的计划，在实践中作为资本家的权威，作为他人意志——他们的活动必须服从这个意志的目的——的权力，而和他们相对立。"① 所以，个别劳动力无法摆脱资本家所有、由资本家控制的协作体而拥有独立自主权利，不可能成为"人力资本"。

3. 劳动力的教育培养费用不能使劳动力转化为资本

"人力资本"理论认为，人力质量的形成和提高需要花费成本，这种投资同投入于其他资本的投资一样，具有生产性，可得到预期的较高效益和收入，因而能够成为资本。舒尔茨说："技能和知识是一种资本形态，这种资本在很大程度上是慎重投资的结果。""我主张将教育看作一项投资，将其结果看作资本的一种形式。""教育是一种人力资本。"连由夫妻组成的家庭生育和教育培养子女，在他眼里也变成是"儿童资本"（一种特殊的人力资本）的积累和增加②。国内一些论著也持有相似的说法，有的甚至将它作为人力资本的规范定义。如："我们给出人力资本的定义：人力资本是继工业经济之后与新的社会经济形态相对应的新的资本形式，它意味着向人投资而不是向物投资成为社会经济领域的主导现象。"③

这种讲法至少有双重的错误。首先，在劳动力上的必要投入是劳动力商品生产和再生产的要求。马克思在分析劳动力的价值时早就讲过："要改变一般的人的本性，使它获得一定劳动部门的技能和技巧，成为发达的和专门的劳动力，就要有一定的教育或训练，而这就得花费或多或少的商品等价物。劳动力的教育费随着劳动力性质的复杂程度而不同。"④ 可见，主张劳动力需要通过教育、训练，不断提高素质，不是"人力资本"论者的

---

① 马克思：《资本论》第 1 卷，人民出版社 1975 年版，第 368 页。

② （美）西奥多·W. 舒尔茨：《人力资本投资——教育和研究的作用》，蒋斌、张蕾译，商务印书馆 1990 年版，第 22、62、126、2 页。

③ 莫志宏：《人力资本的经济学分析》，经济管理出版社 2004 年版，第 47 页。

④ 马克思：《资本论》第 1 卷，人民出版社 1975 年版，第 195 页。

创新。但是，各种必要的投入只能使劳动力具备更高的复杂程度或熟练水平，使劳动力商品具有更大的价值，可以卖到更高的价钱。这只是劳动力商品自身价值的形成过程，而不是劳动力创造剩余价值的过程，不能使劳动力借此就蛹化为资本。其次，劳动力必须投入生产才能将潜在的能力发挥出来，才能实现预期的增值。如果无法独立或被雇佣参加生产劳动，哪怕先前的教育培养费用再多，形成的人力质量再高，也"只能自怡悦，不堪持赠君"，让它在蹉跎岁月中白白流失。而如上所述，无论是独立生产或被雇劳动，都无法使人力转化为资本。

4. 对经济现实的肤浅和错误的解释

一些人津津乐道比尔·盖茨从在汽车间编制软件开始建立起名盖全球的资本王国，将它作为"人力资本"的光辉典范。这是风马牛不相及的拉扯。实际上，比尔·盖茨与其合伙人最初的活动只是独立劳动者的生产劳动，其中不存在资本关系，他们的劳动力根本不是"人力资本"。以后，他们依靠出售自己劳动产品的收入，逐步积累起必要的货币资本额，雇佣别的劳动者，获取剩余价值，成为资本家。这时，在企业内部确实有资本在发挥作用，但它是由生产资料与劳动者相结合而成的资本，与通常的资本毫无二致，不是"人力资本"。比尔·盖茨也不是靠"人力资本"获取巨额利润的"人力资本家"。微软公司雇佣了成千上万的职工，其中多数是具有高度智力和技能的 IT 精英。可是，他们只不过是熟练的"白领工人"，只分别掌握整个庞大的软件系统中的个别甚至是细微部分的信息，得到的仅是较高的劳动报酬和奖赏，他们的劳动力根本不是什么"人力资本"。不仅如此，在几年前美国经济出现萧条时，硅谷成为全美国失业率最高的地区，IT 精英们首先成为削减工资或被解雇的对象，遭遇到比其他地区、其他产业部门的劳动者更惨的困境①。据

---

① 潘潮玄描述了高科技公司裁员的状况："高科技不仅怕被裁者泄愤，尤其怕技术外泄，往往采取'不宣而裁'，甚至拉警报，突然集中员工开会，当场宣布裁员名单，然后被裁者由保安陪同回办公室取走自己物件就走，不仅无情几近残酷。"（潘潮玄：《硅谷与知识经济》，《人才开发》2002 年第 5 期）

天极网 2004 年 8 月 9 日资料，有 27% 的硅谷员工担心失业，而美国其他地区仅为 18%。SanJose 地区的失业率 2003 年为 9.1%，随着经济的复苏，2004 年 8 月降至 6.2%，但仍高于 6 月份全美 5.6% 的失业率（其实，在经济萧条时高级管理人员和技术人员首先被解雇和降薪，已是西方世界人所熟知的规律了）。这种现实对"人力资本"理论而言，不啻是无情的揶揄，因为，根据"人力资本"理论，这些精英还是典型的"人力资本家"哩！

四、 政治经济学必须摈弃庸俗的资本概念

西方学者对于资本的认识，最初是从货币借贷关系的角度进行的，并将利息和生息能力归结为货币本身。亚当·斯密力图从经济关系去认识资本，认为资本是为了生产而积蓄起来的财富。资本家的收入一部分用于目前的消费，另一部分积累起来作为资本。他们向劳动者提供工具和原材料，生产劳动产品，从劳动产品的出售获得利润。可见，斯密已经初步认识到资本是一部分人凭借对资本的所有权从工人劳动加到原材料的价值中获利，触摸到了资本所体现的人与人之间的关系。但是，斯密的认识是双重的、不连贯的，他没能将人与物之间关系的研究与人与人之间关系的研究统一起来，从而为他的后继者留下把资本看成是物的错误一面。新古典经济学主要从技术的角度（耐用、风险、技术变革等）来描述资本，将资本定义为用来生产产品的要素，目的在于通过迂回的方法创造出更多的产品和劳务，获得利息、租金或利润。新古典综合派的萨缪尔森认为，"在最普遍的意义上，资本是生产性的，因为通过放弃今天的消费，我们能在未来获得更多的消费。"① 对他们来说，只要是能够用来生产产品、谋取利益的东西，都是资本。这种观点已经同那些将石头和棍棒也说成是资本的庸俗资本观

---

① （美）保罗·A. 萨缪尔森、威廉·D. 诺德豪斯：《经济学》（第 14 版）上，胡代光译，首都经济贸易大学出版社 1996 年版，第 505 页。

相差无几了①。

西方"人力资本"理论强调人力投资对现代社会经济的巨大作用，为经济增长理论作出了重大贡献。但是，这一理论的奠基人对资本的认识仍然没有摆脱西方经济学的错误资本观。例如费雪将资本定义为能够产生一个收入流的任何资产，把具有这一属性的人力也当作资本。舒尔茨则认为"人力资本的显著标志是它属于人的一部分。它是人类的，因为它表现在人的身上；它又是资本，因为它是未来满足或未来收入的源泉或两者的源泉"②。以经济学革新者面貌出现的新制度经济学的资本观也没有脱离新古典经济学的樊笼。阿尔奇安的团队生产理论把所有的劳动力投入都说成是人力资本；在他与人合写的一篇论文里，他把采摘桃子的工人也当作"专用的人力资本"③。

纵观"人力资本"理论的资本概念，不难发现它同庸俗资本观的共同弊端和要害。这就是，把资本仅仅当成能够被利用来进行生产并在未来得到更大价值的物，回避资本是对劳动者无酬劳动的剥削关系，回避资本增值的根源，掩盖剩余价值创造过程的真实关系，并进而把占有无酬劳动的功能荒谬地赋予提供无酬劳动和被剥削的对象身上。马克思在批判资产阶级学者囿于其基本立场的错误资本观时，一针见血地揭示："在政治经济学家的头脑中，它们的这个资本主义灵魂和它们的物质实体非常紧密地结合在一起，以致在任何情况下，甚至当它们正好是资本的对立面的时候，他也把它们称为资本。"④ 这恰好是抹杀人力与资本对立关系的"人力资本"概念倡导者的惟妙惟肖的写照！

---

① 罗伯特·托伦斯在《关于财富生产的论文》（1821）中说："在人类对所追逐的野兽投出的第一块石头中，在人类对挂在树上而手不可及的果子打出的第一棒中，我们……发现了资本的起源。"

② （美）西奥多·W. 舒尔茨：《人力资本投资——教育和研究的作用》，蒋斌、张蕾译，商务印书馆1990年版，第40、126页。

③ 克莱因、克劳福特、阿尔奇安等：《纵向一体化、可挤占租金和竞争性缔约过程》，载盛洪：《现代制度经济学》上卷，北京大学出版社2003年版，第209～210页。

④ 马克思：《资本论》第1卷，人民出版社1975年版，第835页。

为了建立科学的政治经济学，必须还劳动力（人力）和劳动力要素、劳动力资源以本来面目，摈弃庸俗的资本概念。

（本文为国家社科基金课题"交易费用——企业契约论的分析研究"的研究成果之一，原载于《经济学动态》2005 年第 10 期）

从实际出发，正视矛盾，
分析根源，探索规律

中国特色社会主义政治经济学以中国社会主义初级阶段的生产关系为对象，研究它的发展规律。必须坚持辩证唯物主义和历史唯物主义，从实际出发，正确认识中国特色社会主义的基本特点，发现生产关系中存在的矛盾，分析其产生的根源，探索社会经济关系发展的规律，寻求解决矛盾、推进经济发展的道路和方法。

一、 坚持一切从实际出发的思想路线

一切从实际出发，实事求是，在实践中检验真理和发展真理，是以马克思主义为指导的中国共产党的思想路线。中国共产党遵循和贯彻这个正确的思想路线，在革命和建设事业上夺取了一个又一个的伟大胜利。我们应该继续坚持这个思想路线，如实分析我国当前阶段社会经济政治状况和思想状况，作为今后制定进一步发展规划的根据。

经过 30 多年的改革开放，我国的经济社会关系出现了一系列的巨大变化。除了社会生产力获得持续快速发展，国家经济力量迅速增长壮大之外，最重要的是生产资料所有制社会结构的变化。它从以前社会主义公有制几乎囊括全社会变为社会主义公有制与资本主义私有制和个体私有制同时并存。随着生产资料所有制社会结构的巨大变革，我国社会生产关系以及政

治、思想方面也出现一系列变化。第一，在社会主义经济之外出现大批的资本主义私有企业。这些企业实行雇佣劳动制度，以追逐最大利润为生产目的，存在资本家驱使和剥削劳动者的关系。第二，社会主义国有经济实行现代企业制度以后，内部关系也发生重大变化，国有企业之间在生产资料的占有权、支配权、使用权方面出现某些差别，由此形成的各自的局部利益也有差异。于是，在国家所有制内部就出现了集体性产权，使国有企业之间在主体和客体上产生一定程度的不平等。第三，经过以上的所有制变革之后，包括国有制在内的所有企业，都成为具有不同程度经济权能和利益的独立产权主体，国家对它们已无权下达经济指令了。它们为了发展生产和经营，增进企业的利益，必须适应市场的需要，遵守市场规则，灵活地配置和使用各种资源。在这种条件下，市场经济就逐步代替了计划经济制度，成为人们建立经济联系的基本方式和资源配置的决定性机制。第四，我国社会生产长期以超高速度发展，过去那种产品匮乏的"短缺经济"，转变为物产丰富，甚至在许多领域普遍出现产能过剩和产品过剩。第五，随着资本主义经济迅猛发展，越来越多的富豪迅速聚敛起巨额的财富，而广大劳动人民的收入增加缓慢，造成显著的分配不公和财产悬殊，使我国的基尼系数跃居世界前列。过去一度消失的资产阶级又重新出现，而且力量迅速扩大。第六，与私有经济发展相伴随，以前比较有序、公平、诚信的市场出现许多不正常和混乱的现象，投机、欺诈、蒙骗活动丛生，各个领域大量出现假冒伪劣，甚至有害、有毒产品；巨额游资冲击各种市场，操纵生活必需品物价，破坏正常的市场秩序，掠夺广大群众。第七，随着私有经济追逐暴利行为的扩展，到处出现对自然资源的浪费、滥用和掠夺，严重破坏生态，污染环境，造成几代人都难以解决的自然祸根，严重危害人民的生活与健康。第八，在不断增强的资本势力的影响下，在工人阶级先锋队的共产党和以服务人民为宗旨的政府内部，出现一大批贪官污吏和欺压百姓的新土豪，严重损害党和政府的形象，破坏长期传承的优良党群、政群关系，危害社会安定的政治基础。第九，随着资本主义经济的发展和西方思潮的传入，我国社会思想意识日趋复杂，革命理想和社会主义信念逐渐淡薄，马克思主义被边沿化，强调自我、损人利己、追求物质利益成风，过去绝迹多年的卖淫贩毒死灰复燃，抢劫、凶杀、破坏、强奸等案件迅速增多。以上这些变化鲜明突出，影响深远。如实承认和充分认识这些变化是坚持党的思想路线，认清今后的发展道路，制定正确的改革发展方针，推进中国特色社会主义事业的出发点。

二、 正确认识中国特色社会主义的基本特点

习近平总书记指出："准确把握我国不同发展阶段的新变化新特点，使主观世界更好符合客观实际，按照实际决定工作方针，这是我们必须牢牢记住的工作方法。"[①] 建设中国特色社会主义政治经济学同样地必须牢记这个方法，准确把握中国特色社会主义的特点。

关于中国特色社会主义的基本特点是什么，数以百计的论文提出了不同的意见。它们的确分别在一些方面谈到我国社会主义的某些特点，却没有探究它们的产生基础，未能看清我国社会经济关系的内在联系和发展规律，因而无法从整体上把握中国特色社会主义的特点。

习近平总书记指出："中国特色社会主义特就特在其道路、理论体系、制度上"，"中国特色社会主义道路是实现途径，中国特色社会主义理论体系是行动指南，中国特色社会主义制度是根本保障，三者统一于中国特色社会主义伟大实践。这是中国特色社会主义的最鲜明特色。"[②] 这些话为我们从整体上认识现阶段中国社会主义的特点提出清晰的指导思想。道路、理论体系和制度三者互相联系，其基础就在于生产资料所有制。所以，从

---

① 习近平在十八届中共中央政治局第十一次集体学习时的讲话（2013 年 12 月 3 日）。
② 习近平在十八届中共中央政治局第一次集体学习时的讲话（2012 年 11 月 17 日）。

我国当前生产资料所有制的特点分析入手，就能从基础性层面认识中国特色社会主义的基本特点。

改革开放打破了先前建立的几乎单一的生产资料所有制社会结构，逐步形成以公有制为主体、多种所有制经济共同发展的基本经济制度。在这种生产资料所有制的社会结构中，主要的是生产资料社会主义公有制和资本主义私有制。这两种社会性质根本不同的生产资料所有制同时并存，形成了生产资料所有制社会结构的二元化，并且相应地引起社会经济政治关系的巨大变化：一是，原来社会主义生产关系一统天下转变为社会主义生产关系与资本主义生产关系同时存在；与此相适应，一度被消灭了的资产阶级重新生长，而且掌握着比"三大改造"前增长百倍的强大经济力量。二是，原来社会主义经济规律全面支配社会经济运动的状态不复存在；随着资本主义生产关系的产生和发展，出现了资本主义经济规律，它们发挥的作用日益增强，不仅支配着资本主义经济的活动，而且有力地干扰了社会主义经济规律的作用。三是，社会主要矛盾也发生巨大变化，除了社会主义社会主要矛盾之外，还存在着资本主义的社会主要矛盾。

这就是我国现阶段生产资料所有制、生产关系和经济规律、社会主要矛盾二元化的简要概括。它表现明显而且日益突出，广泛和有力地制约和影响着我国社会经济政治各个方面，也对从其他方面概括的特点起着重大的影响。所以，不能不将它视为中国社会主义初级阶段的基本特点。我国当前阶段出现大量过去没有的、有悖于社会主义性质和原则的经济现象和问题，都能够从这种二元化去寻找根源和得到有说服力的解释，也要从这里去寻找解决问题的途径。

我国的政治经济学也曾运用马克思主义基本理论和方法去分析社会生产关系，得出过正确的结论。但到如今，马克思主义基本理论和方法的应用却出现片面性，迟滞于现实的发展。许多人忽视或者不敢正视所有制二元化所引发的社会经济关系的重大变化，依旧只用单一社会主义公有制时期形成的理论去阐述当前的复杂社会生产关系，对已经大量出现的资本主义生产关系及其产生的社会现象不敢置评，甚至连我国存在资本主义经济关系也因犯忌而不敢提及，对两种性质根本不同的生产关系的差异以及两者之间的相互关系和矛盾，基本上不加研究和论述。这就无法引导广大群众正确认识当前出现的众多问题和矛盾的根源，容易将资本主义私有经济产生的一些消极腐败现象错误地栽在社会主义头上，从而失去对社会主义制度的自信，模糊了社会发展道路，也冲淡了对马克思主义理论的信仰。因此，必须从我国出现的所有制等一系列二元化的实际出发，研究社会主义初级阶段的生产关系，创新政治经济学体系。

三、 正视矛盾， 探索和认识客观经济规律

毛泽东主席指出："事物的矛盾法则，即对立统一的法则，是唯物辩证法的最根本的法则。"① "对立统一规律是宇宙的根本规律。这个规律，不论在自然界、人类社会和人们的思想中，都是普遍存在的。"② 习近平总书记指出："辩证思维能力，就是承认矛盾、分析矛盾、解决矛盾，善于抓住关键、找准重点、洞察事物发展规律的能力。"③ 坚持矛盾分析方法，对正确认识我国的社会生产关系，建设和创新当代中国政治经济学尤其重要。因为，经过改革开放，我国已形成社会主义与资本主义生产关系同时并存的社会结构，这两类生产关系的根本性质不同，社会生产目的迥异，发展的规律互有差别，产生的社会主要矛盾及其发生的影响也各不相同，这比起以前只存在单一所有制的阶段，矛盾复杂得多，更需要对它们进行深入的分析。社会主义的社会生产目的是满足劳动人民不断增长的物质文化需要，

---

① 《毛泽东选集》，第 1 卷，人民出版社 1962 年版，274 页。
② 《毛泽东选集》，第 5 卷，人民出版社 1977 年版，第 372 页。
③ 习近平 2010 年 3 月 1 日在中央党校春季学期开学典礼上的讲话。

社会主要矛盾是生产的发展满足不了劳动人民不断增长的需要；资本主义的社会生产目的是追求尽可能多的剩余价值，社会主要矛盾表现为资产阶级和雇佣劳动者的矛盾、企业内部生产有组织与社会生产盲目状态的矛盾以及生产发展与有支付能力的需求相对不足的矛盾。社会主义和资本主义的矛盾不仅对自身生产关系内部起着重要的作用，由于它们共处于同一个社会，彼此也会互相影响。两类矛盾内外交错，形成日益复杂、巨大的矛盾网络，加上经济基础与上层建筑之间的矛盾，在社会上产生众多的社会矛盾，出现前面所述的一系列与社会主义本质格格不入的错误行为和丑恶现象。政治经济学必须勇于揭露和正视矛盾，分析矛盾，同时分清和对待主要矛盾和一般矛盾、矛盾的主要方面和非主要方面，特别要全面、系统地探寻这些矛盾产生的客观条件，了解它们内在的、本质的必然联系，判断它们的变化趋势，找出解决它们的正确途径和方法。

在社会主义中国，之所以会出现这么复杂繁多的矛盾和问题，是因为随着我国所有制和生产关系的二元化，在社会主义经济规律之外，还有资本主义的经济规律在起作用。在社会主义生产关系中，生产资料和劳动产品归劳动者共同所有，社会生产的目的是最大限度满足全体人民不断增长的物质和文化需要，消除了少数人无偿占有别人劳动成果的剥削关系以及社会生产的盲目竞争和无政府状态，发挥作用的主要是社会主义基本经济规律、劳动者平等协作规律、社会生产有计划组织规律、按劳分配规律等等。这些经济规律的积极作用，促使我国的经济高速度持续发展，经济关系和谐稳定。与社会主义截然不同，在资本主义生产关系中，资产阶级占有和支配全部的生产要素，以取得最大利润为目的，在企业内尽力加强对工人的剥削，在市场中为攫取最大利益互相争斗，支配他们活动的只能是剩余价值规律、资本积累规律、市场盲目竞争规律、贫富悬殊的分配规律。这些规律随着资本主义经济势力的壮大发挥着日益显著和增强的作用，造成社会生产的盲目无序状态，产生一系列生产失调、生态破坏、人民利益受损的问题，不利于国家产业结构的优化和升级，不利于国民经济的全面协调和可持续发展，最终不利于社会进步和改善民生。

不仅如此，两种生产关系和经济规律并存于我国社会，必然互相影响。社会主义公有制经济，特别是国有经济对私有经济起着一定的正外部效应，如国有经济中劳动者存在平等协作关系，实行按劳分配，有助于限制私营企业的剥削程度；在实现国家宏观调控目标中发挥重要作用，有助于减少私人逐利冲动对社会生产协调发展的破坏；在科技创新、社会经济结构调整、生态环境保护中起着带头作用。同样的，资本主义的规律对社会主义的公有经济也产生巨大的影响，主要是干扰社会主义经济规律作用的正常发挥。诸如，面对资本主义经济的竞争压力，国有企业也要争取更多的积累，不能较多提高工资福利，无法承担更多的社会责任，实现社会主义的社会生产目的；在资产阶级不良行为影响下，某些国有企业也可能进行一些不规范活动，不利于有效配置社会资源和协调国有企业间的协作关系；私有经济的劳动者收入和购买力低下，必然拖累与它共处于同一个市场的国有经济，使一些国有企业的产品也由于内需不足而销售困难，出现本来只是资本主义特有的生产相对过剩；在不法厂商拉拢腐蚀下，有些国有企业管理人员堕落腐化，导致大量国有资产流失，甚至在性质上发生异化或蜕变；部分私营企业从事种种不法活动，严重危害人民的利益，干扰了社会主义基本经济规律的实现。值得警惕的是，两类经济规律共处于一个社会，必有一方占主导地位。当社会主义经济有足够强大的力量，足以支配整个社会，社会主义经济规律还能发挥主导作用。反之，随着资本主义势力不断扩大，资本主义经济规律的作用就明显地日趋增强。我国经济的历史资料证明，当前的种种社会弊端，从无到有、从少到多、从初现到显著，就其数量、范围、影响面和剧烈程度看，都是与资本主义生产关系的发展、资本主义经济规律作用的加强而同步扩大的。一旦资本主义经济强大到占有社会优势，资本主义经济规律势必成为支配社会的主要经济规律。

四、 运用马克思主义所有制理论分析再生产各个过程

生产资料所有制是生产条件的一定的社会形式，是任何社会生产必不可少的前提条件。马克思和恩格斯高度重视所有制在生产关系中的作用，始终强调生产资料所有制是生产关系的基础，对生产关系的其他各个方面起着决定作用，并且运用所有制理论去说明人类社会形态的变迁以及一种经济形态中各个再生产领域经济关系的实质和发展规律。

历史唯物主义强调生产力决定生产关系，可是，这个作用的实现有个量变到质变的过程，还有特定的实现变化的路径。表现在，生产力的发展是逐步的，并非每一步的提高都马上引起生产关系的改变；即使生产力有了重大的突破，也不会一下子就直接改变整个生产关系。生产力的重大发展与束缚它的原有产权结构（或称产权制度，亦即所有制实现形式）产生矛盾，首先会在原有所有制框架内促使产权结构进行一些调整，导致所有制实现形式发生一些变化，经过若干个阶段，才最终改变所有制的基本存在形式。生产资料所有制有了性质上的变化，生产关系的其他方面也会或早或迟随着发生变化，最后导致整个生产方式的改变。生产力决定生产关系的这种逐步演变过程可以从原始社会、奴隶社会、封建社会的更迭以及资本主义内部产权结构的递进变化得到佐证。它表明了生产资料所有制虽为生产关系的组成部分，却在传递生产力的能量、改变整个社会生产关系的过程中发挥着先行、中介和决定作用。

因此，要承认和强调生产资料所有制对生产关系的重要作用，将所有制分析作为基本的方法，全面地运用马克思主义的所有制理论分析再生产各个过程的经济关系。这个方法对构建中国特色社会主义政治经济学更加需要和适用。因为，我国当前正处在经济制度的变革时期，生产关系变化巨大，矛盾和问题众多，只有从最根本的关系即所有制及其实现形式着手

进行分析，才能在纷繁复杂、千头万绪、纵横交错的矛盾和问题中，找出它们产生的根源、变化的规律及其减缓、解决的办法。以最近尚在热议的有关公有制与市场经济关系为例。如果根据马克思主义的所有制和产权理论，从改革前后国家所有制内部产权结构的变化去分析，就容易得出合理的解释。在改革前，国家所有制实行的是产权高度集中在国家的制度，企业生产任务由国家层层下达，盈利悉数上缴，亏损全部由国家补贴，企业间彼此需要的产品由国家统一调拨，只是为了经济核算才计价算账。在这种产权制度下，企业既无自主权也无局部利益，更无须承担盈亏责任，无法成为真正的市场主体，市场信息对企业没有任何意义，市场机制对企业根本不起作用，企业只要听上级安排就行了。一些学者仅仅将所有制看成是生产资料归谁所有的关系，把各种产权都集中在国家的结构当成国家所有制的唯一形式，就认为国有制与商品经济、市场经济不能相容。经过改革，大多数国有企业实行了所有权和经营权相分离的产权制度，部分企业还建立了出资者所有权与法人财产权相分离的公司制度。前一类企业虽然不拥有本企业生产资料的狭义所有权（即归属权），却有权占有、使用和支配国家委托给它们的资产，并得到经营所带来的一部分经济利益；后一类企业则拥有全部的所有权，可以享有全部的经济利益。这样，原来没有自己的自主权力和局部利益的国有企业，就变成具有相当一部分（或全部）产权的所有制主体。在这种新的产权制度下，国有企业之间是否进行等价交换，关系到企业的劳动耗费能不能得到实现，成为与企业和职工的利益密切相关的事情。当国家和企业或者国有企业之间互相需要对方的产品时，就不能像过去那样采取调拨的方式，而必须通过市场实行等价交换，做到互不多占对方的劳动成果，互不侵犯对方的经济利益。这是确认和维护企业集体性产权的内在要求。结果，在国家和企业以及国有企业之间就必然发生实实在在的商品关系。当国有企业享有自主权力和利益，真正成为独立的商品生产者、经营者的时候，它们为了自身的利益和发展，只能按照市场状况安排其经济活动，服从于价值规律和市场机制的权威。国家也不能再像过去那样只凭计划和行政手段去指挥企业的活动。于是，市场机制必然成为调节社会资源配置的基本手段和方式，计划经济便逐步被市场经济所取代。所以，改革后的国家所有制与商品经济、市场经济已不是能不能兼容，而是处于自身要求的内在统一关系了。

除此之外的大量理论问题，如关于企业内部关系的治理，企业与利益相关者的关系，不同性质经济主体在市场中的行为、作用和相互关系，市场秩序和市场发展前景，企业与国家的关系，国家经济规划和政策的贯彻落实，不同性质经济的分配关系，等等，也都要根据它们所由产生的所有制基础展开分析，才能得出符合客观规律的正确结论。

五、 根据二元化的特点重构政治经济学体系

学科的体系与研究对象的性质和特点密切相关。因此，应该根据中国特色社会主义所有制、生产关系二元化的基本特点，改变政治经济学在主体部分将资本主义生产关系和社会主义生产关系完全分开阐述、互不联系的模式，在各个篇章注意两种不同性质生产关系共同发展又互相竞争、存在矛盾的关系。初步考虑，体系结构可作如下的安排。第一部分为绪论，应用历史唯物主义和政治经济学的一般原理，阐明当代中国政治经济学的研究对象、任务和方法，论述生产力与生产关系、经济基础与上层建筑的相互关系以及人类社会经济形态的发展，分析社会再生产各个过程及其相互关系。第二部分是主体部分，大致可从八个方面展开：（一）简述社会主义经济制度在中国的建立和发展，改革开放和中国特色社会主义制度的形成。（二）中国特色社会主义的生产资料所有制，分别论述社会主义公有制的各种形式以及劳动者个体私有制和资本主义私有制，指出其基本特点和本质，展现其内部的产权结构和变化。（三）分别从社会再生产的各个过

程，分析社会主义经济规律与资本主义经济规律的表现和作用以及两类经济规律的互相影响。（四）剖析社会主义初级阶段的分配制度，指出在分配领域存在的问题及其解决途径。（五）讲述社会主义初级阶段的市场经济，它的形成、特点以及不同市场主体的行为和影响。（六）论证社会主义发展理念的重大意义，强调创新的必要性和迫切性，提出有组织、有领导地建立社会创新体系；论述发展方式的转化，协调各种经济结构。（七）论证社会主义生态文明建设，揭示生态破坏的根源及治理途径。（八）分析国际经济形势，阐述对外开放的经验和问题，提出"走出去"利用两个市场和两种资源，积极参与全球经济治理，争夺国际经济主导地位的意义和途径。最后部分为简要的结束语，以唯物史观分析两种所有制经济的发展趋势，探索它们变化的条件和将来发展可能的方向和规律，提出正确处理两种所有制经济关系的途径，为坚持社会主义、共产主义理想，推动社会进步，提供科学的理论指导，为道路自信、理论自信、制度自信充实明确的坚实的内容。

（原载于《福建师范大学学报》2017 年第 3 期；副标题：运用历史唯物主义建设中国特色社会主义政治经济学）

所有制改革

对马克思"重建个人所有制"的再理解

在《资本论》第一卷中，马克思阐明了资本主义私有制必然被替代的趋势以及未来社会所有制的特点。他说："从资本主义生产方式产生的资本主义占有方式，从而资本主义的私有制，是对个人的、以自己劳动为基础的私有制的第一个否定。但资本主义生产由于自然过程的必然性，造成了对自身的否定。这是否定的否定。这种否定不是重新建立私有制，而是在资本主义时代的成就的基础上，也就是说，在协作和对土地及靠劳动本身生产的生产资料的共同占有的基础上，重新建立个人所有制。"① 在这段话里，马克思设想未来社会仍然存在个人所有制，但它不同于以前的、生产资料归劳动者私人所有的个人所有制，而是建立在协作和生产资料公有制基础之上的。

这个论述在当时就遭到杜林的攻击。他辱骂马克思主张"既是个人的又是公共的所有制"，是"混混沌沌的杂种"。恩格斯运用唯物辩证法，从自然界和人类社会多方阐述了否定之否定的客观发展规律，还击了这种污蔑，指出："对任何一个懂德语的人来说，这就是，公有制包括土地和其他生产资料，个人所有制包括产品即消费品。"②

恩格斯的解释完全符合马克思设想的本意，得到马克思的首肯，无论在辩证逻辑或形式逻辑上都是正确的，在很长时期被国内外马克思主义理

---

① 《马克思恩格斯选集》第 2 卷，人民出版社 1995 年版，第 269 页。
② 《马克思恩格斯全集》第 20 卷，人民出版社 1971 年版，第 143 页。

论界所接受。但是，在改革开放以后，出于对改革方向的不同主张，对马克思那段论述作了多达几十种的不同解释，在我国引发了如何理解"重建个人所有制"的争论，把马克思本来已经表达得很清楚、很容易理解的话，搅成混乱不堪的所谓经济学的"哥德巴赫猜想"。

对马克思"重建个人所有制"的意见分歧是从质疑恩格斯的解释开始的，要澄清认识就得从这个源头开始。

一、 恩格斯的解释符合逻辑和历史唯物主义的基本原理

认为恩格斯将"个人所有制"解释为消费资料所有制是一种误解的观点，归纳起来，主要理由有三：第一，马克思在考察社会变革时，一贯侧重生产资料所有制的变革，消费资料所有制只是派生的。在"重建个人所有制"问题上，马克思论述的主题应该是生产资料所有制的变革，不可能仅仅指消费资料所有制。第二，马克思讲的是"个人所有制"的辩证发展，即否定之否定。逻辑概念在初始是生产资料的"个人所有制"，到最后阶段却变成消费资料，在概念上是不一致的。第三，即使在资本主义的雇佣劳动制度下，消费资料也是归工人个人所有，不存在重建的问题。所以，只用消费资料去解释"个人所有制"是行不通的。

这些质疑是以概念的逻辑辨析入手的，但它们本身就存在逻辑上的错误（当然还有理论上的错误）。

1. 剖析第一个质疑

马克思和恩格斯总结人类历史，发现社会发展的基本规律，的确是始终强调生产资料所有制在社会生产关系中的基础性决定作用。他们一贯地沿着生产社会化与资本主义私有制的矛盾分析资本主义从发展到最终必然趋于消灭的过程。在设想替代资本主义的社会制度时，首先考虑的当然是生产资料的所有制。恩格斯在《法德农民问题》中指出："必须以无产阶级

所有的一切手段来为生产资料转归公共占有而斗争。"① 在那段否定之否定的名言中，马克思的立足点正是这样的。他明白无误地指出"这种否定不是重新建立私有制，而是……对土地及靠劳动本身生产的生产资料的共同占有"，表明他正是以生产资料为客体设想未来社会的所有制，即生产资料归社会共同占有的所有制。在这里，马克思的表述是非常清楚的，即从生产资料归劳动者个人所有的私有制发展为资本主义的私有制是第一个否定；消灭资本主义私有制而建立劳动人民共同占有的生产资料公有制，就是否定之否定②。至于这段话提到的"个人所有制"，只是完成了否定之否定后在新的生产资料所有制的"基础上"形成的。不难看出，这里谈到的所有制实际上包含了两个层次：前一个是归属于全体劳动人民的生产资料公有制，是新建立的生产关系的基础，是否定之否定的主题；后一个是在生产资料公有制的"基础上"形成的"个人所有制"，是从属于生产资料所有制这个主题，由主题派生出来的。这两种所有制的主体、客体及其在生产关系中的地位是不相同的，不可能都是生产资料所有制。这可以从马克思主义关于生产关系的系统理论和那段话的行文得到佐证。

先从理论上看。马克思这句话的中心是"在协作和……生产资料的共同占有的基础上，重新建立个人所有制"。这个设想是同他关于生产关系组成部分及其相互关系的理论一脉相承的。他对未来社会生产关系的一些论述应该有助于了解各个领域里的所有制关系（而不是像有些人所说的"毫不相干"）。马克思指出："设想有一个自由人联合体，他们用公共的生产资料进行劳动，并且自觉地把他们许多个人劳动力当作一个社会劳动力来使用……这个联合体的总产品是社会的产品。这些产品的一部分重新用作生

---

① 《马克思恩格斯选集》第 4 卷，人民出版社 1995 年版，第 490 页。

② 有的学者认为，重建个人所有制的"基础"是资本主义时代的"成就"，而不是公有制。这是对马克思原话的误读。因为，马克思紧接着还指出："也就是说，在协作和对土地及靠劳动本身生产的生产资料的共同占有的基础上，重新建立个人所有制。"生产资料共同占有根本不是资本主义的成就，在资本主义时代，生产资料和劳动产品都是资产阶级占有的。生产资料共同占有实指公有制，是在否定资本主义私有制以后才产生的。

产资料。这一部分依旧是社会的。而另一部分则作为生活资料由联合体成员消费。因此，这一部分要在他们之间进行分配。"① 这是对未来社会的生产关系的要点所做的概括描述，即劳动者自主结合组成联合体，在生产资料公有制的基础上，共同占有和使用属于他们共同所有的生产资料，在直接生产过程中建立平等合作关系，共同占有协作劳动创造出的产品。为了保证社会生产的持续，生产资料还要由社会共同占有和使用，不能分给劳动者个人，归个人所有，但是属于生活消费的产品则要分配给个人，由个人占有和使用。从马克思主义的这个基本理论看，在消灭了资本主义私有制以后，归劳动者"个人所有"的就不可能是生产资料，而只能是经过分配的消费资料。这样理解，既可消除"在生产资料公有制基础上建立生产资料个人所有制"的逻辑矛盾，也可回答为什么马克思讲生产资料公有制的同时还要提出个人对生活资料的所有②。从马克思主义其他著作的论述看，也可证明这种理解的正确性。如《共产党宣言》就讲到，消灭了资本主义私有制以后："我们决不打算消灭这种供直接生命再生产用的劳动产品的个人占有，这种占有并不会留下任何剩余的东西使人们有可能支配别人的劳动。"③ "生命再生产用的劳动产品"显然是指生活资料的所有。马克思在稍后发表的《哥达纲领批判》中明确指出，在"劳动资料是公共财产，总劳动是由集体调节的"社会里，"除了个人的消费资料，没有任何东西可以成为个人的财产。"④ 在《反杜林论》中，恩格斯也指出，在社会发展规律的作用下，资本主义的占有方式必然让位于同现代生产力相适应的新的占有方式，"一方面由社会直接占有，作为维持和扩大生产的资料，另一方

---

① 《马克思恩格斯全集》第 23 卷，人民出版社 1972 年版，第 95 页。

② 有的专家提出，否定资本主义生产资料私有制，只需要实行生产资料公有制就够了，不需要在公有制外再加一个消费资料的个人所有制。这种意见的前半部是对的，马克思正是这样讲的。问题是，在公有制中单个劳动者虽然不是生产资料的所有者，却能按自己提供的劳动享有共同生产的消费资料。这是与资本主义关系截然不同的，也是资产阶级极力歪曲和污蔑的重要问题，因而马克思不能不专门提及。

③ 《马克思恩格斯选集》第 1 卷，人民出版社 1995 年版，第 287 页。

④ 《马克思恩格斯选集》第 3 卷，人民出版社 1995 年版，第 302、304 页。

面由个人直接占有，作为生活和享乐的资料。"① 总之，根据马克思和恩格斯关于未来社会生产关系的分析，个人财产或"个人所有制"的客体是消费资料。

再看看《资本论》的遣词用语。在德文版，接着 Es ist Negation der Negation（否定之否定）后面的话是："Diese stellt（建立）nicht（不）das Privateigentum wieder her（重新），wohl aber das individuelle Eigentum auf Grundlage der Errungenschaft der kapitalistischen Ära：der Kooperation und des Gemeinbesitzes der Erde und der durch die Arbeit selbst produzierten Produktionsmittel."② 在这里，前一个 Eigentum 是同大写的 Privat（私有）连在一起的，明显是指生产资料所有制，因为它才有重新建立（stellt wieder her）以及私有或公有的差别（如果是生活消费品，就天然地归个人而不能公有了）；后一个 Eigentum 则是同 individuelle 分开的，强调的是"个人的"，与前一个 Eigentum 用法不同，而且没有"重新建立"的字眼，不一定指生产资料所有制。有的专家建议将它翻译为"财产"，不是没有道理的。

为了得出更加准确的结论，不妨仔细分析一下恩格斯亲阅过的《资本论》英文版。马克思的话在英文版是："This does not re-establish private property for the producer, but give him property based on the acquisitions of the capitalist era：i. e., on co-operation and the possession in common of the land and of the means of production."③ 这个表述有两点值得重视：其一，那段话里的 individual property（"个人所有制"或个人财产）是在生产资料公有制基础上由共同体 give（分给）个人的；由于生产资料还得由共同体重新投入生

---

① 《马克思恩格斯全集》第 20 卷，人民出版社 1971 年版，第 305 页。

② *Das Kapital*, Bd. I, Berlin　Dietz Verlag, DDR 1968, S. 791.

③ *Capital*, Vol. 1, p. 763. 文中的 possession in common 和德文的 Gemeinbesitzes 直译是"公共占有"，有些人曾借此大做文章，认为公共占有只是共同使用，不是公共所有，即不是公有制。其实，马克思和恩格斯在无须严格区分两者差别的许多场合都混用过所有和占有，例如他们经常讲生产社会化与资本主义占有的矛盾，指的就是生产力与生产资料归资本家所有的矛盾。在《反杜林论》里，恩格斯解释"个人所有制"实属消费资料的那段话以及它的前两段，同样的文字就翻译为"公有制"。

产，不能分给个人，能分给个人的当然只是消费资料了。其二，话中的 re-establish 只用过一次，是针对 private property 讲的（即"不是重新建立私有制"）；而后面针对个人财产的动词则是 give（分给），根本没有重新建立（re-establish）的意思，亦即，不存在中文版所谓的"重新建立个人所有制"的提法。恩格斯在德文修订版中，把那段话中缺少动词的地方加上"给予"或"分配"，与英文版的措辞正好相同，说明英文版用 give 表示生产资料公有制与个人财产的关系，不是没有根据，而是更加恰切的。可见，如果根据这两个版本的表述，"个人所有制"是指生活资料的判断就毋庸置疑了。

2. 辨析第二个质疑

否定之否定是"一个极其普遍的，因而极其广泛地起作用的，重要的自然、历史和思维的发展规律"[①]。它是与形式逻辑不同的辩证发展观，体现事物发展的曲折性和前进性的统一，揭示了事物发展的全过程和总趋势，是唯物辩证法基本规律的综合体现。唯物辩证法认为事物的发展表现在量和质的变化，量的变化到达一定程度就会发生质的变化，但与"是即是，非即非，是非非，非非是"界限分明、狭窄的形式逻辑不同，质变并不是简单的否定或旧事物的彻底消灭，新事物还会保留或继承某些旧时期的特征或者基因。经过几个阶段的质变，事物运动会出现几个周期，每个周期都会在更高的阶段上发展旧时期的某些特征，由此构成事物从低级到高级、从简单到复杂的周期性螺旋式上升或波浪式前进的发展过程。就一个阶段的变化而言，会以不同的形式出现正、反、合的生生不息的曲折过程。辩证法将事物发展的这种规律形象地称为否定之否定。

因此，正确理解唯物辩证法，一方面要看到它与形式逻辑的区别，不能把事物的变化当成绝对的否定或消灭，还要看到它的内在基因的延续和变化；另一方面又不能把否定之否定看成是原事物的简单再现，是旧有特征的简单恢复或全部重现，更不能认为它必须在概念上也完全同一。例如，

[①]《马克思恩格斯全集》第 20 卷，人民出版社 1971 年版，第 154 页。

蝶卵在一定的条件下孵化成为幼虫，是形态上的质变或否定；幼虫成长成熟后（经过成蛹阶段）化为蝴蝶，又是一个否定之否定。蝴蝶与初始阶段的虫卵无论是形态或概念完全不同，但在不同时期，无论是卵、幼虫、蛹和蝴蝶，都保存着蝴蝶的基因，一步步地向前发展。在这个过程中，并不因为蛹或者蝴蝶与蝶卵截然不同就否认它是蝶卵的否定之否定。在这些相继发生、环环相扣的变化中，否定之否定的形态和名称不一定都要与初始阶段完全相同。即使是形态相似的蝶卵，在周围环境的影响下也存在不同的基因表达和变化，经过一个较长过程，白蝴蝶的卵孵化出的可能是体型或大或小、颜色花样不同的蝴蝶，也就是说，表面相似的虫卵，实际上已经发生变化了。总之，如果要求"否定之否定"阶段的状态一定要与初始阶段完全相同，那就是停滞，而谈不上发展了。

在最早的原始社会，生产力极其低下，个人只能依靠集体的力量对付自然界才能获得起码的生存资料，集体也才能存在。那时，共同劳动，平等分享产品，生产资料和劳动产品都是公有的。随着生产力的较大提高，劳动条件发生变化，个人（家庭）劳动逐步取代部落全体成员的共同劳动，生产资料（土地和其他自然资源）就从共同所有、共同占有变为共同所有、个人占有，劳动所得也归个人所有。这样就发生了生产资料和劳动产品共同所有关系的否定。以后，生产力有了更大的提高，归家庭所有的财产不断增多，而且财产差别迅速扩大，有些穷人为了生存，把对公有生产资料的权利甚至是自己劳动力或人身的支配权出让给富人，生产资料公有制就瓦解了，出现少数人拥有较多生产资料并驱使别人劳动的关系。这就是原始公有制的否定。从较长阶段看，原始公有制变为奴隶制是生产关系的否定，奴隶制被封建制度或资本主义制度所代替，各个阶段又都经历了社会经济形态的否定之否定。从每个阶段的变化具体分析，后续社会经济形态虽然都保留或继承了前一经济形态的某些因素，可是否定之否定阶段的称谓与初始阶段不一定都是相同的。即使是从更长的历史时期看，原始部落公有制—私有制—全社会公有制，在概念和内涵上也不是完全相同的。可见，不能用形式逻辑的思维对待唯物辩证法，认为最终阶段的概念必须与初始阶段完全同一才叫否定之否定。

3. 剖析第三个质疑

有些专家认为消费资料所有制历来都是个人所有的，资本主义制度下劳动者也有生活资料的个人所有制，就消费资料而言不存在否定之否定。以这个为理由否认恩格斯的解释是片面的。的确，受产品的使用价值决定，绝大部分的消费资料历来都是个人所有的。但是，从消费资料的构成，特别是消费资料的获得方式看，不同社会却存在巨大的差别。例如，奴隶是会讲话的工具或牲口，他们个人所得的消费资料是奴隶主用喂养牲畜的方式和低劣的质量、有限的数量给予的，以至于很难说是完整意义的消费资料个人所有制。封建社会的农奴得到的消费资料，是向领主缴纳地租后留下的劳动产品。由于农奴还处于人身依附状态，他们的消费资料个人所有制仍是不完整的。在资本主义社会，"个人的分散的生产资料转化为社会的积聚的生产资料，从而多数人的小财产转化为少数人的大财产，广大人民群众被剥夺土地、生活资料、劳动工具"①，只能通过出卖劳动力获取相当于劳动力价值和价格的工资，然后换取生活必需的消费资料。虽然比起以往的劳动者，雇佣工人的消费资料个人所有制是较为完整的，但由于他们只能靠被雇佣谋生，能否获得消费资料要取决于就业状况，因而这种消费资料所有制的基础也是不稳定的。总之，在以前的社会里，劳动者获得消费资料的方式，都因生产资料所有制性质的差异而彼此不同，历次的变化都可视为消费资料获得方式上的否定和否定之否定。最后，生产资料归少数人所有的私有制以及在其基础上产生的剥削关系被消灭，劳动者共同占有生产资料和劳动产品，社会根据共同需要有计划地安排劳动产品的用途，其中一部分用于生活消费，按劳动者提供的劳动分配给个人，是更大轮回

---

① 《马克思恩格斯选集》第 2 卷，人民出版社 1995 年版，第 268 页。

的否定之否定。这就是马克思所说的"在协作和对土地及靠劳动本身生产的生产资料的共同占有的基础上，重新建立个人所有制"，它与先前各种社会的消费资料所有制是截然不同的。所以，断言消费资料个人所有制不存在否定之否定而反对恩格斯的解释，是不符合辩证逻辑，也不符合人类社会发展的实际状况的。其实，如果根据上述《资本论》英文版的用语去理解，生活资料按社会主义公平原则分给个人是公有制替代资本主义私有制的自然结果，不是个人所有制的"重建"，这一质疑也就没有必要了。

诚然，恩格斯对马克思理论的阐述不一定全部符合马克思的原意，但从以上对几种质疑的分析，表明他在《反杜林论》中对"个人所有制"的解释完全符合马克思主义的基本理论，是准确的、经得起推敲的，既不违反形式逻辑也符合辩证逻辑。因此，不能因为恩格斯在个别地方对马克思的理论可能存在解释不周全之处，就怀疑恩格斯对未来社会"个人所有制"解释的正确性。

二、　准确认识生产资料公有制的主体和基本特征

有些专家为了论证"个人所有制"是生产资料所有制，引用了几段话，如《德意志意识形态》中的"联合起来的个人对全部生产力总和的占有，消灭着私有制"①；《共产党宣言》中的无产阶级取得政权后，要将"全部生产集中在联合起来的个人手中"②；《1861—1863 年经济学手稿》中的"资本家的所有制只有通过他的所有制改造为非孤立的单个人的所有制，也就是改造为联合起来的社会个人的所有制，才可能被消灭"③。他们认为"全部生产力总和""全部生产""资本家的所有制"等，显然主要指生产

---

① 《马克思恩格斯全集》第 3 卷，人民出版社 1960 年版，第 77 页。
② 《马克思恩格斯选集》第 1 卷，人民出版社 1995 年版，第 294 页。
③ 《马克思恩格斯全集》第 48 卷，人民出版社 1985 年版，第 21 页。

资料，而且仅靠消费资料的个人所有制也不能取代和消灭资本主义私有制，因而个人所有制指的是生产资料所有制。

不错，这些引文讲的所有制客体的确是生产资料，但是，想引用它们去证明未来社会"个人所有制"是生产资料所有制，理由却不充分。关键就在于拥有生产资料的所有制主体是谁。劳动者对生产资料的所有可区分为两种类型：一是孤立的、单个人的劳动者的个人所有，一是"联合起来的社会的个人"所有；前者属于私有制，后者则属于公有制。两种所有制的主体，从而所有制的性质，是根本不同的。上述专家引用的语录里讲得很清楚，即未来社会拥有生产资料的所有制主体，不是作为私有者的孤立的个人，而是"联合起来的个人""联合起来的社会个人"，即联合起来形成一个社会整体的个人。但是，有些专家却用后者去证明作为私有者的个人在未来社会占有生产资料，这在逻辑上明显地犯了概念变换的错误，是不足为据的。

为了解决"生产资料既是公有又是个人所有"的矛盾，有些专家解释，重建的"个人所有制"指社会个人所有制，是社会所有和个人所有的对立统一。讲生产资料公有或共同占有是从社会主义联合体的整体来着眼的，讲"个人所有制"是从构成联合体的劳动者个人着眼的，是在社会主义生产资料所有制关系中整体和个体的关系。它是一个整体的统一的所有制概念，不是相互不同的两个层次的所有制概念。这种意见仍然回避不了"在一种生产资料所有制（公有制）基础上建立一种生产资料所有制（个人所有制）"的逻辑矛盾。因为，如果真的像他们所称"公共占有和个人所有是统一整体的两个方面"，那么，只讲生产资料的公共占有就足够说明所有制的性质了，何必再说在公共占有的"基础上"建立个人所有制呢？反过来看，如果说"个人所有制"指生产资料所有制，它本身就是社会生产关系的基础了，何必累架叠床地为它再规定一个生产资料公有制的"基础"呢？实际上，这两者是互不相同的范畴，前者是后者建立的基础，后者是在前者的"基础上"建立的，它们是不同层次的经济关系，而不是同一个概念的不同着眼点或观察点。

不仅如此，笼统和抽象地以"社会所有和个人所有的统一"去描述公有制的主体或公有制内部关系，也是过于简单，难以讲清公有制更为根本的特点。

全社会的生产资料公有制与其他所有制的差别，首先在于所有者根本不同，即生产资料不归占人口少数的剥削阶级所有，而属于全社会的劳动人民，因而它彻底改变了劳动者被奴役、被剥削的状况，确立了劳动者在生产、流通和分配过程中的主人翁地位，满足劳动者不断增长的物质文化需要，保证劳动者日益全面的发展。此外，在其他方面还具有一系列重要的特点。从所有权的结构和存在形式看，其特点：一是所有权构成的直接社会性，即它将生产资料归个人所有改变为归全体劳动者共同所有。马克思在论述资本必然转化为生产者的财产时指出："不过这种财产不再是各个互相分离的生产者的私有财产，而是联合起来的生产者的财产，即直接的社会财产。"① 二是权利享有的平等性，全体劳动人民在归属权上都处于同等的地位，没有任何个人可以在生产资料的归属上多占一份或取得特殊的权力，并借此为个人牟取私利。三是产权结构的统一性，全体劳动人民组成为一个整体，成为全民所有制资产的共同所有者，它的财产是联合体整体所有的，是全体人民的"集体财产"或"公共财产"。它虽然是人人有份，却不是分散地归单独的个人，也就是说，是劳动者共同所有而不是单个人所有。四是产权存在形式的集中性和不可分性。虽然全民所有制中每个成员都能得到一份平等的权利，但社会不把每个人应得的权利分解给个人，不搞财产权利的分散化或是"量化"到个人，也就是《共产党宣言》所说的"全部生产集中在联合起来的个人的手里"②，个人不能将自己的份额转让给别人，任何社会集团或个人都不得瓜分全民所有制的财产并将其

①《马克思恩格斯选集》第 2 卷，人民出版社 1995 年版，第 517 页。
②《马克思恩格斯选集》第 1 卷，人民出版社 1995 年版，第 294 页。

据为己有。再从所有权的行使方式看，全社会所有制的财产根据整体的意志和整体的利益，由整体的代表行使产权权能，获取产权利益，然后根据一定的方式和原则使个人公平地分享共同获得的利益。《德意志意识形态》写道："现代的普遍交往除了受全部个人支配不可能通过任何其他途径受一个个人支配。"① 《共产主义原理》指出："私有制也必须废除，代替它的是共同使用全部生产工具和按照共同的协议来分配全部产品，即所谓财产共有。"② 这就是所有权行使方式的整体性。任何社会集团或个人不得违背整体的意志和利益，在没有得到授权的情况下独自行使所有权，否则就是对共同产权的侵犯或破坏。

根据马克思主义的社会观，公有制虽然是由劳动者个人组成的，但劳动者能够成为生产资料的主人以及他们的发展只能依赖于联合起来的整体，联合和组织是单个劳动者改变其弱势地位并获得发展的根本条件，能够将公有制与非公有的其他所有制区别开的就是劳动者的联合。因此，在公有制中劳动者不是一个个像散沙一样地凑合在一起，而是一个高度联合的整体，一个有组织的社会有机体。在公有制内部整体与个人的关系中，上述的共同性、整体性、集中性、统一性等是矛盾的主要方面，它们决定和反映了公有制的本质属性，维护和促进公有制的发展。只有把公有制理解为这样一种生产关系，才能懂得联合起来的劳动者个人共同所有的含义，明确个人成为共同所有者的含义。反之，不分矛盾的主要方面和非主要方面，笼统地抽象地说社会所有与个人所有的统一，过分强调个人所有，甚至以个人所有去概括公有制的特征，正是看不清这些重要特点的重大意义。这不仅离开了辩证唯物主义的矛盾分析方法，在所有制理论上也是有缺陷的。想用它论证生产资料个人所有制等同于公有制，驳斥杜林关于"混沌杂种"的污蔑，自然会捉襟见肘，没有说服力。

---

① 《马克思恩格斯全集》第 3 卷，人民出版社 1960 年版，第 76 页。
② 《马克思恩格斯选集》第 1 卷，人民出版社 1995 年版，第 237 页。

三、 从争论中吸取有益的启示

在这场持久的辩论中，涉及的内容很广泛，有许多文章实际上远远超出如何解释马克思那句话，更多的是联系当前经济改革和发展的实际，议论全社会的公有制应该具有哪些特点。主张未来社会的个人所有制是生产资料所有制的基本观点虽然值得商榷，但其中的一些论者有个共同点：都肯定马克思所讲的否定之否定不是重新建立劳动者的生产资料私有制。他们在辩论中提出的许多论述，对如何理解公有制的内涵和正确处理公有制的内部关系具有重要的启示，对认清改革开放的正确方向有着积极的理论意义。

有些专家提出，"否定之否定"后形成的个人所有制是生产资料公有制，它虽是个人所有的，但不属于任何单独的个别的人，不是劳动者个人的私有制，个人所有是建立在联合的基础上的，生产资料只属于联合起来的劳动者个人，成为生产资料所有者是全体的个人，所有者和劳动者是合一的、同一的。这种意见值得重视之处在于他们指明全社会公有制的基本属性，强调要维护这种公有制的联合所有。第一，全社会公有制是全体劳动人民共同所有的，生产资料的所有者是劳动者，排除了任何人利用生产资料所有权进行剥削的条件，不像有些人把它混同于资本主义的国家所有制，甚至歪曲为"俾斯麦"式的政府所有制或官僚所有制。第二，全社会公有制的归属权主体遍及全体劳动人民，每个劳动者个人都是公有制主人的一分子，公共的整体的利益与每个劳动者个人切身利益密切相关，这就批判了所谓公有制"人人皆有、人人皆无"的说法。第三，联合是消灭资本主义制度使劳动者个人重新成为生产资料所有者的条件，也是区别劳动者个人私有与劳动者共同公有的关键，为此，必须努力维护所有制的联合性质。只有这样，公有制才名副其实，才具有取代资本主义私有制的合理性和优越性。

有些学者认为，之所以把未来社会的所有制说成是"个人所有制"，是为了强调这种所有制应体现在劳动者的个人权利上，认为个人的权利是否得到充分实现是衡量公有制是否成熟的一个基本标志，个人权利愈是得到充分实现，公有制就愈加完善。还有些学者认为，未来社会的个人所有制指在生产资料公有制基础上劳动者个人对生产资料的实际占有和支配。就是说，劳动者个人不仅是共同所有者的一分子，还应拥有公有制的其他权利，应该有权参与生产资料的占有和支配，做到这一点，劳动者个人才是真正的所有者，才可能在生产中既有劳动者的身份又有所有者的身份，新的社会生产才谈得上是自由的平等的协作。

提出这些意见具有重要意义。过去很长时期，我国的公有经济没有处理好整体和个人的关系，往往过分强调整体而忽视个人。虽然在理念上也提出要尊重劳动者的主人翁地位，充分发挥个人的积极性和作用，提倡劳动者参加管理，但实际上却偏向于讲个人作为劳动者对社会和集体要多做贡献，很少提到要确立和保护劳动者的个人权利（即使提到，也主要指每个人享有的公共权利），更没有从产权的层面确立劳动者个人在公有经济中的权力和利益。在改革过程中人们经常讲要解决公有经济"产权虚置"的问题，其重心也仅仅停留在公共所有权（实指国家对生产资料的归属权）的落实，如归属权主体或代理人的明晰化等等，忽略了劳动者个人权利的确立。于是，在再生产的各个领域，劳动者除了按照共同所有者的身份获得集体的权利并共同享有协作劳动创造的成果以外，作为个人，缺少明确规定的实际参与占有和支配的权利和机会以及了解生产和分配实际状况的权利和监督的权利，很难充分表达个人的要求和愿望。领导人可以轻易地以共同意志、共同利益代表的身份发号施令，甚至凌驾于普通劳动者之上。结果，主人翁思想容易只挂在口头上，难以真正在劳动者的头脑和行动中体现出来。这些都会削弱劳动者对公有制的认同感，导致一系列的矛盾和弊病，妨碍公有制优越性的发挥。所以，应当把劳动者个人的权利是否能得到充分实现作为衡量公有制是否完善和成熟的一个基本标志，通过经济体制改革，处理好国家、集体与个人的关系，明确劳动者个人作为公有制成员的各种权利，并且采取有效的措施加以落实。只有劳动者的个人权利能够得到真正的实现，才能证明他们在公有制中是真正的主人，劳动者才同时具有所有者、经营者和劳动者的身份，才能充分发挥其热忱和才能。

有的学者强调要从劳动者得到自由的全面的发展去认识公有制。他们援引《共产党宣言》的话："代替那存在阶级和阶级对立的资产阶级旧社会的，将是这样一个联合体，在那里，每个人的自由发展是一切人的自由发展的条件"①，认为马克思和恩格斯的最高理想就是个人的自由全面发展，即知识、能力、素质的全面发展和个性、独立性和人格不受阻碍的发展。而这种发展，首先必须建立在生产资料公有制的经济基础之上，如《法国工人党纲领导言》指出："生产者只有在占有生产资料之后才能获得自由。"②《德意志意识形态》写道："只有在共同体中个人才能获得全面发展其才能的手段，也就是说，只有在共同体中才可能有个人自由。"③ 他们据此提出个人所有制就是生产资料归"自由人联合体"的所有制。这种意见虽然不是直接从马克思那句话引申出来的，不能直接解释那句话的含义，却道出全社会公有制的重要特点及其发展的目标，对我国社会的发展具有积极的意义。

资本主义私有制被社会主义公有制所代替，广大劳动者摆脱了被奴役、被剥削的地位，成为生产过程的主人，享有自己劳动的成果，收入日益提高，生活不断改善，人人得到自由发展的机会。这种基本关系是谁也不能否认的。但是，在实际生活中，对待物与人的关系时更多的是将技术条件

---

① 《马克思恩格斯选集》第 4 卷，人民出版社 1995 年版，第 730 页。
② 《马克思恩格斯文集》第 3 卷，人民出版社 2009 年版，第 568 页。
③ 《马克思恩格斯选集》第 1 卷，人民出版社 1995 年版，第 119 页。

和物质发展摆在首位，而忽略人的发展的根本作用；在生产和生活的关系中，重生产、重积累而放缓人的物质文化生活的提高，更没有将（全社会的）人的全面发展当作一切工作和活动的终极目标；在集体与个人的关系上，强调个人利益依存于集体利益，耻于谈论个人的利益；在纪律与自由的关系上，偏重于服从组织和纪律，讳言个人的意志和自由。当然，在这许多方面，重视对立统一关系的主导方面是应该的，但过分和片面地偏向一方也是背离唯物辩证方法，不符合"自由人联合体"的本性和根本要求的，必须通过体制改革，使用各种方法克服这些偏差并且在法规上加以确定。中国共产党根据毛泽东主席的观点，在《党章》中提出要"努力造成又有集中又有民主，又有纪律又有自由，又有统一意志又有个人心情舒畅的生动活泼的政治局面"。这个主张在《党章》的几次修订中始终没有更改。党的十六届三中全会遵循马克思主义原理，总结我国社会主义建设的经验，将"以人为本"确定为一切工作的根本方针，就是为了从人民群众的根本利益出发谋求和促进社会发展，逐步实现人的全面发展的终极目标。必须坚持这一目标，为它的实现不懈努力。

四、 警惕有人利用争论浑水摸鱼、 贩卖私货

自从恩格斯的解释被怀疑，"个人所有制"被说成是生产资料所有制的观点开始流行之后，一向想把公有经济私有化的一些人，敏锐地觉察到理论缺口，便一拥而上，炮制一篇篇文章，名为深刻理解马克思的设想，实质上却是篡改马克思原意，尽量塞进他们的私货，大力鼓吹生产资料归个人私有。

有些人主张，《资本论》提出要重建的个人所有制是指生产资料"人人皆有的私有制"，即社会的生产资料归每个社会成员私有，"人人有份"，认为这才是马克思和恩格斯"构想未来社会所有制的基本内核"。这种观点认

为，私有制有两种类型：一种是"部分人的私有制"，即社会生产资料只被社会上的一部分人所有；一种是"人人皆有的私有制"，即"个人所有制"，硬说马克思否定的只是第一种类型的私有制，而没有否定"人人皆有的私有制"。他们还搬用《共产党宣言》中所说的"共产主义并不剥夺任何人占有社会产品的机会，它只剥夺利用这种占有去奴役他人劳动的机会"①，把它说成是马克思和恩格斯主张个人占有生产资料。这种观点阉割了马克思的原话，完全不顾历史事实，同马克思主义的基本原理背道而驰。首先，自从人类社会出现私有制以后，由于经济规律的自然作用，很快就发生了分化，一方面数量日益增加的个体所有者丧失了生产资料，另一方面产生了掌握大量生产资料剥削广大群众的大私有者。从此之后，所谓"人人皆有的私有制"就根本不存在了。从奴隶社会、封建社会到资本主义社会，占统治地位的所有制都是剥削阶级的所有制，是"部分人"的私有制，而那些幸存的小私有制，只是一种从属的占有方式，而且还不断地被剥夺被消灭，劳动者沦落到无产者的队伍。因此，读遍《共产党宣言》，根本不见"人人皆有的私有制"的踪影。相反的是，《共产党宣言》这样讲："你们说的是资产阶级财产出现以前的那种小资产阶级的、小农的财产吗？那种财产用不着我们去消灭，工业的发展已经把它消灭了，而且每天都在消灭它。"② 实际上，在现代生产力条件下，生产资料和生产已经高度社会化，再也不可能形成"人人皆有的私有制"了。马克思非常明确地指出："我把生产的历史趋势归结成这样：实际上已经以一种集体生产为基础的资本主义所有制，只能转变为社会的所有制。"③ "结果就会是他们社会地占有而不是作为各个体的个人占有这些生产资料。"④ 其次，断言马克思讲未来社会时没有一概否定私有制是没有根据的。马克思从历史发展的角度的确肯定

①《马克思恩格斯选集》第1卷，人民出版社1995年版，第288页。
②《马克思恩格斯选集》第1卷，人民出版社1995年版，第286页。
③《马克思恩格斯全集》第19卷，人民出版社1963年版，第130页。
④《马克思恩格斯全集》第48卷，人民出版社1985年版，第21页。

过资本主义制度的作用，但他剖析了资本主义的基本矛盾，论证资本主义必然被消灭，代之以公有制为基础的社会经济制度。《共产党宣言》就明确指出："共产党人可以把自己的理论用一句话表示出来：消灭私有制。"① 再次，从"否定之否定"的发展逻辑看，在资本主义之前"人人皆有的私有制"早就不存在了，并不是否定之否定的初始阶段。如果消灭了资本主义私有制以后建立的还是"人人皆有的私有制"，也不是初始阶段的否定之否定。即使出现这种状况，在个体生产的经济规律的必然支配下，也一定重新发生上述的生产者的两极分化，重新出现"少数人"占有生产资料和剥削大多数人的私有制。可见，这些人不顾马克思一开头就说的"这种否定不是重新建立私有制"，硬是将重建个人所有制解释为"人人皆有的私有制"，是完全与马克思的基本思想相对立的私货，其目的是为排挤公有制、实行私有化提供理论依据，必须坚决批判和抵制之。

与此相类似，有些学者主张，现有的公有制中，劳动者的所有权是抽象的、虚置的，重建个人所有制就是把生产资料量化给个人。按照这种意见，国有资产就会被瓜分完，国家所有制就被瓦解了，然而最终获得利益的绝不是广大群众而是一小撮富豪。俄罗斯在 20 世纪 90 年代实行过这种瓜分国有资产的改革，每个在 1992 年 9 月 2 日以前出生的俄罗斯人，都可以获得一张面额 1 万卢布的"私有化证券"。这个改革严重破坏了国有经济，导致国民经济的巨大倒退，到 20 世纪末，俄罗斯国内生产总值比 1990 年下降了 52%，工业生产减少了 64.5%，农业生产减少了 60.4%，卢布贬值，物价飞涨五千多倍。"私有化证券"发放时每张差不多可以买一辆汽车，但过不久就形同废纸。老百姓并没有由此就建立起人人占有生产资料的"个人所有制"，而少数权贵和富人则趁机攫取巨额资产，成为掌控国民经济的新资产阶级。我们必须以此作为殷鉴，切莫轻信所谓"生产资料量化给个人"的蛊惑，重蹈他人的覆辙。

----

① 《马克思恩格斯选集》第 1 卷，人民出版社 1995 年版，第 286 页。

　　谢韬、辛子凌在《试解马克思重建个人所有制的理论与中国改革》① 一文中说道，"马克思设想革命胜利后建立社会主义经济体制的道路分为两步：第一步，把原属于资本家的大公司、大工厂等生产资料收归国有，由政府控制起来；第二步，政府要寻找一定的形式将社会财富回归社会，回归人民，重新建立个人所有制。"这是把自己的妄想强加在马克思头上的彻头彻尾的捏造。试问：马克思在什么论著讲过这种"两步走"的设想？根本没有！这样胡说乱造的目的是要引出他们后面想说的话："列宁、斯大林，包括我们的毛泽东主席，在革命取得成功后……把公有制异化为政府所有制，实际上变成对包括工人阶级在内的社会各阶层人民的剥夺"，"名为公有制、国有制、全民所有制或集体所有制，一较真，一落实，实际上蜕化成一种'官有制'。把本该回归社会的财富抓在政府手里，由政府控制全部资源，政府包办所有企业，政府成为高度垄断的总资本家，全国人民都成为政府的打工仔。恩格斯早就告诫不要把'俾斯麦的国有化，都说成是社会主义的'。"这就暴露出，他们把中国共产党领导劳动人民建立起来的社会主义国家等同于资产阶级国家，把"剥夺剥夺者"建立起来的社会主义的国家所有制污蔑为"对包括工人阶级在内的社会各阶层人民的剥夺"，"政府成为高度垄断的总资本家，全国人民都成为政府的打工仔"，是要不得的"俾斯麦的国有化"。但是，一看到这些话以后就可发现，他们连自己讲过的"第一步"也自我封杀了。他们根本反对社会主义的国有化，剩下的就是他们要走的"第二步"。他们刚开始讲这一步的时候还含糊地说是要"将社会财富回归社会，回归人民，重新建立个人所有制"，但到后面就露出尾巴了，原来他们要的"就是让自然人拥有生产资料，人人有份"，即生产资料归单个个人所有的私有制，而不是归全社会共同所有的公有制。这表明他们参加"重建个人所有制"的讨论，只是为了乘正确理论被搅乱

_____

　　① 谢韬、辛子凌：《试解马克思重建个人所有制的理论与中国改革》，《炎黄春秋》2007 年第 6 期。本文所引错误观点均见该文。

之机，将人人皆有的私有制冒充为马克思的设想，借此瓦解社会主义公有制。

谢、辛二位捏造马克思和恩格斯的话还不仅这点。为了宣传以股份制替代社会主义国家所有制，他们说："股份公司的出现，使马克思不仅找到了把生产资料'当作共同生产者共有的财产，直接的社会财产'的形式，而且找到了'资本再转化为生产者的所有'，即'重新建立个人所有制'的形式，这就是股票。""股票这种占有方式，是'以现代生产资料的本性为基础的产品占有方式：一方面由社会直接占有，作为维持和扩大生产的资料；另一方面由个人直接占有，作为生活和享乐的资料'。"只需简单对照一下马克思、恩格斯的原著，就可马上和容易地揭穿他们的造假。原来，他们所引用马克思关于"直接的社会财产"的话，前一句应是"联合起来的生产者的财产"而不是谢、辛所说的"共同生产者共有的财产"（这样改是为了混淆社会主义公有制和资本主义私有制条件下的生产者），而且话中也没有谈到"资本再转化为生产者的所有"（这是他们强加的）。实际上，他们引文出处的整段话讲的是以股份公司作为"过渡点"的未来的联合生产者的财产公有制，而不是股份公司本身。经过他们的篡改，以个人私有为基础的资本主义股份公司变成"直接的社会财产"，等同于未来社会的"个人所有制"了。至于他们引用的恩格斯的话，原来讲的是资本主义私有制必然被消灭以及代替它的公有制占有关系的特点，整句甚至整页都没有股份公司的字眼，怎么却变为"股票占有方式"呢？这不是明目张胆地篡改吗？他们信口雌黄，连这段话出处的前后页都顾不得看看。如在这段话的前一页就写道："无论转化为股份公司，还是转化为国家（即资产阶级国家——引者注）财产，都没有消除生产力的资本属性。"在后一页就明白地指出："无产阶级将取得国家政权，并且首先把生产资料变为国家财产。"前后文都写得这么清清楚楚，作为教授和研究员不至于看不懂吧，用这种拙劣的手法，除了企图欺骗读者还能作什么解释！

再说，他们把马克思设想的"个人所有制"说成是股份制也是移花接木，胡乱推测的。马克思在《资本论》中已经对当时的股份制的性质做了明确的判断，指出"这种向股份形式的转化本身，还是局限在资本主义界限之内；因此，这种转化并没有克服财富作为社会财富的性质和作为私人财富的性质之间的对立，而只是在新的形态上发展了这种对立"①。因此，它虽然在形式上表现为一群人所有，但只是资本主义私有制的一种实现形式，与生产资料公有制在性质上和产权结构上是截然不同的。在资本主义的股份制企业中，可能有部分工人购买了少量股票，但是，他们的入股并不会改变他们作为雇佣劳动者的地位，没有消除资本主义剥削关系。所以，这里并不存在资本主义私有制的"否定之否定"。总之，马克思对股份制做过详细的分析，始终没有把它同"重建个人所有制"联在一起，谢、辛两位把它当作未来社会的所有制的蓝本，也是为了反对社会主义国家所有制。

此外，有些人主张用现代合约经济学去解读"重新建立个人所有制"，认为企业是人力资本与非人力资本的特别合约，社会主义在劳动者对自己人力资本占有的基础上，否定物质资本所有者对物质资本的占有，实现人力资本所有者以集体的名义对物质资本的占有，人力资本与非人力资本既是分离的又是合一的，断言这就是马克思所言的"在协作和对土地及靠劳动本身生产的生产资料的共同占有的基础上，重新建立个人所有制"的真正含义。

这种依靠西方经济学的庸俗观点去解释马克思对未来社会的设想，未免荒谬和可笑。首先，所谓的"人力资本"就是一种自相矛盾的悖谬概念。资本不是物，而是无偿占有别人剩余劳动的关系。个体生产者使用自己的劳动力和生产资料创造出剩余并归自己所得，其中并不存在资本关系。在资本主义企业中，工人已经把自己的劳动力出卖给资本家，他们创造的全部价值，包括剩余价值，都归资本家所得。在这种条件下，的确存在着资

---

① 《马克思恩格斯选集》第 2 卷，人民出版社 1995 年版，第 519 页。

本，但是，劳动力已经按照资本家的意志，同资本家所有的生产资料相结合，成为资本的可变部分，为资本家牟取最大限度利润服务。因此，它是资本家的资本，根本不属于雇佣劳动者所有。就是说，无论在什么条件下，人力都不是资本①。马克思从来没有讲过劳动者拥有"人力资本"，而且揭露资产阶级经济学家回避资本是对劳动者无酬劳动的剥削关系，把它仅仅当成能够用来进行生产并得到更大价值的物，并进而把占有无酬劳动的功能荒谬地赋予提供无酬劳动和被剥削的对象身上，指出"它们的这个资本主义灵魂和它们的物质实体非常紧密地结合在一起，以致在任何情况下，甚至当它们正好是资本的对立面的时候，他也把它们称为资本"②。

其次，所谓"企业是人力资本与非人力资本的特别合约"，无非是西方经济学"企业契约论"的一种翻版。这种理论把企业说成是"合约的集合"，其谬误在于不懂流通过程与生产过程的联系与区别，混淆了市场关系和企业内部关系，看不到雇主与雇员从市场进入企业后双方地位和相互关系的巨大变化，将企业内部资本家凭借其购买到的劳动力支配权和使用权驱使雇佣劳动者的关系，说成是与市场一样的自由平等的协商关系，从而歪曲了企业的本质，掩盖了资本的剥削关系③。

以上两种论调与马克思关于资本主义生产关系的系统分析是互相对立的，曾经被马克思多次揭露和批判过，这些论者罔顾这种理论范式的根本对立，企图拾人牙慧去解读马克思的观点，无异狗尾续貂，只会为马克思原已非常清楚的设想加谜添乱。

（原载于《马克思主义研究》2015 年第 2 期）

---

① 对"人力资本"概念的批评，详见吴宣恭：《"人力资本"概念悖论分析》，载《经济学动态》2005 年第 10 期。

②《马克思恩格斯文集》第 5 卷，人民出版社 2009 年版，第 878 页。

③ 详见吴宣恭：《"企业契约论"对企业本质的歪曲》，《高校理论战线》2005 年第 11 期；《关于企业的本质——兼评交易费用学派的企业理论》，《经济纵横》2006 年第 1 期。

生产资料的所有、占有、支配、使用关系

近几年来，关于生产资料的所有、占有、支配、使用关系或生产资料的所有权、占有权、支配权、使用权问题，已日益为经济学界所承认和重视。但是，对它们的经济内容和含义，以及它们用于什么性质的关系、它们相互之间存在什么联系和区别等等的理解并不相同。本文准备就这些问题谈一些看法。

一、 生产资料所有制主体的职能、 作用和相互关系

所有制关系可以从客体和主体两方面去观察。所有制客体是指人们依以结成所有制关系的客观对象，包括生产资料（自然存在的和人类劳动生产的生产资料）、流通资料（有时也同生产资料合在一起统称为生产资料）和劳动产品；有的同志认为它还包括劳动力。这些客体在不同的再生产领域中起着不同的作用。人们凭借它们在不同领域中结成不同物质内容的所有关系，就是理论上所说的生产资料所有制、流通资料所有制、劳动产品所有制或劳动力所有制，这就是按客体的差异加以区分的。本文主要以生产资料所有制为分析对象。

所有制主体是指所有制关系的担当者以及相应的经济权利、责任、利益的承受者或领属者。它包括不同的阶级、阶层、社会集团和个人，存在着不同的组合。从主体的阶级属性看，生产资料所有制有奴隶主、封建主、

资产阶级的所有制和劳动人民的所有制。在以劳动人民为主体的生产资料所有制中，按主体组合的情况看，又可区分为属于劳动者个人的个体所有制、属于全社会劳动者共有的全民所有制和属于部分劳动者共有的劳动群众集体所有制等等。剥削阶级的所有制和劳动者个体所有制都属于私有制，全民所有制、劳动群众集体所有制则属于公有制。

如果深入、具体地观察生产资料所有制主体，我们可以发现，它的不同部分在所有制关系中的职能和作用都不是一样的。在一种生产资料所有制关系中，某些人可能以所有者的身份发挥其作用，另一部分人则以支配者或占有者、使用者的身份起作用，有些人则集几个职能于一身。生产资料所有制是人们通过人与生产资料的关系相互结成的经济关系。所有制主体的不同部分与生产资料的关系不同，他们所发挥的职能和作用也不同，从而，他们在所有制中相互结成的关系就不一样。例如，在资本主义农业中，有的农业资本家既无土地又无充足的货币资本，必须向土地所有者租地，向货币所有者借钱，同这些人结成租赁、借贷关系，然后又同一无所有的农业工人相结合，以这些为前提开始生产活动；有的资本家只需要租地或借钱；有的则什么都不需要，直接凭借自有的物质生产条件，同没有任何生产资料的雇佣劳动者结合。显然，在这些不同的场合，人们在生产资料方面形成的关系必然各不相同，也就是说，人们之间出现了不同的生产资料所有制关系。

生产资料所有制关系是非常复杂的，如旧社会的土地所有制，便有土地的个人所有、共有、共管、轮管、租佃、转租、典质、抵押、转让、买卖等等。在这些复杂的关系中，所有制主体的职能和作用有许许多多方面，而且出现许多交错。但不论如何，它们都必然在生产过程以及分配上体现出来，任何生产资料所有制主体都必然得到一部分经济利益。凡是不在经济利益上体现的职能，都是没有实际意义的。既然所有制主体的职能和作用反映着一定的经济关系，代表着一定的经济利益，社会为了保证和维护这些关系和利益，就利用一定的法律形式确认这些职能和作用，把它们用法律固定下来。经过长期的演变和发展，多种多样的所有制主体的职能、作用，最后被概括并确认为所有权、占有权、支配权、使用权以及受益权。前四个方面就是通称的"四权"。

可见，生产资料的所有权、占有权、支配权、使用权，本质上是反映生产资料的所有、占有、支配、使用关系的。这几权首先以所有制主体的职能和作用为基础。因此，要说明和区分生产资料的所有、占有、支配、使用和"四权"，必须从所有制主体的职能、作用和通过这些职能形成的关系进行分析。

二、 生产资料的所有、 占有、 支配、 使用关系的含义及其区别

生产资料所有、占有、支配、使用关系四者的联系和区别，有两种基本情况。

第一种情况是，所有制主体的几种职能互不分离，统一归一个主体发挥作用。这时，所有自然而然也包括了占有、支配和使用。谁是生产资料的主人，他当然可以直接占有和支配、使用这些生产资料。在这种情况下，所有和占有可以通用而无须加以区别。还有，当我们把许多不同的主体当作一个阶级或集团看待，这些主体虽然个个发挥着不同的职能和作用，但就整个阶级来说，却发挥了主体的全部职能，这与主体职能不分离也有类似之处，也可以把所有和占有互替使用。马克思和恩格斯都曾经这样用过所有和占有概念。例如，马克思写道："商品不能自己到市场去，不能自己去交换。因此，我们必须找寻它的监护人，商品所有者。"[①] 这里的"所有

---

① 《马克思恩格斯全集》第 23 卷，人民出版社 1972 年版，第 102 页。

者"一词，在德文版是 Besitzer，按词义应译为"占有者"才对（所有者在德文是 Eigentumer）。但是，把它译为"所有者"不仅不伤及原意，反而更加确切。因为严格地说，占有者是无权出售只归他占有而不属于他所有的客体的。在恩格斯编的《资本论》英文版中，这句话里的 Besitzer 也翻译为 Owner（所有者），而不是 Possessor（占有者）①。可见，马克思这里使用的"占有"，是指所有和占有的统一。又如，在《马克思恩格斯全集》第 25 卷第 436 页提到的"自有资本或借入资本的所有权"，后者实际上只是占有。但这时马克思所要分析的不再是所有和占有的区别，而是包括所有和占有的资本所有权同经理人员的监督、指挥职能的分离。因此，把它们混用也是可以的。此外，马克思和恩格斯在表述资本主义基本矛盾时，总是说它是生产社会化和私人资本主义占有的矛盾，并指出要解决这个矛盾，必须由社会占有一切生产资料。在这些地方所说的占有，实际上也就是所有和占有的统一。

在同样情况下，支配和使用也可以通用。因为一般说来，能够支配一定的生产资料，也就可以使用它。马克思指出："货币资本家在把借贷资本的支配权移交给产业资本家的时间内，就把货币作为资本的这种使用价值——生产平均利润的能力——让渡给产业资本家。"② 当马克思分析工人出卖劳动力的特点时，更是把支配、使用相提并论，例如，"他必须始终让买者只在一定期限内暂时支配他的劳动力，使用他的劳动力，就是说，他在让渡自己劳动力时不放弃自己对它的所有权。"③

在生产资料所有制主体发挥着全部职能，"四权"互不分离时，所有权便是完整的或完全的。这种完全的所有权包括了所有、占有、支配、使用以及相应得到的受益等权利。马克思曾多次应用完全的所有权的概念，以

---

① K. Marx：*Capital*，Vol. 1，Foreign Language Publishing House，Moscow，p. 84.

②《马克思恩格斯全集》第 25 卷，人民出版社 1974 年版，第 393 页。

③《马克思恩格斯全集》第 23 卷，人民出版社 1972 年版，第 191 页。

同只作为所有制主体的部分职能的单纯的所有权相区别。如他在论述农奴向独立农民转化时说："这种转化使从前的占有者得以赎免交租的义务，转化为一个对他所耕种的土地取得完全所有权的独立农民。"① 所以，在讨论所有权的内涵时，必须注意把完整的所有权，同作为所有制主体的一部分职能的所有权，即只表示生产资料归属关系、当作生产资料合法主人的单纯的所有权区别开来。前阶段，我国经济学界曾经讨论过社会主义国营企业对生产资料是否具有部分所有权的问题，争论者各执一端，无法得到一致看法，其原因之一就在于，许多同志没有注意到这两种不同内涵的所有权的区别。

关于所有制主体的各种职能的联系和区别还有另一种情况，即它们相互分离，并且取得相对独立的存在。这时，就必须把所有、占有、支配、使用严格区别开来，不能随便替代或混用。在这种情况下，几种职能和作用的含义大致如下：

1. 所有，就是生产资料所有制主体（所有者）把客体（生产资料）当作自己的专有物，排斥任何别人不顾他的经济利益或意志滥加侵夺的职能和作用。它表示着生产资料的归属关系。马克思指出："财产最初无非意味着这样一种关系，人把他的生产的自然条件看作属于他的，看作是自己的"②，"土地所有权的前提是，一些人垄断着一定量的土地，把它作为排斥其他一切人的、只服从自己个人意志的领域。"③ 这种职能和关系得到社会或法律的承认，使它的担当者成为生产资料的合法的主人。在所有者把生产资料交给别人占有、支配和使用之后，所有者保留的只是法律承认他的作为物主的权利。这时，他就只作为生产资料的"单纯的所有者""法律上的所有者"或"合法的所有者"同别人发生所有制关系④。

---

① 《马克思恩格斯全集》第 25 卷，人民出版社 1974 年版，第 900 页。
② 《马克思恩格斯全集》第 46 卷上，人民出版社 1979 年版，第 491 页。
③ 《马克思恩格斯全集》第 25 卷，人民出版社 1974 年版，第 695 页。
④ 《马克思恩格斯全集》第 25 卷，人民出版社 1974 年版，第 381、420、853 页。

但是，所有者对其他权能的让渡是有条件的、不完全的、暂时的，而不是永远放弃或丧失。马克思讲过，借贷资本最后还要归流到它的所有者手中，因为"它是贷放，而不是永远出让"，"它不过暂时离开他，不过暂时由它的所有者占有变为执行职能的资本家占有。"① 法律上的所有者仍然是"真正的所有者"（real owner）②。他可以根据让渡这些权能的契约规定的条件，把它们要回来。这种与其他职能相分离的所有，虽然称为"单纯的所有""法律上的所有"，但这并不意味着它除了法律名义之外什么作用也不起，只是抽象的或虚拟的东西（像有的文章所说的那样）。这种法律上的、单纯的所有，是现实的、客观地存在和发挥着作用，并对人们的经济关系起着直接的影响。只有经过所有者同意并为他提供一定的经济利益，非所有者才能够利用他的生产资料，才能够进行生产。马克思就曾分析过单纯的、法律上的土地所有权在剩余价值的生产和分配中的作用，指出这种所有权使它的领属者"有权不让别人去经营他的土地，直到经济关系能使土地的利用给他提供一个余额"③。

2. 占有，就是掌握、管理生产资料并对它施加实际的、物质的影响的职能④。马克思指出："实际的占有，从一开始就不是发生在对这些条件的想象的关系中，而是发生在对这些条件的能动的、现实的关系中，也就是实际上把这些条件变为自己的主体活动的条件。"⑤ 这正好说明了占有的含义。当然，上述对客体的掌握和管理，体现着一定的所有制关系，可以采取多种方式。它可以由占有者本人也可以委托其代理人去执行职能，但都要体现占有者的意志，为占有者带来占有所产生的经济利益。一所房屋的

①《马克思恩格斯全集》第 25 卷，人民出版社 1974 年版，第 381、384 页。

②《马克思恩格斯全集》第 25 卷，人民出版社 1974 年版，第 385 页。

③《马克思恩格斯全集》第 25 卷，人民出版社 1974 年版，第 853 页。

④ 据 J. L. Hanson 的 *A Dictionary of Economics and Commerce* 一书解释，占有（Possession）就是对物进行实际的物质的管理（having actual physical control over a thing）。

⑤《马克思恩格斯全集》第 46 卷上，人民出版社 1979 年版，第 493 页。

看守者，尽管直接管理着这所房子，但他是秉承占有者意志的受雇者或代理人，并不是占有者。相反，体现着占有关系的主体，尽管没有直接接触到占有物，如占有土地的农业资本家，仍然是占有者。

有的同志认为，所有和占有都是一个意思，能有多大差别呢？这是由于他们"不了解所有权、占有权、支配权、使用权等概念的区别"①。其实，马克思和恩格斯经常明确地区分所有和占有，把它们分别表示不同的所有制关系。例如，马克思讲过，在封建土地关系中，"直接生产者不是所有者，而只是占有者"，"付地租的人都被假定是土地的实际耕作者和占有者，他们的无酬剩余劳动直接落入土地所有者手里。"②

那么，占有和所有的区别究竟何在呢？当所比较的是完整的所有时，它包括了所有制主体的全部职能和作用，即上面讲过的"单纯的所有"加上占有、支配、使用和收益等全部职能和作用，占有只是主体职能、作用的一个方面。两者存在着全部和局部的区别。当所比较的是单纯的所有时，两者的主要区别在于，单纯的所有只表示对客体的归属、领属关系以及社会和法律的承认，单纯的所有者并不直接掌握、管理、使用在法律上属于他的客体；占有则是在事实上（或按占有者的意志）掌握、管理着客体。马克思指出，在劳动地租的场合下，"直接生产者以每周的一部分，用实际上或法律上属于他所有的工具（犁、牲口等等）来耕种实际上属于他所有的土地，并以每周的其他几天，无代价地在地主的土地上为地主劳动。"③联系到前面一段关于土地所有、占有的引文便可看出，农奴既是别人的土地的占有者，又是自有的生产工具的所有者；地主既是农奴占有的土地的单纯所有者，又是自己经营并由农奴义务耕种的土地的完全所有者。在这种所有制关系中，农奴对工具的完全所有和对属于地主的土地的占有，地

①《列宁全集》第13卷，人民出版社1959年版，第314页。
②《马克思恩格斯全集》第25卷，人民出版社1974年版，第893、904页。
③《马克思恩格斯全集》第25卷，人民出版社1974年版，第889~890页。

主对土地的完全所有，三者体现了显著不同的所有制主体的职能。它们甚至在时间、空间上也能明显地区分开来，怎么可以说是没有多大差别呢？

必须指出，占有和所有的这一主要区别，其要点和实质在于是否实际掌握或管理生产资料，而不是像有的文章所说的，占有同所有的"区别仅仅在于本身不包含为法律所承认的意思"。占有固然是对客体的实际掌握和管理，但它仍然得到法律的承认。在分析劳动地租时，马克思指出，关于直接生产者不是所有者而只是占有者，必须向土地所有者提供义务劳役的关系，总要作为法律加以神圣化，要把习惯和传统造成的限制，用法律固定下来。他还指出："在实行货币地租时，占有并耕种一部分土地的隶属农民和土地所有者之间的传统的合乎习惯法的关系，必然会转化为一种由契约规定的，即按成文法的固定规则确定的纯粹的货币关系。"① 这里清楚地讲到隶属农民对土地的占有"合乎习惯法"，还"必然会转化为……按成文法的固定规则确定的"关系。这不是法律的承认又是什么呢？即使隶属农民经过赎免封建义务，成为土地的完全所有者，也还可能产生土地租赁关系，仍然存在所有和占有的差别和分离。在资本主义私有制下，占有并没有被消灭，被消灭的仅仅是农奴的占有。认为在封建社会解体时占有只能有两个可能的前途——或者被消灭，或者转化为完全的所有，从而否认所有、占有在经济上的区别，是混淆了占有的特殊社会形式和占有一般。因此，说什么"凡是为法律所承认的占有，就都成为所有"，是没有根据的。至于用是否法律承认去区分所有和占有，并借此把所有仅仅当作法律概念或法律关系，也是不够妥当的。

3. 支配，有时又称处理、处分、处置。在译文中，这几个词往往是从同一个外语词翻译过来的。如列宁批评民粹主义者"不了解所有权、占有权、支配权、使用权等概念的区别"，这里的"支配"一词在俄文版里为 Pаспоряжение，但在其他文章里也曾翻译为处理、处分、处置。支配是指

---

① 《马克思恩格斯全集》第 25 卷，人民出版社 1974 年版，第 899～900 页。

所有制主体在事实上或在法律上决定怎样安排、处理和使用客体的职能。例如，社会主义国家有计划地规定和安排国营企业的生产方向，就是对全民所有制生产资料的支配职能的表现。在通常情况下，有支配权也就有使用权，但是，二者也可能分离。支配者不一定自己使用客体，他可以委托或交付别人去行使这种职能。在二者分离的情况下，支配有时可以与所有结合在一起，使用则一般与占有相结合。由于这些职能都是完整的所有制的主体职能的一部分，它们如何分离或结合，最后总是由所有者根据习惯法、成文法或一定的契约加以决定。这个关系我们将在第三部分再详细分析。

4. 使用，就是所有制主体可以根据自己的需要，改变客体、消费客体的职能。一般说来，使用生产资料就可以得到由于使用它们所产生的生产物。所以，使用不单纯是人与自然的关系，而是一种经济关系。使用者就是这种经济职能和关系的担当者。凡是决定客体的使用方式和具体要求并享有使用所带来的利益的主体就是使用者，而不一定就是在物质上亲自和直接改变客体的人。如资本主义企业中，生产资料是归资本家占有、支配和使用的，工人只是在资本家监督指挥下，按照资本家的意志，代替资本家行使这种使用的职能。因而，资本主义企业的生产成果不是归直接劳动者工人，而是归资本家占有。

三、 在私有制和公有制条件下所有制主体职能的分离

生产资料所有制主体具有各种不同的职能，这是人们无法否认的。这些职能有时结合在一起发挥作用。但是，它们既然在客观上互有区别，彼此不同，随着经济关系的发展，完全可能分别由不同的主体去执行，不一定集中于一身。因此，所有、占有、支配、使用的相互分离绝不是主观的想象。它既是由这些职能的差异所决定，也是与人类社会分工的发展相联

系的。

在私有制条件下，所有制主体职能的分离早在奴隶社会就出现了。当时盛行的土地典押和高利贷，都引起所有与占有等的分离。在欧洲的封建社会，土地虽然属于贵族领主所有，"直接生产者仍旧是继承的或其他传统的土地占有者。"① 这时，不仅土地的所有和占有相分离，而且这种关系还是世袭的、继承的。封建领主不能随便收回土地。在分割或转让土地时，这些土地上的农奴还得连同一起转移给新主人。这种所有和占有的分离具有重要的经济意义。马克思在分析农村封建关系转变为资本主义关系时，特地论述了这种分离及其变化的情况。

到了资本主义社会，借贷、租赁等关系进一步发展和复杂化，所有与占有、支配、使用的分离变得更加明显和经常。在资本主义借贷关系中，"所有权没有被出让"②，"所有权名义上仍在贷者手中，但其占有权过渡到产业资本家手里了。"③ 货币所有者可以凭借所有权得到利息，"但他不能支配本金。"④ 所有制主体职能的分离明显地体现在剩余价值的分割上，并且反映为资本家的意识，使得"资本的使用者，即使是用自有的资本从事经营，也具有双重身份，即资本的单纯所有者和资本的使用者"⑤。在土地租赁关系中也是一样。"作为劳动条件的土地同土地所有权和土地所有者完全分离……［它］使这种联系遭到如此严重的破坏，以致在苏格兰拥有土地所有权的土地所有者，可以在君士坦丁堡度过他的一生。"⑥ 在资本主义制度下，所有、占有、支配、使用之间的区别和分离，是明明白白的事实。因此，不仅马克思主义著作中大量论述过，连资产阶级学者也是承认的。

---

①《马克思恩格斯全集》第 25 卷，人民出版社 1974 年版，第 898 页。

②《马克思恩格斯全集》第 25 卷，人民出版社 1974 年版，第 389 页。

③ 马克思：《剩余价值学说史》，上海三联书店 1951 年版，第 523 页。

④《马克思恩格斯全集》第 25 卷，人民出版社 1974 年版，第 416 页。

⑤《马克思恩格斯全集》第 25 卷，人民出版社 1974 年版，第 421 页

⑥《马克思恩格斯全集》第 25 卷，人民出版社 1974 年版，第 697 页

黑格尔曾经说过："仅仅部分地或暂时地归我使用，以及部分地或暂时地归我占有（其本身就是部分或暂时使用一物的可能性），是与物本身的所有权有区别的。"①

在社会主义公有制条件下，所有制主体的职能也存在分离的可能与必要。从社会主义全民所有制来看，生产资料属于整个社会劳动人民共同所有，但它们又不可能由全社会的劳动者直接经营管理和使用。社会主义国家代表全体劳动人民行使生产资料的所有权，并且根据劳动人民的根本利益，决定生产资料的使用方向、原则和要求。除此之外，生产资料是交给各个国有企业直接经营管理和使用的。这就是说，企业才是生产资料的占有者和使用者。可见，生产资料的所有、支配和占有、使用等职能是分别由国家和国营企业担当的。它们也存在相互分离的情况。斯大林指出："生产资料所有者——国家，把生产资料交给一个企业，丝毫不失去对它们的所有权，相反地，是完全保持着所有权的。"② 如果这里所说的所有权是指单纯的所有权，这句话是正确的，但还必须补充指出，既然生产资料是交给企业直接经营管理和使用，占有权就不是掌握在国家，而是掌握在企业手中。社会主义全民所有制里所有、支配同占有、使用的分离，直接影响了全民所有制经济的生产、交换和分配，国营企业对生产资料的占有及其相应形成的企业的特殊物质利益，是社会主义全民所有制企业间存在商品关系的所有制条件之一。为了保证全民所有制企业真正成为一个相对独立经营的商品生产者，充分调动企业生产经营的积极性，就必须切实承认和尊重企业对生产资料的占有权、使用权和部分的支配权。这是实行企业经济责任制的根本前提。

有的同志认为"四权"不能分离，这一方面是由于他们不了解所有制主体的职能的多样性及其差别，另一方面则是没有看到经济发展，特别是

---

① （德）黑格尔：《法哲学原理》，范扬、张企泰译，商务印书馆 1961 年版，第 68 页。

② 斯大林：《苏联社会主义经济问题》，人民出版社 1952 年版，第 39 页。

社会分工的发展，对这些职能分离的决定作用。这种观点既没有理论上的根据，也是与经济发展的历史和现实相违背的。否认所有制主体职能的分离，就资本主义制度而言，实际上就是否认各种资本家集团在经济上实行分工的可能，否认利润、利息和地租等剩余价值形态相互分离和独立化的可能。这种观点用于分析社会主义经济关系，就会导致否认实行企业经济责任制的必要性和可能性。

然而，在公有制条件下，所有制主体职能的分离又具有不同于私有制的特点。

在私有制条件下，相互分离的所有制主体职能的担当者是彼此分立的所有者。这些职能的分离，是发生在当事人相互承认对方为经济上独立的所有者这一前提下的。如在封建制度下，农奴尽管依附于领主，在人身上不是完全独立、自由的，但他与奴隶不同。农奴对那些和土地不同的劳动条件，无论在事实上或法律上都拥有所有权，"他独立地经营他的农业和与农业结合在一起的农村家庭工业"①，而"奴隶要用别人的生产条件来劳动，并且不是独立的"②。这就是说，奴隶只是奴隶主经济的一个组成因素，而农奴经济则能够与领主经济相独立，农奴和封建领主是不同的所有者。在资本主义制度下，产业资本家和借贷资本家、农业资本家和地主，也都是不同的所有者。这些不同的所有者都能够对他们的所有物和占有物体现独立的意志。因此，除非在契约上有特别的保留，在一般情况下，生产资料的租借者在成为直接占有者之后，就拥有对这些生产资料的支配权和使用权，可以按照他们的意志去支配和使用它们。出租者，即单纯的所有者，既然已经把实际占有这些生产资料的权利让渡出去，就无权对租借者的经营活动进行任何干涉。

在社会主义公有制条件下，情况就不同了。全民所有制生产资料的所

---

① 《马克思恩格斯全集》第 25 卷，人民出版社 1974 年版，第 890 页。
② 《马克思恩格斯全集》第 25 卷，人民出版社 1974 年版，第 891 页。

有者是全社会劳动人民的整体。国家经济领导机关和国营企业都是这个整体的组成部分，都属于同一个所有者。在全民所有制经济中，生产资料基本上是根据全体劳动人民的利益去支配和利用的，把生产资料交给企业经营管理以及由此产生的所有和占有的分离，也是从全体劳动者的根本利益出发考虑的。在这种条件下，国家和企业的关系不是租赁关系。国家只是代表全体劳动人民委托企业直接经营管理，授予企业占有权、使用权和部分支配权，不是把企业当作不同的所有者对待而把这些权利让渡出去。同样，为了全体劳动人民的利益，国家还要根据客观经济规律的要求和社会需要，规定全民所有的生产资料的使用方向和任务，对企业的生产和经营，按不同的方式和程度，实行计划领导，甚至在必要时，对企业进行"关、停、并、转"。这是适应社会主义社会化大生产的要求，实现社会主义国民经济有计划按比例发展所必需的。非此就无法克服社会生产的盲目性和无政府状态。因此，国家把生产资料的占有权授予企业的时候，仍然掌握生产资料的基本的、主要的支配权。如果像有的文章建议的那样，国家放弃对生产资料的支配权，只在收取资金占用费上保留名义上的所有权，把国家和企业在生产资料所有制上的关系变为租赁关系，实行企业自负盈亏，那势必让企业完全按照自己的局部利益和意志办事，这就等于把企业变为独立的所有者，全民所有制的性质就不能不发生变化。

对于集体所有制来说也是一样的。当前，相当多的农业集体经济单位实行了生产责任制。其中，有的只是改变管理方法或联系劳动成果更好地体现按劳分配，在生产资料的所有、占有、支配、使用关系上基本上没有发生变化；有的则由于不实行统一经营、统一核算，生产资料的占有、使用与所有、支配发生不同程度的分离。但是，这不等于分田单干，也不等于集体把土地出租给承包人。因为基本生产资料的所有权和基本的支配权仍然归于集体，集体在国家计划指导下，对分给社员承包的任务进行计划安排，而不是放任自流，听任社员愿意生产什么就生产什么。在实行农业生产责任制时，生产资料的所有、占有、支配、使用关系反映着不同的公有化程度，必然影响生产过程中劳动者的相互关系和产品分配关系。如果不坚持国家和集体的计划领导，放弃了生产资料的基本支配权，让劳动者在生产上各自为政，集体所有制就会遭到破坏。这是当前实行农业生产责任制时必须十分重视的问题。

（原载于《学术月刊》1982 年第 6 期）

马克思主义所有制理论
在改革开放中焕发光辉

党的十一届三中全会以后，中国共产党遵循辩证唯物主义和历史唯物主义的思想路线，正确领会社会发展的规律，发展了马克思主义关于社会经济形态的基本分析，确认我国所处的历史阶段，探究社会主义的本质，阐明当前阶段的基本特征和基本矛盾，提出大力发展生产力的中心任务，强调坚持"四项基本原则"、坚持改革开放，形成了中国特色社会主义理论体系。它成为我国制定一切政策、指导一切工作的基本出发点，对实行改革开放、建设中国特色社会主义具有极其重大的意义。30 年来，在中国特色社会主义理论的推动下，我国在所有制领域的改革中理论与实际互相促进，既发展了马克思主义所有制理论，又在改革实践中取得重大的成果。

一、 科学认识社会的基本矛盾和所有制的地位， 推动所有制领域的改革， 正确处理各种所有制的关系

我国通过基本方法论的传承和创新，正确分析社会主义初级阶段的社会基本矛盾，认识改革的重要性；在所有制领域，摆正所有制在社会经济关系中的地位，正确认识和处理各种所有制之间的关系，为改革开放开辟了广阔道路。

1. 正确分析现阶段的社会基本矛盾，提出改革也是革命，也是解放生产力，从基本方法论上为改革开辟道路

历史唯物主义认为，生产力与生产关系、经济基础与上层建筑的矛盾运动是社会发展的根本动力。生产力决定生产关系，是矛盾的主要方面。但是，当生产关系不改变就不能发展生产力的时候，生产关系的变革就起了主要的决定的作用。革命就是解放生产力，这一基本原理已被历史发展进程所证实了。问题在于，建立了社会主义制度以后，生产力和生产关系处于什么样的关系？毛泽东主席不赞成社会主义生产关系同生产力完全适应的讲法，指出即使在社会主义社会，生产力与生产关系仍然存在矛盾，只是它一般不表现为对抗性的矛盾，可以在社会主义内部加以解决。邓小平同志进一步分析社会主义初级阶段社会的基本矛盾，指出超越生产力实际条件的生产关系也会妨碍生产力的发展，不改革就没有出路。改革也是革命，也是解放生产力。这一重要思想阐明了社会主义改革的必要性、重要性和紧迫性，为包括所有制在内的各项社会改革树立了正确的理论指导，纠正了那种在生产关系上盲目"求公、求纯"的片面认识，对调整我国社会的所有制结构，完善社会主义公有制，都具有重大的意义。

2. 正确认识所有制在经济关系中的基础地位，以所有制领域的变革为突破口带动社会经济体制的全面改革

我国在改革初期就出现了改革途径之争。有些专家主张以放开市场作为改革的突破口。这种建议忽视了所有制对社会经济的决定性作用，是行不通的。因为，在当时的条件下，国有企业缺乏必要的经营自主权和局部利益，对市场信息几乎无动于衷，没有动力也没有权力根据市场做出灵活反应，市场机制对它们根本发挥不了调节作用。党中央遵循历史唯物主义原理，多次明确提出所有制是生产关系的基础，并且根据现阶段生产力的性质和发展要求，进行了所有制和具体产权制度的一系列改革。这个正确的决策不仅催生了大批具有活力的个体和私营企业，而且搞活了公有制企业，使之成为具有一定权能和利益的产权主体和能动的市场主体，为社会主义社会全面实行商品经济奠立了微观基础。正是出现了这样的基础，市场机制才得以发挥基础性的资源调节功能，才可能实行市场经济，并且带动各种经济关系的变化，实现了举世瞩目的中华腾飞。

3. 正确处理社会发展长远目标与当前目标的关系，构建社会主义初级阶段基本经济制度

中华人民共和国成立以来，由于没有弄清所处的社会阶段，脱离生产力的实际状况，搞清一色的社会主义公有制。党的十一届三中全会以后，人们从切身经验中正确领会了马克思所说的新制度全面代替旧制度是一个与生产力发展相适应的很长的过程；无论哪一种生产关系，在它们所能容纳的全部生产力发挥出来以前，是决不会灭亡的，而新的更高的生产关系，在它存在的物质条件在旧社会的胞胎里成熟以前，是决不会出现的。我国是在半封建半殖民地社会的烂摊子上建立起社会主义制度的，生产力在整体上很不发达，部门之间、地区之间存在极大的不平衡，与不发达的经济相适应，社会教育、文化、科技的总体水平很低。在这种条件下，想要全面建立只能与高度生产力相适应的公有制是不切实际的。在社会主义初级阶段，中心任务是迅速发展生产力。这就必须充分利用一切有利于发展生产的积极因素，包括国外的资金、技术以及国内的个体、私营经济力量，充分发挥"它们所能容纳的全部生产力"。这些经济力量虽然不属于社会主义公有制，与公有经济也会产生一些矛盾，但在社会主义国家的领导下，以及掌握国家经济命脉的国家所有制的影响下，它们的发展有利于国民经济的增长、财政收入的增加、劳动就业问题的解决和人民需要的满足，最终也有利于促进公有经济的发展壮大。就是说，社会主义公有制是社会主义生产关系的基础，是全国人民走社会主义道路的根本保证，是社会发展的未来和希望所在；在当前的社会阶段，非公有制经济不是可有可无的因素，而是社会经济的重要组成部分。因此，必须坚持和完善公有制为主体、多种所有制经济共同发展的基本经济制度，毫不动摇地巩固和发展公有制经济，毫不动摇地鼓励、支持、引导非公有制经济发展。这一思想正确处理了社会发展的长远目标与当前历史阶段的目标、社会主义生产关系的基础与社会主义社会的基本经济制度、公有经济与非公有经济等一系列关系，充分体现了唯物的历史辩证法，是马克思主义所有制理论的重大发展，从所有制关系上为我国经济社会的持续快速增长奠定了坚实的基础。

4. 正确理解社会主义的本质和优越性，提出"三个有利于"的评判标准，有力推动了所有制和产权制度的改革

邓小平同志继承毛主席在《关于正确处理人民内部矛盾问题》对社会主义优越性阐述的精神，明确指出："社会主义的优越性归根到底要体现在它的生产力比资本主义发展得更快一些、更高一些，并且在发展生产力的基础上不断改善人民的物质文化生活。"[①] "社会主义的本质，是解放生产力，发展生产力，消灭剥削，消除两极分化，最终达到共同富裕。"[②] 这是对社会主义本质和优越性的科学概括。沿着这一思路，邓小平同志精辟地提出以"有利于发展社会主义社会的生产力，有利于增强社会主义国家的综合国力，有利于提高人民的生活水平"作为检验各种制度、体制的优劣以及各项工作成败得失的标准。"三个有利于"的提出为深化体制改革提供了有力的思想工具，极大地解放了广大干部和群众的思想，鼓舞人们坚持实事求是态度，科学分析各种所有制和产权制度对不同生产力发展要求的适应程度和作用，积极推进所有制领域的改革和创新。

5. 在公有制的地位、作用和存在形式方面提出创新观点，从总体上正确处理社会的所有制结构

关于如何实现以公有制为主体、国有经济为主导，保证我国社会沿着社会主义方向发展，党中央从两个方面提出创新观点。一是从质和量的关系分析公有制的地位和作用，指出公有制的主体地位主要体现在公有资产

---

① 《邓小平文选》第 3 卷，人民出版社 1993 年版，第 63 页。
② 《邓小平文选》第 3 卷，人民出版社 1993 年版，第 373 页。

在社会总资产中占优势，要有量的优势，更要注重质的提高。国有经济起主导作用，主要体现在控制力上。只要保证国有经济控制国民经济命脉，控制力和竞争力得到增强，比重减少一些也不至于影响我国的社会主义性质。其二是，根据产权的复杂关系认识国有经济的存在形式，准确界定国有经济的内涵，指出公有制经济不仅包括以独立企业的形式存在的国有经济和集体经济，还包括存在于混合所有制企业中的国有成分和集体成分。这些理论创新，引导人们看清公有制经济的存在形式和发挥作用的途径，消除了对公有产权制度改革的疑虑，使我国社会的所有制结构得到较大的调整。

6. 正确认识不同性质所有制的关系，提出混合所有制理论，创建了混合所有的新型所有制形式

在中国特色社会主义理论的指导下，我国对不同所有制在国民经济中的作用及其相互关系有了新的认识，逐步改变了以往在所有制性质上非公即私、公私互不相容的观念，领会到公有经济和非公有经济不仅可以共同发展和互相促进，而且还可以进行各种联合，直至在资产上交融，形成"按份共有"的产权主体。这种认识促成了新型的所有制形式——混合所有制的出现并迅速发展。它融合了不同的所有制主体，有利于各种主体优势互补，提高资源使用效率，发展社会生产。党中央肯定了混合所有制的改革并且指出，不能笼统地说股份制是公有还是私有，关键看控股权掌握在谁手中；国家和集体控股，具有明显的公有性，有利于扩大公有资本的支配范围，增强公有制的主体作用。这是我国关于所有制形式方面在理论和实践上的创新，为社会所有制结构的变革提供了广阔空间。

二、 进行产权结构调整， 探索效益优良的公有制实现形式

十一届三中全会以来，我国采取循序渐进的方式，积极稳健地推进国有企业的改革。从所有制和产权制度的角度看，国有企业的改革，实质上是不断进行产权结构的调整，探索和建立有效的公有制实现形式的过程。

1. 强调改革是社会主义制度的自我完善，牢牢把握国有经济改革的正确方向

国家所有制是社会主义经济制度和政治制度的重要基础，也是增强我国的经济实力、国防实力和民族凝聚力，实现国家长治久安和保持社会稳定的重要基础。《中共中央关于国有企业改革和发展若干重大问题的决定》不仅从多角度反复阐明社会主义国有经济的重要性，而且进一步指出，国有经济"是国家引导、推动、调控经济和社会发展的基本力量"，"国有经济在关系国民经济命脉的重要行业和关键领域占支配地位，支撑、引导和带动整个社会经济的发展，在实现国家宏观调控目标中发挥重要作用。"针对改革中一些否定公有制、鼓吹私有化的错误观点，党中央一贯强调，改革不是要否定、放弃社会主义制度，而是社会主义制度的自我完善。江泽民同志指出，推动国有企业的改革，"就是要在发展社会主义市场经济的条件下使国有经济不断发展壮大，增强国有经济的主导作用和控制力。这一点，在我们的指导思想上必须十分明确。我们要积极开拓，勇于进取，但决不搞私有化。这是一条大原则，决不能有丝毫动摇。"① 牢牢把握正确方向是国有经济改革取得胜利的根本保证。

2. 从调整国家所有制内部的产权结构入手，逐步改变过度集中的产权配置格局

马克思主义的所有制和产权理论认为，所有制或产权关系是人们通过一定的财产形成的经济关系和法权反映，是一个复杂的权能、利益和责任体系，按最高度的概括，包含了狭义的所有权（即归属权）、占有权、支配权、使用权以及行使这些权能相应承担的责任和产生的利益。与不同的条件相适应，这些产权分支或具体的产权可以全部归一个主体掌管，也可以根据所有权主体的意志，以不同的配置方式分给别的主体行使。这种产权上的分工可以充分发挥不同主体的作用，求得更好的经济效益。它不仅发

---

① 江泽民：《坚定信心深化改革　开创国有企业发展的新局面》，《光明日报》1999 年 8 月 13 日。

生于先前的许多社会经济形态，也可能在社会主义社会实行。

我国的国家所有制在建立时沿用了苏联模式，实行产权高度集中在国家和中央政府，而企业没有自主权、没有自身经济利益也无须为企业盈亏负责的产权制度。十一届三中全会以后，通过对经验教训的总结和所有制理论的研究，逐步发现国家所有制弊病的主要根源就在于产权过度集中，认识到调整国家所有制内部的产权关系，搞活国有企业的重要意义。邓小平同志提出，国有企业应当"用多种形式把所有权和经营权分开，以调动企业的积极性……许多经营方式，都属于发展社会生产力的手段、方法，既可以为资本主义所用，也可以为社会主义所用，谁用得好，就为谁服务"①。在思路拓开以后，我国开始把国家所有制的改革重点放在调整国家和企业的产权关系上面。首先，从国家对企业"放权、让利"起步，逐渐确定和扩大企业的经营自主权，初步建立起企业自身的物质利益，调动了企业和职工的积极性、主动性，改变了企业坐等国家计划任务的消极状态。继之，国家推行了以"承包制"为主的各种经营责任制，明确实行所有权与经营权适当分开，较为系统地规定政府与企业对国有资产的责任、权力、利益关系，并以各种法律法规加以确认。尽管这一系列改革还属于探索和起步阶段，但是，从政府与企业的权能和利益的调整看，实际上已经开启了产权制度的改革，它们以改变产权高度集中的格局作为中心和重点，其运作方向是正确的。这些改革在一定程度上减少了政府的干预，激发了企业和广大职工的活力，改善了企业的运行机制，提高了企业的经济效益。特别是，它在一定程度上使国有企业成为独立的产权主体和市场主体，为社会主义市场经济的形成奠立了微观基础。

3. 探索现代企业的基本权利结构，建立现代企业制度，理顺国家与企业以及企业内部的关系，完善企业治理结构

国有企业在 20 世纪 80 年代实施的各种改革，初步扭转了国有企业无

---

① 《邓小平文选》第 3 卷，人民出版社 1993 年版，第 192 页。

权、无利、无责的状态，增强了企业的活力，但还未能完全摆脱政企不分、所有者虚置，内部管理不健全，约束、激励机制不灵等问题的困扰。进入90年代以后，我国便集中注意力解决这些问题。根据马克思主义的所有制和产权理论并借鉴国外企业制度演变的经验，党的十四届三中全会提出了建立现代企业制度并阐述其产权特征。这种制度的主要形式是包括股份制在内的公司制。它在外部关系上实行出资者所有权与法人财产权相分离，公司拥有独立于政府、各种组织、企业和个人（包括出资人）的完整的所有权，能自主决定自身的经营活动而不受外界干预，能获得经营的全部收入，依法独立支配所得的利润，自负盈亏，同时承担应负的义务和责任；在企业内部关系上建立科学的领导体制和管理组织，合理配置各种产权，特别是实行所有权和经营权相分离，建立健全企业的治理结构，使权利各方既互相制衡又紧密配合，形成有效的约束机制和激励机制。现代企业制度的建立将使企业做到产权清晰、权责明确、政企分开、管理科学，有利于企业摆脱对行政机关的依赖；国家解除对企业承担的无限责任，对于提高企业的经营管理水平和竞争能力，具有重要的意义。

4. 研究产权制度的变化规律，提出公有制实现形式多样化理论，推动国有产权制度进一步改革创新

马克思主义的所有制和产权理论认为，任何所有制内部都存在复杂的产权关系，即所有制主体对其财产的权、责、利关系。在不同的条件下，出于主体对投入和收益比较的不同考量，财产权利可集中于所有者自身，也可分散或让渡给别人；可进一步劈分，也可重新组合。这样，一种所有制就可能出现多种不同的产权组合和配置格局。这些不同的产权组合和配置经过规范化、法律化、制度化，就成为特定的产权制度，亦称资产管理形式或所有制实现形式。马克思和恩格斯分析过不同私有制出现过的许多实现形式，肯定它们在解决旧制度矛盾的积极作用。我国运用马克思主义产权理论进行分析，论证了公有制也有多种实现形式。

公有制实现形式多样化是在不改变所有者的前提下对产权结构的自觉调整，因而不会改变公有制的性质。这种调整有利于在产权主体之间组织合理有效的分工，使其充分发挥作用；有利于增强产权的激励功能，调动各类产权主体的积极性；有利于公有资产重组，优化资源配置；有利于采用新的管理体制、管理方式，转变经营机制；有利于进行不同所有制之间的资产融合，加强各种所有制的合作，并使公有制更好地发挥主体作用。党的十五大报告指出，公有制实现形式可以而且应当多样化，要努力寻找能够极大促进生产力发展的公有制实现形式。它解除了人们对调整公有制产权结构的某些疑虑，有助于进一步解放思想，利用各种形式深化国有企业的改革。

三、 树立辩证的国有经济发展观， 从战略上进行国有经济的总体改革

我国改革的经验表明，要搞好国有经济，发挥其主导作用，不能只着眼于单个企业，而必须从整体上进行全面、综合的改革，将国有经济的战略性改组和国有企业的深化改革结合起来。这一理论新进展，指导国有经济进入重要的改革阶段。

1. 明确国有经济改革的根本目的，坚持国有经济有所为有所不为，有进有退，进退相济

国有经济改革的根本目标在于加强国有经济的主导作用，而"国有经济起主导作用，主要体现在控制力上"，即国有经济在全局上和战略上，控制关键领域和行业，对国民经济的发展起导向作用。国有经济要取得控制力，首先需要在数量上占有一定的比重，否则就无法发挥应有的作用。但更重要的是必须提高整体素质，保证国有经济控制国民经济的战略重点，包括涉及国家安全的行业、自然垄断行业、提供公共产品和公共服务的大

型基础设施、全国性银行和重要的金融机构、支柱产业、高新技术产业中的重要骨干企业等。至于在此之外的一般竞争性领域和企业，因其规模较小、经营分散、品种繁多、市场需求复杂，不适宜国有企业经营，而且对其他产业的关联度和影响力不强，无须国有经济直接控制，应该有步骤地退出。所以，国有经济必须有所为有所不为，要退出不必要、不应该参与的领域，集中力量去加强需要控制的领域。多年来的经济资料表明，遵循有进有退、进退相济的方针进行改组，从整体上大大增强了国有经济的主导力量。

2. **结合社会产业结构的优化，进行国有经济的战略性调整**

长期以来，我国国有经济在结构和布局上存在着突出的缺陷。一是国有企业分布过宽，力量分散，规模偏小，没有形成专业化生产和社会化协作体系，资源配置效率和企业经济效益偏低。二是严重的低水平重复建设，产业结构不合理，妨碍社会需要的满足。三是整体技术水平不高，技术结构不合理，市场应变能力和竞争力明显不足。因此，必须从战略上调整国有经济布局和改组国有企业，将产业结构的优化升级和所有制结构的完善结合起来，通过国有经济在不同产业之间有计划、有步骤的转移，加速发展高科技产业和新兴产业，改造传统产业，退出夕阳产业。同时，国有经济还可以结合产业结构的优化，打破所有制、地区和行业界限，依托优势企业进行资产重组，形成合理的产业组织和企业规模；尤其要在基础产业、支柱产业等竞争性产业中，通过提高技术装备水平和研究开发能力，增强国际竞争能力。通过调整，国有经济的比重虽有所下降，但国有经济的绝对量迅速增加，国有经济的控制力得到增强，同时促进我国产业结构的优化和升级，带动整个社会经济的发展。

3. **建立健全现代产权制度，促进产权有序流动和国有资本保值增值**

国有经济的所有制结构完善和产业结构优化，不能只运用行政方式进行"关、停、转、并"，而必须按照市场机制，灵活地利用价值形态，通过各种资本运营手段和方式，使国有资产合理流动，向关键领域和优势企业集中；利用一定的优质国有资本吸纳各种社会资本，组建具有强大竞争力的大公司、大集团。但是，利用资本运营的目的是发展、壮大国有经济，首先必须保证国有资本的保值增值。为此，必须建立归属清晰、权责明确、保护严格、流转顺畅的现代产权制度。《中共中央关于完善社会主义市场经济体制若干问题的决定》明确提出，要依法保护各类产权，健全产权交易规则和监管制度，推动产权有序流转，保障所有市场主体的平等法律地位和发展权利。就国有经济而言，现代产权制度的建立和健全，将有效维护国有产权，推进国有资产的流动和重组，优化国有资源的配置，从总体上增强国有经济的力量，保证国有经济充分发挥主导作用。

4. 立足全局，建立和完善国有资产管理体制，充分发挥各级政府管好国有资产的作用

改革开放以前，我国国有企业分口由各个部门管理，没有统一的国有资产管理机构。1988 年 9 月，国务院正式组建国有资产管理局，此后地方政府也陆续设立国有资产管理机构。但是，这些机构的职责不够明确，功能不够齐全，无法统一和有效地管好国有资产，是以党的十六大报告将"改革国有资产管理体制"列为"深化经济体制改革的重大任务"。

在马克思主义所有制和产权理论的指导下，我国通过一些重要措施完善国有资产管理体制：一是坚持政府公共管理职能和国有资产出资人职能分开，建立统一的国有资产管理机构，履行出资人和企业的各项权利，督促企业实现国有资本保值增值，防止国有资产流失。二是理顺中央和地方在国有资产管理体制上的职权分工，发挥中央和地方管理国有资产的积极性。三是明确国有资产管理机构的职责，使之享有所有者的权力、利益和责任，真正承担起国家交付的任务。四是制定和贯彻国有资产管理的法律法规，对具体的产权作进一步的划分，避免实际工作的混乱。五是建立国有资本经营预算制度和企业经营业绩考核体系，积极探索国有资产监管和经营的有效形式。国有资产管理体制的完善化，是从战略上进行国有经济总体改革的重要组成部分，有力地维护了国有资产，增强了国有产权的约束功能和激励功能，有利于发挥国有经济的整体功能。

30 年来，在我国所有制领域的改革中，无论是整个社会的所有制结构或是公有制内部关系的改革，都取得了可喜的重大成果。这是全国人民在党的领导下，在马克思主义所有制和产权理论光辉的照耀下，排除各色各样错误观点的影响夺取的伟大胜利。虽然在所有制领域仍存在不少问题，只要运用党的十七大总结的巩固和发展社会主义的宝贵经验，坚持中国特色社会主义道路，坚持中国特色社会主义理论体系，贯彻落实科学发展观，解放思想，实事求是，勇于变革和创新，问题一定能够得到解决。将来，在所有制领域的深化改革中，马克思主义所有制和产权理论必将绽放更加灿烂的理论光芒。

（原载于《福建省纪念改革开放 30 周年理论研讨会文集》，福建人民出版社 2009 年版。原题为《坚持和发展马克思主义所有制理论，夺取所有制领域改革的重大胜利》）

所有制改革应保证公有制的主体地位

每当经济改革进一步深化的时候，我国理论界就纷嚷地响起"国"和"民"孰进孰退的争吵声。这是有些人故意掩盖经济关系的实质，推行私有化主张的招数，必须识破他们的攻略，坚持社会主义初级阶段的基本经济制度，坚持社会主义方向，使改革走上科学发展的大道。

一、 剥去迷彩服， 还经济关系以真实面目

在社会主义初级阶段，存在着多种所有制和在它们基础上形成的生产关系。明确所有制的性质是正确认识不同所有制内部以及不同所有制之间的经济关系的前提。

马克思主义者向来都秉着严格的科学精神，分析社会经济关系，敢于面对实际情况，说明经济关系的本质，揭示其中存在的矛盾，寻求解决的途径。这才符合真理的品性：简单、明了、实在。反之，那些怀着不可告人目的的人，总是遮遮掩掩，回避和掩盖事物的真实情况和本质，用虚假错误的概念蒙蔽、误导群众，以求实现其意图。在我国经济改革的道路问题上，一些崇尚资本主义、鼓吹私有化的人，歪曲"国"和"民"的真正含义，混淆经济关系的实质，使用的正是后面一种障眼法。

在科学用词的基础上，如果是为了简略称呼，在我国，从政权方面说，"国"就是社会主义国家；从所有制方面说，"国有"就是在性质上与资本

主义国家所有制完全不同的社会主义国家所有制；"民"就是以劳动群众为主体的人民。就这种含义而言，社会主义的"国"和"民"的根本利益是高度一致，甚至是难以分开的。因为，社会主义国家是人民共同建立、属于自己的国家，是人民政治、经济和人身权利的坚强保障，爱国不仅意味着忠于自己的国家，还包含热爱在这片土地上的人民；社会主义国家所有制是全民所有制在国家尚未消亡时的存在形式，是属于全体人民（即最广大的"民"）所有，为全体人民利益服务的。在这些地方，虽然也会存在整体利益、集体利益和个人利益的差别，却根本不存在"国"和"民"之间"有我无你、有你无我""你进我退、你退我进"，互相对立、互为消长的关系。这在理论上和实践上都是清楚明白的。

但是，自从有些人为了淡化、掩盖资本主义私有经济的实质，将其讳称为"民营经济"以后，这种经济归少数人所有并剥削多数人的关系就被掩盖了，社会主义与资本主义、公有制与私有制的差别就被抹杀了，而真正归全体人民所有、作为全民所有制当今存在形式的国家所有制反而被说成是与人民利益无关，被挤出人民的行列。从此，"民"就归一切非国有经济专用了，社会主义国有经济与非国有经济的关系，特别是与资本主义私有经济的关系便被篡改成"国"与"民"的关系。有些别具用心的人还把"国"改为"官"，一方面把私有经济美化为"民本经济"，掩盖资本家剥削雇佣劳动者的关系，将资本家所有、由他们管理、归他们享受的私有经济伪装成"民有、民治、民享"，冒充"人民利益"，说它才体现人民的现实利益；另一方面把国有经济诬称为"官本经济"，将它等同于俾斯麦和希特勒的"国家社会主义"，甚至还把国有经济扣上连资本主义还不如的"权贵经济"和"权贵资本主义"的帽子，直接置于人民的对立面。经过步步扭曲，资本家便可以穿着"民"的外衣去剥削更多的人民（雇佣劳动者），私有化鼓吹者便可脱掉支持资本主义剥削的干系，不必对广大被剥削人民的痛苦感到内疚，心安理得地担当起维护"人民利益"的旗手，公然贩卖他们的私货，误导舆论和群众，反对和挤压真正属于广大人民所有的国家所有制。

可见，一手假借"人民"的招牌，掩盖私有经济的资本主义性质，一手抹黑社会主义的国有经济，夸大国家利益与个人利益的差别，离间国有经济与人民大众的天然血缘关系，制造"国""民"对立论，是掩护、支持私有化的重要"造舆论"手法。所以，要使我国的改革沿着正确方向前进，保证社会主义目标的实现，维护劳动人民的真正利益，就要根据严格的科学的范畴，揭示"社"与"资"、"公"与"私"的经济关系的实质，分清它们的界线。

二、"国退民进""国进民退"喧嚷的实质

崇尚资本主义、鼓吹私有化的一些人总是善于窥伺时机，利用形势，不断转换口号，一波又一波地推行他们的主张。

国有企业的制度改革始于通常所称的"放权让利"。它实际上是逐步改变传统的、把国有制全部权利都集中在国家手中的产权制度，使企业得到自主经营权利和相应的局部利益，摆脱企业无权、无利因而也无须担当经营责任的状态，增强企业的活力，激励企业和职工的积极性、主动性。到了 1988 年，以《中华人民共和国全民所有制工业企业法》的发布为标志，全民所有制工业企业经过改革，成为"依法自主经营、自负盈亏、独立核算的社会主义商品生产和经营单位"。企业的财产属于全民所有，国家依照所有权和经营权分离的原则授予企业经营管理。企业对国家授予其经营管理的财产享有占有、使用和依法处分的权利。它就是后来所说的国家所有制实现形式的转换，是国有制产权制度的重大变革。尽管它还存在不够完善的地方，却对发挥社会主义公有制应有的优越性起着重要的作用。但是，私有化鼓吹者对这种改革方式是不满意的，认为它没有改变企业的所有权，

不是产权制度的改革①，没有办法根本解决国企的固有弊病。显然的，他们主张的是像另一部分国有企业那样转让、出卖给私人，把归属含义的狭义所有权也改掉，转变为完全的资本主义企业。在改革的实践中，受他们一片骂声的影响，大批国有企业以各种方式被贱卖给企业高管和其他有门路、有背景的个人。几年之内，国有经济大幅度萎缩，私有经济迅速增长（具体数字见下表）。

表一　1985 年至 1992 年国家所有制和非国有制

在工业总产值和社会商品零售总额中的比例（％）

	1985 年		1989 年		1991 年		1992 年	
	工业总产值	零售总额	工业总产值	零售总额	工业总产值	零售总额	工业总产值	零售总额
全民所有制	64.9	40.4	54.6	39.6	52.9	40.2	48.1	41.3
非公有制	3.0	22.5	9.8	28.7	11.4	29.8	13.9	30.8

（资料来源：1993 年《中国统计年鉴》）

在 20 世纪 90 年代中叶，国有经济鉴于战线过长、配置布局不够合理、整体素质不够高，提出要从全局出发进行战略性调整。一些人以为可以利用这个时机迫使国有经济更大规模撤出，纷纷提出进一步私有化的主张，并且打出"国退民进"的旗帜，鼓吹国有经济要退出一切竞争性领域（即所谓"战略撤退"）。如果说，在此以前私有经济还不够强大，只是偃旗息鼓地前进，那么当他们已经从社会生产的"补充"变为"重要力量"和"重要组成部分"时，就公然喊出要国有经济让路的口号了。当然，由于这种叫喊是根本违背社会发展方向的，在前段的大辩论中不被党中央和广大理论工作者所采纳。1999 年 9 月，党的十五届四中全会通过《中共中央关于国有企业改革和发展若干重大问题的决定》（以下简称《决定》），从多角

---

　　① 根据产权理论，这种说法是错误和有意歪曲的。因为，国有企业经过这一时期权利关系的调整，企业的所有权配置结构（亦即产权制度）已经发生了巨大的变化。国家只保留对企业的狭义所有权，即归属权。从广义的所有权看，国有资产的占有、使用和部分的处分权以及相应产生的经济利益已经交还给企业了。

度反复阐明社会主义国有经济的重要性，再次强调"包括国有经济在内的公有制经济，是我国社会主义制度的经济基础，是国家引导、推动、调控经济和社会发展的基本力量，是实现广大人民群众根本利益和共同富裕的重要保证……从总体上增强国有企业的活力和国有经济的控制力，对于建立社会主义市场经济体制，促进经济持续快速健康发展，提高人民生活水平，保持安定团结的政治局面，巩固社会主义制度，都具有十分重要的意义"。"国有经济在关系国民经济命脉的重要行业和关键领域占支配地位，支撑、引导和带动整个社会经济的发展，在实现国家宏观调控目标中发挥重要作用。"全会摈弃了"国退民进"和"国有经济退出一切竞争性领域"之类的提法，明确指出："从战略上调整国有经济布局，要同产业结构的优化升级和所有制结构的调整完善结合起来，坚持有进有退，有所为有所不为。"《决定》的颁布是非常必要和及时的。因为，中央提出国有经济战略调整的任务，其根本目标就在于提高国有经济的整体素质，加强它控制国民经济关键领域和行业的能力以及对社会经济全局发展起导向作用的能力，充分发挥国有经济的主导作用。为此，必须从国有经济在社会主义经济中的功能出发，对国有经济重新定位，确定在哪些部门需要保留和发展国有经济，哪些部门国有经济可以部分退出或大部分退出，其中又要区分哪些部门需要或者不需要由国有经济占据垄断地位或控制地位。经过正确定位，该留的则留，该退的就退，该加强的就加强，这就是"有所为有所不为"，有进有退，进而有为，退而有度，进退相济。应该看到，不管是进还是退，都属于战略转移行动，都是为了更好地发挥国有经济的主导作用。只讲国有经济的退出和非公有经济的进入，而不讲国有经济在某些领域的进入和加强，是片面的看法，不符合国有经济战略调整的本意，势必削弱国有经济的主导地位。

为了坚持国有经济战略调整的这一正确方针，党的十六届三中全会再次指出，要"完善国有资本有进有退、合理流动的机制，进一步推动国有资本更多地投向关系国家安全和国民经济命脉的重要行业和关键领域，增强国有经济的控制力。其他行业和领域的国有企业，通过资产重组和结构调整，在市场公平竞争中优胜劣汰"。党的十七大报告还提出要"优化国有经济布局和结构，增强国有经济活力、控制力、影响力"。党中央反复申明的这些意见清楚地表达了，国有经济的改革和调整是国家所有制的自我完善，目的是要加强而不是削弱国有经济的主导作用。因此，有些人把所谓"国退民进"说成是所有制改革和国有经济调整的定势，只许私有经济不断扩张，国有经济继续萎缩，不准国有经济根据经济发展的需要有所加强，是与改革目的背道而驰，真正逆社会主义潮流而动的。吴邦国同志在一篇专论指出，将国有企业改革简单演绎为"国退民进"，笼统地说"国有企业要从一切竞争性领域退出"等等，这些是完全违背中央精神的，必须坚决加以纠正[①]。

不过，私有化鼓吹者对他们的目的是矢志不渝的，他们不顾党的决定，继续进行造舆论的活动，除了相约发表文章以外（有的竟然公开篡改《决定》内容），还密集地举行有官员、学者、工商联和企业主参加的"发展非公经济"的座谈会、形势分析会、研讨会，并且连续在几年的"两会"期间，通过政协委员、人大代表递交整改提案，直至写"万言书"向中央呼吁，上上下下形成一股强大的舆论压力。受迫于这种强压，有的部门漠视中央《决定》关于增强国有经济控制力的重要方针和原则，不顾国有经济的发展，相继出台一些倾力扶持私有经济的政策，实行"非禁即入"，全面放开市场准入，包括金融、基础设施、垄断行业、公用事业，乃至国防科工行业，并允许私人资本参与金融机构改组改制，全面加大非公企业的融资力度。对此，全国工商联的负责人踌躇满志地说，从目前来看，正在系统形成中华人民共和国成立以来最有利于民营经济发展的政策环境和制度保障体系。得益于这种"清道和开闸"，私有经济继续快速发展。私有企业

---

① 《经济日报》2001 年 5 月 17 日。

的注册资本由 1993 年底的 681 亿元增加到 2009 年上半年的 42146 亿元，增长了 60 倍。2009 年，规模以上工业企业增加值构成中，国有及国有控股企业与非公有企业的比重从 1992 年的 48.1% 与 13.9%，改变为 31.8% 与 29.6%。值得体味的是，根据《中国私营企业调查报告 2009》的资料，有 18.3% 的被调查企业是由国营、集体改制为私营企业的。该报告据此推断，300.55 万个私企中约有 55 万个是由公有制企业改制而来的①。证实众多私有企业的产生正是"化公为私""改社为资"的结果。以上情况说明了，虽然有着党中央的明确反对，"国退民进"的暗流在实际经济生活中还在翻滚。

尽管如此，那些坚持私有化道路的人仍不满足，还想更快发展资本主义经济。在 2008 年以后，有些私有企业因受国际危机影响经营困难，出现破产或被收购兼并，有些地方为了实行产业结构调整，关闭一批劣质私营矿窑，而国有经济则经过改革和调整，逐步改善了经营管理，提高了效益，并在国际危机中显露其活力，为国民经济和综合国力的增长作出更大贡献。面对这种新的形势，伺机已久的那些人便跳了出来，编造出所谓"国进民退"的虚假问题，极尽煽情语言痛呼它是对民众利益的侵占和改革的倒退，挑拨人民与社会主义国家的关系，并声称它会影响国际上对我国"市场经济地位"的承认，向党和政府施压。霎时间，境外的报刊也大量发文响应，加入申讨行列，声称中国改革出现了逆流。

这在表面上好像是喊冤叫屈，实际上却是利用时机对国有经济发起的新一轮攻势，目的在于加快私有化进程，其手法具有极大的欺骗性。从总的方面看，它借着反对莫须有的"国进民退"去肯定"国退民进"的合理性和合法性。通过炒作，将前一回合在理论上已被摈弃、冷却多时的"国退民进"口号，打造成已被"公认"的原则，使其合法化、程式化，成为

---

① 该报告是由中共中央统战部、全国工商联、中国民（私）营经济研究会组织的"中国私营企业研究"课题组发表的。

判别改革是非进退的标准，并以此认定，凡是不继续搞"国退民进"或国有经济稍有加强的，就是逆改革方向的"倒退"。如果这一招得逞，私有化就理正言顺，国有经济就只能不断地"不为"而不能"有所为"，只能不断退却、萎缩，最后丧失在国民经济中的主导作用。从具体的手法看，他们使用的是"无中生有"和"偷梁换柱"的计谋，一方面凭空捏造子虚乌有的罪状，利用各种渠道加以渲染，炒作夸大，制造声势；另一方面，隐瞒、歪曲事实的真相或者偷换问题的性质，贼喊捉贼，故作悲情，骗取社会的同情，佯守实攻。但是，这些策略计谋貌似聪明，却是弄巧成拙。大量的经济数据和事件调查报告，暴露了那些人的欺骗行径和理屈词穷的窘状。

国家统计局公布的数据显示，工业中的国有经济的比重近年来逐年下降，而私营经济则逐年上升。2009 年国有及国有控股企业的单位数量、总产值、资产总额、利润总额和从业人数占全部规模以上企业的比重，与 2005 年相比，分别下降了 5.4、6.6、4.4、17.1 和 6.8 个百分点；而这几年中，私营经济相关指标则由 45.6%、19%、12.4%、14.3% 和 24.5%，分别提高到 58.9%、29.6%、18.5%、28% 和 33.7%[①]。另据报道，在"2011 中国（重庆）民营经济发展论坛"上，全国工商联主席黄孟复宣布，中国民营经济总量已占到 GDP 的 50% 以上，民间投资是中国经济持续发展的内生动力和最大源泉。2011 年 1~4 月，国有及国有控股企业投资占总投资的 35.1%，民间投资占 57.7%。与 2003 到 2010 年平均值相比，政府投资占比下降了 8.3 个百分点，民间投资增加了 22.5 个百分点[②]。可见，无论是从政府还是工商界组织的渠道得到的信息，都可得出结论：统计数据不支持"国进民退"观点，所谓"国进民退""大潮"来袭的传闻纯粹是为了掩护其对国有经济进攻的烟幕弹。

至于某些人列举的"国进民退"的一些重大"罪责"，更是严重歪曲事

---

① 《人民日报》2010 年 8 月 2 日。
② 中华全国工商业联合会：《全国工商联要闻》2011 年 7 月 7 日。

实甚至是颠倒黑白的。例如：几宗高价地块由国企拍得，本是土地招标的市场竞争行为，却被借题发挥，呼喊房地产产业已成为"国进民退"的重灾区；蒙牛因受"三聚氰胺"事件影响，财务出现巨亏，陷入绝境，中粮经过平等协商，入股帮其解决资金困难，避免其落入外资手中，这种为溺援手、以大帮小的好事，竟被夸大为食品饮料行业"国进民退"；山东日照钢铁因矿石存量过多，在金融危机影响下损失惨重，山东钢铁出面收购，帮其维持正常经营，这种有利于稳定地方经济秩序而进行的正常并购，被说成是效益差的国企收购效益好的"民企"，成为"国进民退"的恶例；国家为了应对 2008 年国际危机增加 4 万亿投资，大部分用于基础产业、环保设施和公共事业建设，由于行业特点，自然主要由国有企业负责运行，刚好此时还发生一些私营企业，如东星航空公司亏损破产，有些人就故意把这些不同性质的问题纠合在一起，称之为国家政策歧视，也说是"国进民退"。最为荒谬的是，山西省为了整治煤炭业"多、小、散、乱、低"的状况，对煤炭资源的使用进行战略重组，强化煤炭产业的综合开发能力，提高产业规模效益，降低环境代价，遏制安全事故，关闭一批达不到要求的中小矿井（其中也包括国有企业在内），建立一批比较规范的企业，可是，一些站在落后矿主立场的人却对这种落实科学发展观的产业调整措施严加抨击，当作大规模"国进民退"的例证到处申诉①。以上事例，有的只是个别现象，纯属资本市场的正常运营和竞争的优胜劣汰；有的是危机后为了"救市"所做的投资，对社会长远发展有重大意义；有的属于产业整顿，是转换经济发展方式、优化结构的必要措施，但是，私有化鼓吹者却把它们凑合在一起夸张地称为系统性的"国进民退"，将科学发展观的落实歪曲为改革的后退，充分暴露出他们为了攻击国有经济不择手段、无中生有、颠倒是非，已经到了无所不用其极的地步，完全丧失正常的判断分析能力。

---

① 其实，山西省在这次整合后保留的 1 053 处矿井中，国有占 19%，私营占 28%，混合所有制企业占 53%，形成以股份制企业为主要形式，国有、民营并存的办矿格局。私营企业所占比例近 1/3，仍然高于国有企业。

正像境外某些人"逢中必反"一样，他们对"公""社""国"的种种进步一概厌恶，不停地寻找机会往"公""社""国"上栽赃，已形成逢啥反啥的变态心理了。

在"国进民退"闹剧演出后不久，私有化鼓吹者又利用广大群众对分配不公的严重不满，谎称它的"祸首"在于"国家垄断"，企图将愤怒的矛头转向国家所有制，继他们想把国有经济挤出"一切竞争性领域"之后，再逐出国民经济的重要部门，实现全面的私有化。拙文《分配不公的主要矛盾、根源和解决途径》①，以多方面的实际数据对我国收入分配情况做了分析对比，驳斥这种谎言，揭露私有化鼓吹者回避、掩盖资本主义剥削这一分配不公的主要矛盾，借机攻击国有经济的伎俩。这里不再赘述。

三、 明确改革的目标， 坚持公有制为主体

关于"国""民"进退的争论在实质上是对我国经济改革方向的认识分歧。

所有制是生产关系的基础，它的改革与调整全面影响和制约着整个社会的生产关系，是我国经济改革的核心、关键和首要任务。流行的观点夸大运行层次的经济体制的作用，将建立和发展市场经济作为经济改革的目标，是不符合历史唯物主义的基本理论和基本方法的。如果不是由多种所有制经济并存代替近乎单一的公有制经济，特别是，如果国家所有制没有经过改革出现了具有独立经济利益的产权主体，我国就不会存在以市场机制作为资源配置主要手段的经济关系。可见，市场经济体制的形成只是所有制改革和调整的自然结果。市场是人们进行经济联系、互相交换劳动的关系，它们的特点是由所有制决定的。市场主体（即商品所有者或占有者）的差异使市场带有特定的经济属性，如奴隶制市场中人们的关系在性质上有

---

① 吴宣恭：《分配不公的主要矛盾、根源和解决途径》，《经济学动态》2010 年第 11 期。

别于资本主义的市场。它们决定了不同市场经济具有不同的性质。因此，以抽象的市场经济（实际上是以资本主义为范式的市场经济）的发展作为我国改革的目标，想按这种市场经济的要求去指引所有制的改革，就会模糊改革的方向，将改革引上资本主义的歧途。可能有人会辩解，说他们是要以社会主义的市场经济作为改革目标，但这也是无济于事的，因为我国市场经济之所以具有社会主义性质，完全是因为它是依存于公有制为主体、多种所有制经济共同发展的基本经济制度，是社会主义公有制所赋予的。所以，必须澄清被颠倒了的所有制与市场的关系，将经济改革的重心放在所有制的改革上。

我国所有制建设和改革的目标应该服从于社会主义初级阶段的历史任务。这就是发展生产力，最大限度地满足人民不断增长的物质文化需要，促进全面发展的社会主义新人的成长，为向社会主义的成熟阶段过渡创造物质条件和精神条件。只有按照这个任务的要求进行的制度建设和改革才符合历史发展趋势，才是历史的进步。

当然，历史任务的实现必须从现实的条件出发。我国现在还处于社会主义初级阶段，生产力在总体水平上还不高，而且存在不同的发展层次；管理社会化大生产的经验不足；大部分人的思想觉悟与经济的高度公有化还有相当距离。中华人民共和国成立初期进行的所有制社会主义改造，全面建立了社会主义的国家所有制和集体所有制，打开了长期束缚生产力的樊笼，极大地焕发了劳动者的积极性，合理组织社会资源的配置和使用，有力地促进了国民经济的发展，为社会主义现代化建设作出重大的贡献。但是，由于缺乏经验和理性思考不足，我国在创建新的社会制度时，急于扩大公有制范围和消灭私有制，在公有经济内部的管理体制上也存在过分集中的倾向。这些都脱离了我国的生产力状况和思想条件，不利于公有制优越性的发挥，不利于国民经济的进一步发展。党的十一届三中全会重新确立了马克思主义的思想路线，从各个方面总结历史经验，正确认识中国国情，以经济建设为中心，坚持四项基本原则，发起全面改革。在经济体制方面，我国改革引起的最大变化是外国资本的引进以及个体、私营经济的恢复和迅速发展，国有经济则在整体素质有所提高的前提下缩小了经营范围。这是适应我国生产力水平，改变偏颇的单一公有制结构，利用一切积极因素发展国民经济的必要举措。经过一系列的改革，我国逐步建立起公有制为主体、多种所有制经济共同发展的基本经济制度。

刚摧垮旧社会制度、建立不久的社会主义初级阶段，具有很强的过渡性，存在过渡时期的重大社会特征。由于在这个阶段社会上存在着社会主义公有制和资本主义私有制这两类性质根本不同的所有制，在它们基础上形成了不同的阶级。虽然各个阶级在一定时期里具有某些共同的利益，但也存在不少的矛盾。他们都为谋求自身的最大利益而竞争，力图最终占据社会的主导地位。这就决定了，在社会主义制度初生的历史时期，社会主义和资本主义势力谁胜谁负的问题还没有完全解决，社会依然存在着沿社会主义道路继续前进或者向资本主义倒退的两种可能。对于社会主义初级阶段的这一重要历史特点，关心社会主义发展前途的理论工作者应持清醒的认识。因此，确保公有制为主体，便成为坚持社会主义方向，防止倒退、复辟的最起码的经济制度方面的保证①。邓小平反复强调："一个公有制占主体，一个共同富裕，这是我们所必须坚持的社会主义的根本原则。""社会主义有两个非常重要的方面，一是以公有制为主体，二是不搞两极分化。……如果导致两极分化，改革就算失败了。""发展非公有制最终也是为了加强公有经济。吸收外资也好，允许个体经济的存在和发展也好，归根到底，是要更有力地发展生产力，加强公有制经济。"② 这是关系到社会主义前途的根本大事，是分析评判改革成功或失败的最重要的标准。

正如前引数据所表明，近十几年，我国资本主义私有制快速发展。它在为我国经济高速增长作出积极贡献的同时，也逐渐显露出一些消极作用。

---

① 在政治上，关键性的保证则是坚持马克思主义的共产党所领导的劳动人民的政权。

②《邓小平文选》第 3 卷，人民出版社 1993 年版，第 111 页、138~139 页、149 页。

在私有制基础上产生的新资产阶级的财富急剧增长，劳动者相对贫困的情况加剧①，两极分化日益显著，标志着收入和财富分配不公的基尼系数迅速拉大，一边是富豪们及其后代穷奢极侈，另一边是大批劳动群众的正常需求得不到满足。早在经济改革启动之时，邓小平就告诫过大家："如果走资本主义道路，可能在某些局部地区少数人更快地富起来，形成一个新的资产阶级，产生一批百万富翁，但顶多也不会达到人口的百分之一，而大量的人仍然摆脱不了贫穷，甚至连温饱问题都不可能解决。"② 对照我国当前实际，改革后，尤其是近十几年，新冒出来的已不仅是"一批百万富翁"，而是成千个十亿、百亿富翁和数以万计的亿元富翁③，仅其中的前200人的财富就相当于全国 GDP 的 7.76%，高于美国 400 个最大富豪财富占全美 GDP 的比例④。两极分化已成为不争的事实，分配不公和财富悬殊的程度列于世界前茅，真是改革初期始料不及的！此外，新成长的资产阶级中为数不少的不法分子为了更快地聚敛资财，多方拉拢腐蚀政府官员和国企高管，进行权钱交易，造成不断发酵膨胀的官场、职场腐败，引起国有资产的严重流失，极大地破坏了政府的威信，妨碍了政治制度的改革；他们利用掌握的巨额游资，抢购紧缺商品，囤积居奇，互相串联造势，哄抬物价，扰乱市场秩序，侵犯广大消费者利益；他们还耍弄各种欺诈手段，制造"豆腐渣工程"，破坏经济建设，生产、贩卖假冒伪劣乃至有毒商品，危害人民健康和生命安全，严重败坏社会风气，阻碍社会主义道德风尚的形成。以上种种问题，既是资本主义私有经济追逐最大利润本性的自然显露，也同前阶段在政策上和工作中的缺点密切相关。这就是，在鼓励、支持私有经

---

① 据中国社会科学院 2011 年 8 月 3 日发布的 2011 年《城市蓝皮书》，2009 年，我国城市贫富差距继续拉大，城市贫困人口数增加，约达 5 000 万人，是目前低保标准和受保人数的 2 倍左右。

②《邓小平文选》第 3 卷，人民出版社 1993 年版，第 208 页。

③ 据 2010 年发布的《2009 胡润百富榜》，仅北京一地，在 2009 年就有 8800 个亿万富豪。

④ 关于我国两极分化的数据，还可参见吴宣恭：《分配不公的主要矛盾、根源和解决途径》，《经济学动态》2010 年第 11 期。

济发展的时候，忽视、讳言、不敢对它进行监督和引导（就大多数地方而言，实际上是只顾 GDP 指标，谄商媚商，争相降格恭迎资本），致使私有经济得以利用各种手段，包括不正当甚至是非法的手段，牟取暴利，并长时期压榨工人血汗，压低工资，偷税漏税，加速私人资本的积累①。如果这种状况不加缓解或扭转，势必引起劳动人民的更大不满，不仅会影响国民经济的持续快速发展，还将产生众多的社会矛盾，危及国家的长治久安。

社会主义国家所有制是生产社会化与资本主义占有矛盾的必然产物。它不仅消灭了剥削，实现按劳分配和共同富裕，能够充分调动劳动者的积极性和主动性，从最根本的生产力要素——人的因素提高经济效率，发展生产力，而且能够克服以追求剩余价值为唯一目的的资本主义私有制的局限性，消除私人利益造成的种种隔阂，根据社会的利益和需要更好地协调再生产各个环节以及各类生产者、消费者的相互关系，提高社会资源的配置效率。只是在它的建立和发展初期，由于经验不足和国际国内环境的影响，存在许多弊病，妨碍其优越性的充分发挥。经过一系列的改革和战略性调整，国有经济收缩了分布过长的战线，将主要力量集中于涉及国家安全的行业、自然垄断的行业、提供重要公共产品和服务的行业，以及支柱产业和高新技术产业中的重要骨干企业，对其他行业和领域则通过资产重组和结构调整，促优汰劣，集中力量，加强重点。在微观基础方面，也改变以往产权高度集中于国家的配置格局，寻找和建立了多种效益优良的公有制实现形式。总之，通过改革和调整，国有经济提高了整体素质，基本解决了所有制结构与生产力条件不相适应的问题，增强了企业的活力，经济效益持续地大幅提升②。2008 年全球爆发金融危机，我国国有经济呈现出

①我国已有 27% 的富翁移民国外，还有更多人正在办理和准备移民。他们的大量财产已经转移，或随时准备转移到国外。这已经不算新闻了。这些先富们首先关心的是他们财产的安全和继续增值，还能希望他们去带动后富，为向社会主义更高阶段发展创造条件吗？

②据国资委的资料，中央国企上缴税金从 2002 年的 2914.8 亿元增长到 2009 年的 10876 亿元，年均增长 1137.3 亿元；实现利润从 2002 年的 2405 亿元增长到 2007 年的 9968.5 亿元，年均增长 1500 亿元。

强大的抗震能力，不仅保证我国经济迅速摆脱危机的冲击，继续快速发展，还支持帮助非国有经济渡过难关。在全球经济动荡的时期，我国国有企业对全社会经济增长的贡献率迅速上升，由 2008 年第四季度国有企业工业增加值每增加 1% 带动 GDP 增加 0.13%，上升到 2009 年末每增加 1% 带动 GDP 增加 0.29%[①]。尽管私有化鼓吹者不时编造各种说法诋毁国有经济，但这些有目皆睹的事实无可辩驳地显示了以公有制为主体、以国有经济为主导的重要性和积极意义。

当前，国有经济还要继续深化改革，解决还存在的许多问题，但基本上已不属于与生产力之间的根本性矛盾，而主要是调整产业布局，优化组织结构，改善经营管理，完善企业激励和约束机制，健全国有资产管理体制，加快培养职工队伍，提高整体素质方面的问题，不但无须再进行以前那种大范围、成规模撤出的变革，继续压缩其存在空间，而且还要在历史唯物主义的指导下，反思以往只靠"摸石头过河"进行改革的缺陷，科学审议国有经济在社会生产中的作用和定位，根据社会需要，采取新的方式，重新参与一些需要进入的部门。通过这些方面的深化改革，国有经济在质和量上都将得到进一步提高，能够在全局上和战略上加强控制国民经济的能力，更好地在社会经济发展中起主导作用。

私有化鼓吹者清楚地了解，单纯依靠经济力量是搞不垮国有经济的，于是便寄希望于思想和政治斗争，大造舆论，企图实现和平演变，不战而屈人之兵。所以，必须识破他们的图谋，全面、正确地认识公有制与私有制的特点和作用，在坚持基本经济制度的前提下，处理好两者的相互关系，保证改革和社会发展的社会主义方向。

（原载于《管理学刊》2011 年第 5 期）

---

① 王文成：《经济波动下的国有经济成绩单》，《国企》2010 年第 10 期。

正确认识和发挥国有经济的双重职能

党的十五届四中全会《中共中央关于国有企业改革和发展若干重大问题的决定》指出，国有经济"是国家引导、推动、调控经济和社会发展的基本力量"，"国有经济在关系国民经济命脉的重要行业和关键领域占支配地位，支撑、引导和带动整个社会经济的发展，在实现国家宏观调控目标中发挥重要作用。"这是我国从计划经济向市场经济转轨以来，第一次在党的重要文件中明确指出国有经济参与调控国民经济的重大作用，是对国有经济地位的进一步界定和说明，也是对社会主义市场经济理论的重要发展。

利用国有经济参与国民经济的宏观调控，从一个方面体现着以社会主义公有制代替资本主义私有制的必要性。之所以需要建立社会主义国家所有制，不仅是为了消灭剥削，实现共同富裕，充分调动劳动者的积极性和主动性，从最根本的生产力要素提高经济效率，发展生产力，而且是为了更好地克服以追求剩余价值为唯一目的的资本主义私有制的局限性，消除私人利益造成的种种隔阂，根据社会的利益和需要更好地协调再生产各个环节以及各类生产者、消费者的相互关系，提高社会资源的配置效率。为此，国有经济虽然必须努力提高企业的经济效益，创造更多的产品和价值满足社会的需要，还必须配合国家对国民经济的调控工作，在宏观调控方面发挥应有的积极作用。所以，在努力提高经济效益，增加盈利，实现国有资产保值增值的同时，承担一定的宏观调控职能，是社会主义国有经济义不容辞的职责。

　　我国是发展中的社会主义国家，为了迅速改变贫穷落后和生态遭受严重破坏的状况，我国宏观调控目标不能只停留在西方国家的四大目标上，而应力争国民经济的持续稳定和快速增长，实现可持续发展，而将发展科学技术、加强基础设施建设、促进产业结构完善化和高度化、矫正地区发展不平衡、减少二元经济结构的差距、增加就业机会、减少和消除贫困地区和贫困人口、早日实现人民生活的小康和中等富裕水平等等，列入宏观经济调控的具体目标之中。

　　由于各种原因，国有经济和国有企业目前还存在许多问题和困难，使得有些人怀疑国有经济是否有可能承担这一任务。这种怀疑是不必要的。国有经济的效益不够好，固然会使它在履行国家宏观调控任务时增添很大的困难，但是，国有经济还是具备了完成这一任务的有利条件。首先，国有经济拥有大量的自然资源以及资本、技术、人才和信息优势，是国民经济的主导力量。目前我国重要工业产品的大多数和几乎全部的高科技孵化器，是由国有和国有控股企业提供的。国有经济在我国关键部门和重要工业行业的资产、产品产量和产值中占有举足轻重的地位，完全有可能通过自身内部结构的调整以及对其他经济成分的引导、带动，对整个国民经济的调整起重大的作用。其次，由于国有经济的本质属性，在其内部以及国有经济与社会之间具有共同的利益，有利于处理国家、企业和劳动者的关系以及眼前利益和长远利益的矛盾，有利于集中力量加强重点，支持薄弱环节，调整和改善社会经济结构。再次，它与社会主义国家具有天然的联系，国家的宏观经济调控任务有许多是运用财政支出，通过国有经济的活动去实现的，西部大开发就是例证。同时，比起其他性质的企业，国有企业能够比较积极地配合国家的调控活动，更好地贯彻国家的产业政策和各项调控措施，实现国家的宏观调控目标。最后，国有经济自身也存在结构调整的需要，而且必须与产业结构的调整相结合，国有经济结构调整的成功与否对国民经济的调控有着重大的影响。所有这些都是由国有经济的性质和地位决定的、将在长期起作用的因素。国有经济的困难则是在经济转轨过程中出现的暂时现象，目前已得到明显的克服。随着经济改革的深化，国有经济将会不断增强自身的活力，在宏观经济调控中更好地履行应有的职责，并且在发挥自己的社会职能的过程中调整和完善自身的结构，更好地发展和壮大。

但是，双重职能之间不可避免地会出现一定的矛盾，承担双重职能也可能增加国有企业的负担，必须采取妥善的办法才能解决这些矛盾，更好地发挥国有经济的双重职能。

一、 区分不同类型国有企业的任务

国有企业是国有经济的基层组织，是社会主义市场经济的重要微观基础。如果国有经济要在宏观调控方面发挥作用，国有企业是不是都要担负调控经济和争创利润的双重职能？如果答案是肯定的，必然引发许多理论和实践问题。

第一，国有企业担负额外的社会经济职能，特别是宏观经济调控职能，对企业完成其基本任务可能产生一些不良的影响，如，难以分清影响企业经营的各种因素，不利于准确反映企业的实际业绩，无法针对企业确实存在的问题改进经营管理；容易增加企业对政府和上级的依赖性，出现软预算约束。这些问题必然会极大地妨碍企业的经济效益。

第二，国有企业如果还要承担宏观调控的社会职能，必然要承受高于其他企业的社会负担，不可避免地会大大降低自身的经济效益，岂不是又要把刚刚摆脱亏损的国有企业重新推入困境？中央提出的将大中型国有企业培植"成为市场竞争的主体"的目标会不会受到妨碍？

第三，国有企业的宏观调控任务要由哪个机构、采取什么方式下达？如果还是由政府部门和机构来操作，会不会又为政府干预企业重开大门？

如果这些问题无法解决，国有企业就很难承担调控经济的任务。那么，国有经济又有什么办法履行调控经济的职能？

为了解决这个似乎是两难的选择，兼顾国有经济的双重职能，基本的途径是区分不同类型的国有企业，明确它们的经营目标，分别赋予它们不同的任务。对一部分国有企业，如基础设施、自然垄断行业以及提供公共产品和服务的行业，应以完成社会职能为主，其基本任务是满足社会需要，为国民经济的宏观调控服务。对一部分企业，如基础工业，高科技、高风险产业以及对国家产业结构调整有重大影响的产业，其任务是为国民经济的发展提供必要的产品，引导和推动社会经济技术水平的提高，同时又必须依靠自身的积累不断扩充，因而必须和可能兼顾宏观调控的需要和企业盈利的目标。其余大部分企业则以生产更多更好的产品满足社会的需要，实现更多利润，向国家提供更多发展资金为主要任务。这类国有企业不必承担宏观经济调控的任务，可以轻装上阵，成为"市场竞争的主体"，与其他性质的企业进行平等的竞争。

在这三类企业内部还可以进行细分，承担不同的社会职能。如第一类中的公共产品和服务业虽然都属于非营利性的企业，还可分为免费和收费两类。前者完全靠财政拨款维持，有时争取部分的社会捐资，除为了提高效率必须努力增收节支以外，基本上可不考虑盈利问题；后者却要部分地依靠自己的收入运营和发展，尽量做到收支相抵或略有盈余，以减少对国家和社会的财政依赖，不能完全不顾及利润。对于第二类企业，应根据企业所处行业的特点、作用和企业的规模、力量，分别对待。例如，关于那些产品在国民经济中影响较大的产业，如能源工业、基本原材料工业、基本生产设备制造工业等，在确定发展规模和产品价格时，必须考虑其可能引起的影响；对其中的中小型企业，应以放开、放活为主，一般不应赋予它们社会经济调控的职能，加重它们的负担。当然，国有企业不能完全置社会利益及其发展于不顾，即使是第三类企业，也要在追求利润的同时，争取为社会发展做出力所能及的支持，不能唯利是图，更不得与国家的宏观调控目标相违背。

与不同类型企业的经营目标相适应，它们实行的产权结构也可以有所差别。如，第一类中不收费的企业，全部由国家投资，可由国家直接经营管理；第一类中收费的企业和第二类的一些企业，可以国家投资为主，适当吸收社会资金，由国有资产经营管理部门管理，并在经营管理机构与企业之间实行所有权与经营权适当分开的产权制度。第三类企业则由不同性质的所有者共同投资，必要时国家可参股或控股，而由企业实行完全的自主经营、自负盈亏。政府机构不得对这类企业的日常经营进行干预，以更好地实行"政企分开"。

二、 发挥国有经济不同经营层次的职能

国有经济是一个庞大的体系，具有复杂的组织机构和不同的层次。为了化解国有经济参与宏观调控任务时遇到的矛盾，可以在不同层次之间适当分工，使它们在承担双重经济职能时有所侧重。具体地说，高层次的国有经济组织可以多承担一些宏观经济调控任务，低层次机构和基层企业则可以少承担或不承担宏观调控职能。这主要是因为：

第一，高层次机构拥有和支配、管理的企业较多，内部存在比较复杂的关系，受宏观经济状况的影响较大，需要更多地根据社会经济的全局调节其内部关系，因而也具有较强的参与宏观经济调控的内在要求。

第二，从参与宏观调控的能力看，高层次国有经济组织的机构比较健全，掌握的信息较多、较全面，其领导成员的素质较高，比较了解整个国民经济的全局，分析、判断宏观局势的能力较强，有较大的力量通过自身的结构调整影响宏观经济。

第三，国有经济的高层次组织与政府的关系比较密切，担负的责任较

大，对比基层的企业而言，比较不容易受局部利益所限制，有较高的责任和自觉性去考虑全局性的问题。

第四，高层次组织机构有较强的经济实力，有条件对所属的企业进行统一的经营管理，能运用多元化的经营手段和经营方式实现所属企业的优势互补，或者以盈补亏，能够经受和克服暂时性困难以换取更大的长远利益，有利于完成国家的调控任务。

第五，国有资产经营管理公司和企业集团具有较高的商业信誉，其经营状况对国民经济和社会秩序有较大的影响，比较容易得到国家和金融机构的支持，融资手段和渠道较多，有较强的财力参与宏观经济调控。

三、 运用不同的经营形式

国有经济在经营上存在两种主要形式：一是资本经营形式，一是资产经营和产品经营形式。国有经济在履行宏观调控职能时，可适当地利用不同经营形式的特点，由不同的经营层次和企业承担不同的宏观调控任务。

国有资产经营管理机构或国有资产经营管理公司主要进行资本经营。它们有较广阔的融资空间，可以凭借其信誉在海外引入巨额资金，通过开放式和封闭式基金、保险基金、社会保障基金等直接间接地开辟资金来源，以新增投资加强薄弱环节，发展高新技术产业，迅速提高我国产业的技术水平；可以通过股票市场、债券市场、期货市场和其他产权交易市场，利用资产证券化等手段进行并购和转让，组织资产重组，迅速和有效地调整资产存量，退出部分行业、部分企业或某些企业的部分股权，进入另一些对国民经济有更重要影响的行业，购进重要企业或其部分产权，以这些方式合理配置资源，实现自身结构的完善化和高度化，并进而影响整个国民经济的结构调整。

基层企业则主要进行资产和产品的经营，依靠市场机制的调节，生产更多的社会需要的产品，创造更多的利润，为自身和高层次的经济组织积累资本，谋求经济的发展。当然，基层企业也可以进行一定的资本经营，但它们的资本相对较少，经营手段、经营方式和资本经营人才相对不足，进行资本经营的条件不如高层次国有经济经营管理组织或大型的国有公司集团。因此，基层企业比较适合以资产和产品经营作为主要经营方式。

以上两种经营方式互相配合，相辅相成。资产经营和产品经营是国有经济的运营基础，起着满足社会需要以及创造新价值、积聚资本的基本任务。这些经营搞好了，人民的生活就能得到提高，国有资本就能迅速增加，国有经济就愈加有力量从事资本经营。资本经营则是集中和调配资本、组织结构调整的便捷和有效的方式，更加适合和有利于国有经济参与宏观经济调控。

在市场经济条件下发挥国有经济的宏观经济调控作用是一个新的、非常重要的问题，需要更多地研究在实施过程中可能出现的问题，试行各种方法加以解决。合理区分不同企业、不同层次，适当运用不同的经营方式，对解决所遇到的问题和矛盾可能会有所裨益。

（原载于《开放潮》2001 年 1 期）

论公有制实现形式及其多样化

几年前党中央就提出探索公有制多种有效实现形式的任务，党的十五大又进一步阐述公有制实现形式可以而且应当多样化。这是马克思主义所有制理论在社会主义实践中的重要发展。为了更好地探索公有制的有效实现形式，使公有制经济得到发展并在国民经济中发挥主体作用，需要解决一些有关的理论问题。

一、 所有制、 公有制及其实现形式

所有制是人们（主体）围绕着各种财产（客体）结成的复杂经济关系。按最高度的概括，它包括了狭义的所有（又称归属、领有）和占有、支配、使用关系。它们表现在法权上就是相应名称的所有权或产权。在这些权利中，起主要和决定性作用的是归属关系。谁掌握了归属权，谁就是所有者，就是所有制客体的合法主人。所有者有权支配他（他们）的所有物，决定到底是自己使用、闲置或者赠予、出卖、出租它们，有权在其所有物上设定其他的权能，决定这些权能如何安排、处置，并有权获得利用其所有物产生的全部或部分经济利益。正是由于归属关系的重要作用，所有制的性质通常是由财产归属于谁去判别的。

人类社会出现过多种不同的所有制。按所有者的社会地位和阶级属性划分，有生产资料属于剥削阶级和劳动者的所有制。前者包括奴隶主所有

制、封建主所有制和资本主义所有制；后者依所有者构成范围的差别，存在过原始社会的公社所有制、劳动者个体所有制、社会主义的部分劳动者集体所有制和全社会劳动者所有制（社会主义国家所有制或全民所有制）。在社会主义初级阶段，还出现了由不同经济性质的主体组成为所有者的新型所有制——混合所有制。

至于私有制和公有制，它们并非两种所有制，而是各种所有制在性质上的抽象归纳，其划分的根据是所有权及其主体的结构和所有权行使方式上的差别①。私有制的所有权主体是单独的个人（或家庭、家族。下同），所有权以不同的数量分散地归个人拥有和掌握，由个人独自行使权能，享有利益。公有制则与之相反，其所有权主体是组织为联合体的劳动者，所有者是一个整体，所有权不可分割地归全体成员共同拥有，每个成员具有平等的权利，所有权由联合体而不是由个人行使，所得的利益也归联合体的全体成员按有利于劳动者的原则公平享有。必须从本质而不能只从现象区分私有和公有，不能认为只要一群人合在一起拥有财产就算公有制。例如，资本主义社会的合伙制和股份制，其财产在形式上虽然也归股东"共有"，却不属于公有制。因为，它们仍然以资本主义私有制为基础，剥削雇佣劳动者，不同股东的股权不仅多少不等，而且分散地归个人所有，由个人独自支配。对资本主义的国家所有制也应该这样认识。它只在形式上具有全体百姓共同所有的外貌。由于资本主义国家是资产阶级的统治工具，以维护资产阶级的剥削为首要职能，从国家所有制获得最大利益的是资产阶级，特别是垄断资产阶级。劳动者得到的所谓福利，实质上是以来自社会的赋税代资本家支付劳动力再生产所需的一部分费用，维持资本主义剥削关系的再生产。所以它在实质上属于私有制。即使在社会主义社会里，

---

① 由于生活资料一般只适合由个人占有和使用，在谈论所有制的公有和私有时，主要以生产资料及其直接产品的所有制为对象。这里所说的所有权，在没有特指的情况下，指完整的所有权；在所有权内部权能发生分离时，主要指归属权和能直接处置归属权的支配权。

股份制也不全部属于公有制。江泽民同志指出："不能笼统地说股份制是公有还是私有，关键看控股权掌握在谁手中。国家和集体的控股，具有明显的公有性。"① 可见，国家和集体没有控股权的股份制企业，其中属于国家和集体的部分财产，虽然可包括在公有制经济之内，但就整个企业而言，国家和集体已经无力从内部控制它以增加公有制的力量，增强公有制的支配地位，而是相反的，把公有制的财产让给非公有制成分去控制，增强非公有制的竞争力，因而不能算是公有制。至于那些完全由个人投资组建的股份制企业，在所有权构成上与资本主义社会的股份制企业是基本相同的，也应该划入私有制的范围。

　　人类社会最初只出现一部分人对某些自然资源的占有和使用。经过很长时期，这种占有和使用逐步固定下来并且得到社会的承认，演变成为一种排斥别人的专有的归属关系，使占有者、使用者变成所有者、支配者，才出现较为完整的所有制关系。这时，各种财产权利一般都结合在一起，互不分离，都集中由同一主体去行使。在这种产权格局下，拥有归属权的主体也同时掌握着占有权、支配权和使用权。以后，随着社会分工的发展、经济关系的多样化或所有制规模的扩大，各种产权主体的权能组合格局逐步发生变化。一是某些权能可能细分、劈分（split）为几个分支，或者派生、衍生（derive）出新的比较细小的权能。例如，归属权就可分为物权、债权；随着投资方式的变化尤其是股份制的产生，物权中就出现了股权或出资者所有权；股权又会随着证券市场的发展，衍生出股票转换权、股票期权，等等。二是不同的主体权利可能互相分离，在一定的责任或义务的约束下，分别由不同的主体去行使和享有。如在支付利息或租金并遵守协议的条件下，实行货币所有权和支配权的分离、实物资产的所有权和占有权的分离；在订立雇佣合同的条件下，实行劳动力所有权和使用权的分离。

---

　　① 江泽民：《高举邓小平理论伟大旗帜　把建设有中国特色社会主义事业全面推向二十一世纪》，在中国共产党第15次全国代表大会上的讲话（1997年9月12日）。

三是几个不同的权能可以重新组合，构成为新的产权，如与归属权相分离的占有权、使用权和一定的支配权组合在一起成为经营权。可见，一种所有制在建立以后，它内部的产权结构绝非一成不变的。它们的各项主体权能可集中、可分离、可拆细、可重组，并根据主体对利益的考虑实行各种不同的组合，出现各式各样的产权配置格局。通过一定的划分、配置、管理、监督去具体组织和实施某一所有制内部的各项权利，是这种所有制的产权主体履行其责任、实施其权能、体现其利益所必需的。离开具体的产权配置和组织方式，所有制内含的财产权利就无法实施和体现出来。所谓所有制的实现形式，指的就是一种所有制在其内部具体配置、组织和实施各项产权的格局或方式。它们的规范化、制度化，实际上就是人们谈论产权关系时所指的产权制度。

综上可见，不同的所有制是根据所有者的社会地位和阶级属性，或者按照所有者的构成范围划分的。所有者的这些状态改变了，所有制性质就会发生变化，从一种所有制变为另一种所有制。例如，土地由封建地主所有转变为农民所有，产权主体的阶级属性改变了，生产资料的封建所有制就被劳动者个体所有制所代替。当社会主义国有小企业拍卖给私人企业主时，所有者的阶级属性变了，企业就由国家所有制变为资本主义所有制。所有制实现形式的转换则与此不同。它不改变所有者的社会地位、阶级属性或构成范围，而只更换所有者拥有的财产权利的组合和配置。就是说，它不会变更所有制的基本性质。因此，在所有制关系上，要避免两种理论认识的错误。其一是，没有看到一种所有制可以有多种的实现形式，把其中的某一种形式当成是唯一的，把所有制权利配置格局的调整当成是所有制性质的改变，为了维护一种所有制而拒绝改变它的产权调整。例如，在农村经济改革初期，就出现过误将生产队集中管理、统一经营当成集体所有制的基本制度，把实行家庭联产承包制等同于取消集体所有制而加以反对。其二是，把不同所有制当成是一种所有制的实现形式，如把全民所有制与集体所有制或混合所有制这几种归不同范围、不同性质的主体所有的所有制，都当成公有制的"实现形式"，看不到它们之间的转变是以一种所有制代替另一种所有制。这种讲法在实质上相当于将奴隶主所有制、封建所有制、资本主义所有制和劳动者个体所有制都当成私有制的实现形式，把资本主义所有制代替先前的所有制说成是私有制实现形式的转变，看不到这种更迭会使某一阶级或社会集团失去所有权，而使另一阶级或集团成为生产资料的主人，并使整个社会制度发生根本变革。其错误是不说自明的。

二、　转换所有制实现形式的作用

人类历史上的每一种所有制，其产权的组合和配置格局都不是一成不变的，因而都有着多种的实现形式。例如，原始公社所有制存在过共同占有、使用土地以及土地公共所有、家庭占有的不同实现形式。奴隶社会存在过奴隶主集中经营制和隶农制。在封建所有制中，出现过土地由农奴世袭占有、由地主自己经营和出租给农民使用等不同的实现形式。资本主义所有制也采用了业主制、合伙制和股份制等形式。社会主义国家所有制和集体所有制在改革前后都采取过不同的实现形式。

一种所有制之所以会出现多种实现形式，是为了在不根本变革所有制基本关系的前提下，调整一种所有制内部的产权结构，使之适合经济条件的变化，促进经济的发展，为所有者取得更多的利益。由于所有制是具有决定意义的制度，需要有一定的稳定性，一种所有制在生产力尚未出现根本性变化之前，不会也不能轻易改变。但是，生产力和生产社会化程度总会不断提高，于是，原先与之相适应的所有制关系就会出现某些不适应之处。所有制是人们最根本的经济利益，也是一切经济利益的根源。从既定所有制得到利益的阶级和集团，必定采取各种方式和手段，竭力维护作为其利益根源的所有制，在生产关系与生产力之间的矛盾还未达到高度尖锐化之前，主动调整所有制内部关系。有效的办法之一是，保持原有的归属权和与之联系较紧密的权利不动，而对该所有制内部的产权配置、组合格局进行某些调整，使之适应生产力发展的要求，在一定程度上缓和它与生产力的矛盾。封建所有制从农奴制向农民租地制的更替，资本主义社会股份制和国家所有制代替私人业主制、合伙制，都属于这种调整。由于具体条件的差别，产权的调整方式和配置格局当然会有所不同。这就是私有制社会出现多种所有制实现形式的根本原因。

在我国，所有制与生产力的矛盾则属于另一种情况。这就是，我国在以社会主义国家所有制和集体所有制代替旧的所有制时，步伐过大过快，片面求公求纯，形式和结构过于单一，使所有制及其内部产权结构过多地超越了生产力的发展水平。以国家所有制为例。它不仅把大部分工商业都囊括进去，而且普遍采用了只适合于生产力水平和生产社会化程度极高，需要和可能由社会直接调节生产的产权结构，将产权高度集中在国家手里。这种体制脱离了社会主义初级阶段生产力的实际水平以及企业和政府人员的领导能力，既无法利用现阶段还不能抛弃的市场的调节功能，有效配置资源，也使企业缺乏主动性和积极性，经济效益难以提高。但是，国家所有制是保证我国社会主义性质的根本制度，要解决这些问题不能走废除国家所有制的道路。除了将那些原来就不适合归全民所有的部分企业改为其他所有制以外，可行的办法就是实行改革，分别不同的条件，调整全民所有制内部的产权配置格局，在国家和企业之间进行合理的分工，赋予企业以应有的权力和利益，使其能够灵活适应市场的变化，增强其主动性和积极性，提高经济效益。集体所有制也有同样的情况。这些调整都使两种公有制出现多种多样的新实现形式。此外，随着改革的深化和开放的扩大，多种所有制共同发展并互相参股、渗透，其投资部分也成为某一所有制的实现形式。例如，国家所有制与不同经济成分共同投资的合资企业或股份制企业在性质上属于混合所有制，已不再是国家所有制了，但企业中的国有资产却仍然能够体现国有制主体的意志，为国有制带来一定利益，从而实现了国有产权。不论其数量和所占份额大小，它们仍然是国有资产的存在形式。就这一点而言，这部分资产（而不是整个企业）也可算是国有制的一种实现形式。当然，反过来从股份制中的非国有制成分看，它投入的部分资产也可看成是非国有制的实现形式。在"三大改造"时期说过，公私合营企业中的"定息"是民族资本的实现形式，指的就是同样的意思。

总之，一定的所有制根据条件的变化采用新的实现形式，能使一定的所有制适应生产力的发展，对其内部关系自觉进行局部调整，维护自身的存在并不断完善化。

具体地说，新的实现形式的建立，一般都能够发挥许多积极的作用。公有制实行多种实现形式也能起到这种效果。

第一，它能优化产权主体之间的分工，增强主体的功能。

这是因为，所有者把各项产权都集中在自己手中，虽然能够得到全部的利益，但是，它要求所有者有全面的经营管理能力和足够的经营资金和时间。如果不具备这些条件，所有者的职能就不能充分发挥，经济效益反而可能下降。为此，所有者，特别是拥有较多生产资料的所有者，就会权衡利害得失，以获得某些利益为交换条件，把一部分主体权能让渡给有较强经营能力的人，自己专司归属权的管理。这种分工提高了不同产权主体功能的专业化程度，有利于增进经济效率，使各个主体都获得较大的利益。社会主义国家所有制突破了一切产权集中于国家的旧产权格局，实行政企分开，设立各种中介性机构，在不同层次实行所有权和经营权适当分开的实现形式，一方面使基层国有企业得到不同程度的自主经营权利，提高了企业适应市场需要的主动性、机动性，增强了其市场竞争能力；另一方面使政府得以集中精力加强社会经济的宏观调控，资产经营管理机构专工谋划资本的投放和保值增值，这些都在不同层次加强了产权主体的功能，提高了工作效率和经济效益。

第二，它能相应改变产权主体间的权力和利益关系，增强产权的激励功能，有利于调动某些主体的积极性，增进经济效益。

例如，在原始社会末期，随着个人劳动能力的增强和剩余生产物的出现，集体劳动已不是非有不可的了，公社就把土地固定交给个体家庭长期耕种，实行所有权和占有权相分离的新的产权制度。在奴隶社会末期，为了调动奴隶的积极性，增加奴隶主的收入，奴隶主就将统一组织劳动改为把一部分土地交给奴隶个人单独耕种，出现了隶农制度。这些新的所有制实现形式都使劳动者得到部分的产权，形成一定的激励功能，大幅度提高了整个社会的劳动生产率。吸取这一历史经验，社会主义国家所有制采取多种形式改变产权结构，在国有制内部调整了权力和利益格局，实行国有企业的自主经营、自负盈亏，使企业和职工得到不同程度的自主权利和局部利益，更好地体现了劳动者在国家所有制中的主人翁地位，有力地激发了他们的积极性和主动精神，增强了企业的活力，提高了企业的经济效益。

第三，它能促进生产要素的合理流动，有利于优化资源配置。

从产权经济学的角度看，一切要素的交换都是产权的交换，产权的状况制约着要素所有者的关系，从而影响到资源配置的效果。因此，采用新的所有制实现形式，改变一种所有制内部的产权格局，必然会影响要素的流动和资源配置效果。这种作用在范围广和规模大的所有制里体现得更为突出。以社会主义国家所有制为例。在国有制的传统体制下，企业对国家的投资和购置的各种设备没有处置的权利，任何细小的资产转让和所有干部、职工的流动都必须经过主管部门批准。这种传统体制必然带来部门和地区的条块分割，为物资和人才的合理流动增添更多的阻力。这些都会导致国有经济内部多余、闲置或不适于某些企业的物资和人才无法充分发挥作用，违背了市场经济的规律，降低了资源的配置效率。调整国有制的内部产权关系，使国有企业得到包括必需的支配权在内的自主经营权利，才能废除这种僵化的体制，开启各种物资和人才的合理流动，使国家拥有的资源根据市场的需要得到优化配置。

第四，它能打破所有制内部不适宜的旧关系的约束，有利于采用新的管理体制和管理方式。

这是因为，一定的管理既是实施和体现产权的需要，也必然受到产权关系的制约。调整产权结构，实行新的所有制实现形式，管理体制和方式也会随之发生变化。例如，在国家掌握一切产权的旧国有制实现形式中，在运行过程中只能实行从国家机构到企业的层层行政管理，与之相伴的必然是"政资合一""政企不分"，企业沦为政府的附属物，在政府机构的任意干预下无法建立科学的管理制度和完善的运行机制。只有调整国有制的内部产权结构，合理划分政府各种机构的职能，具体确定国家所有制的产权主体，真正实行所有权与经营权的分离，建立起现代企业制度，才能切实做到"政企分开"，企业自主经营，并且在企业中推行适宜于大生产的法人治理机构，改善企业的经营管理。

第五，有利于进行不同所有制之间的资产融合，加强各种所有制的合作，共同发展。

随着社会分工和经济的巨大发展，各种所有制之间的经济联系日益密切，客观上必然要求彼此之间从外部的交往进一步转为资产的联合和交融。如果所有制内部各种产权密不可分，所有制的壁垒便无从打破，不同所有制之间的资产融合便难以进行。因此，调整这种产权结构，实行出资者所有权和企业法人财产权的分离，有利于不同所有制的资产融合。这无论对哪一种所有制都是一样的。资本主义所有制曾利用股份制这一新的实现形式大量吸收社会上的各种资金，迅速扩大生产经营，加强大资本对社会的统治。社会主义公有制企业，尤其是国有制企业，可以发挥其独具的优势，通过募股、合资、融资等方式，利用公有制的不同实现形式，跨越所有制吸收社会资金，壮大自己的实力，提高在市场经济中的竞争能力，增强自己的影响。这是加强公有经济的主体地位和国有经济的主导作用的重要和有效的方法。

第六，它可能产生新的产权主体，使不同主体之间出现新的交换关系。

当一种所有制的所有者掌握全部产权时，他（他们）就是唯一的产权主体。内部产权尚未分离的原始公社所有制，产权主体就是公社的全体成员。这时的个人还没有成为与集体相分离的独立产权主体，公社与个人以及个人之间不发生交换关系。与此相类似，自己经营田庄的奴隶主，也是唯一的产权主体，奴隶劳动创造的一切产品都归奴隶主所有；奴隶没有任何产权，不成其为产权主体，与主人也不存在交换关系。随着公社土地所有权与社员占有权的分离，社员便成为独立的产权主体，并随着社会分工的出现和剩余生产物的增多，逐步与其他社员发生交换关系，使原始公社内部出现商品的萌芽。随着隶农制的出现，原来的奴隶开始有了自己的少量财产，成为独立于奴隶主之外的产权主体（虽然这时他们在人身上仍然属于奴隶主，这种产权很不可靠，甚至是随时可能被剥夺的），隶农之间以及隶农与奴隶主之间的交换才成为可能。在社会主义全民所有制建立初期，产权高度集中，企业的一切活动完全听凭国家指挥，既无权又无利，不是独立的产权主体。在这种产权制度下，国家需要企业的产品只需采取平调的办法，国有企业之间的交换只有商品的"外壳"而无商品的"实质"。国家所有制的实现形式经过了调整，实行所有权和经营权分开，特别是建立了以公司制为主要形式的现代企业制度之后，企业开始具有不同程度的自主权利和利益，成为自负盈亏的独立的产权主体，产品在企业与国家、企业与企业之间交换，就发生了产权的转移，彼此都要斤斤计较产品的劳动耗费，实现等价交换。这样，在全民所有制内部才可能出现真正的商品关系，我国才开始走上社会主义市场经济的道路。

三、 探索公有制实现形式必须注意的问题

为了维护所有者的基本利益，任何所有制选择实现形式时当然要遵循一定的原则。社会主义国家所有制和集体所有制探索多种实现形式时需要注意以下问题。

第一，从我国的基本国情出发，坚持以"三个有利于"为选择标准，大胆试验。

一种所有制采取什么样的实现形式，要受生产力和生产社会化程度的制约，要考虑如何才能充分发挥自身的优越性。我国还处于社会主义初级阶段，社会生产力的总体水平还比较低，发展也很不平衡，广大人民群众的道德觉悟还有待提高。因此，公有制不仅不能在整个社会占有过大的比重，而且大部分企业也不宜采用公有化程度过高的实现形式。必须毫不犹豫地让超越客观条件、过早实行公有制的行业和企业退出公有制，并且根据实际条件和需要，调整公有化程度过高的实现形式。马克思主义认为，迅速发展社会生产力，不断改善全体人民的生活，是社会主义的目的和达到目的的手段。它们体现着社会主义的本质，也是公有制最主要的优越性所在。要真正爱护公有制，坚持社会主义，就必须使公有制的优越性得以充分发挥，否则就适得其反。所以，邓小平同志根据我国的国情强调指出，现阶段的当务之急就是要迅速发展生产力。为此，就要适应生产力的现实状况，探索最能促进生产力迅速发展的公有制的实现形式。只要是有利于发展生产力、增强综合国力、不断提高人民生活的形式，就要放手、大胆地进行试验，并在取得良好效果后积极加以推广。

第二，实现形式的调整要能真正体现公有制的基本性质。

社会主义公有制是社会主义生产关系的基础。公有制的存在和发展是我国能否坚持社会主义的根本条件，关系到社会主义制度的存亡。因此，

探索公有制的新的实现形式，不是为了取消公有制，而是要调整其内部产权结构的不合理之处，使之符合现阶段的客观条件，进一步完善化，以更好地服务于劳动人民的利益。这是大部分人民的共识，也是改革必须遵循的最根本的认识前提。离开了这个前提，就会背离社会主义方向。但是，维护公有制不能有名无实，而应坚持它的本性和本质要求。社会主义公有制，尤其是国家所有制，是在社会化大生产基础上建立的劳动者联合体，必须体现劳动者当家做主的基本特点。过去实行的产权过分集中于国家的传统实现形式，剥夺了作为共同所有者的劳动者应有的经营权利，忽视让他们从自己的劳动成果获取应得的利益，恰好背离了全民所有制的本性。这一点虽然非常重要，但在过去的改革中却没有引起足够的重视。因此，有效地扭转这种偏差，便成为探索公有制实现形式所要达到的重要目标。而要使公有制的实现形式能够真正体现出公有制的基本性质和要求，至少应注意两个方面：一是必须使劳动者真正摆脱雇佣劳动者的境地，确实成为共同所有者和经营管理者的一员，能在不同岗位上发挥主人翁的作用，有权参与企业的经营管理，对企业领导人进行监督，并且共同担负起企业的责任；二是必须使劳动者能够享有共同的劳动成果，能随着企业和公有经济效益的提高和自己贡献的增大，不断改善和丰富生活。邯郸钢铁公司成功经验的实质就在于它将劳动报酬方式的改革同科学管理结合起来，通过收入的提高，广泛发动群众参加企业的管理。学习邯钢不能停留在"成本否决"之类的具体经验，而必须学习这种符合公有制基本性质和要求的实质。

第三，切实根据具体条件，选择不同的实现形式。

我国公有制企业分布在多种多样的部门和行业，生产力水平和生产社会化程度差别很大，经营情况也千差万别，必须根据各自的实际条件，分别利用不同的实现形式，切忌将某一实现形式绝对化，搞"一刀切"或"跟大流"。过去国有企业改革形式单调，主要靠行政命令行事，一切唯上级马首是瞻，一种形式在某些场合取得一定成效以后，各地便一哄而上。如承包制出来以后大搞

"一包就灵"，在一年之内将90%多的企业都改为承包制，结果是实施困难，收效不大。关于股份制和股份合作制的推广，也有相同的毛病。近来有些地方的领导认识到这种违反马克思主义思想路线的危害，重视在改革中具体问题具体分析。如福建省宁德地区提出"分类指导，因企施策，逐个解决，整体推进"的方针，根据企业的经营表现、资债情况、技术、产品、地理位置和职工队伍的状况，创造了5类12种形式，让每个企业选择和实施适合自身条件的方案，比较平稳地全面解决国有小企业的改革，取得政府、企业、职工"三满意"的较好效果。如果说，在小企业占绝大多数、企业状况相对单纯的不发达地区尚且如此，那么，在大中型企业和小型企业并存、企业差别更大的发达地区，就更有必要这样做了。

第四，注意防止公有制权益的流失。

所有制实现形式的变化涉及产权的划分、配置和重新组合。在这个过程中，产权主体的关系复杂，产权流动较快较大。按照产权理论对产权主体能动性的分析，在资产重组时，产权明晰的主体将比产权模糊的主体具有更强的动力去发挥自身的功能。因此，在资产重组时，产权明晰的主体势必竭尽全力，以各种手段去争取或维护自己的权益；产权模糊的主体则由于缺乏内在的激励机制，难以很好地履行自己的职责，出于主客观方面的种种原因，极容易出现合法权益的流失。在我国与外商合资、合作和实行股份制的许多企业中，由于中方或国有资产的代表未能尽到应有的职责，这类丧失权益的事例，数不胜数。所以，在实行多种公有制实现形式时，必须清醒地看到产生公有权益流失的可能，注意加以防范。为了防止改革过程中公有资产的流失，首先必须克服流失"难免论"或认为舍不得小流失就会出现更大流失的错误认识，牢固树立关心公有资产的主人翁思想。只有本着高度的责任感，才谈得上积极寻找有效的行政、经济、法律、技术措施，完善约束、监督体系，堵塞可能出现的漏洞，制止有意和无意的公有资产流失。当然，对于公有资产流失也要有正确界定。在转换实现形式时应按严格的手续剔除那些不实、无效的账面资产，并将为了解决历史问题而支付的必要补偿同资产流失合理区分开来。

第五，千万警惕发生私有化的可能性。

任何所有制实现形式的改变都是在维持所有制基本性质不变的前提下，适应生产力的要求，对其内部产权关系的调整。但毋庸讳言，这毕竟是所有制关系的局部质变。当这种质变积累到一定程度时，原来的所有制框架就无法继续维持下去了。这种所有制只能退出历史舞台，而代之以另一种全新的所有制。发生这种变革并不困难。因为到了这个时候，旧的所有者除了掌握归属权（甚至只是部分的资产收益权）以外，在生产经营的组织、决策中已经不起多大作用了，归属权的简单变革就可水到渠成地消灭旧的所有制，同时基本上不影响企业的正常运行，迅速地促进生产的发展。这是事物量变到质变的普遍规律在私有制更替上的体现。马克思说过，资本主义的发展使经营管理的权力和职能落到专业人员身上，表明成为单纯食利者的资本所有者已丧失其存在的必要，剥夺资产阶级就成为天经地义和轻而易举的事。奴隶主私有制通过隶农制逐步转变为封建的农奴制，为这个道理提供了历史证据。我国在"三大改造"时期对民族工商业的渐进式改造，则是这一理论的自觉的成功实践。值得注意的是：通过实现形式的更迭最终导致一种所有制发生根本变革的可能性不仅存在于私有制，在公有制条件下也无法完全排除。公有制虽然不存在跟不上生产力的发展而被淘汰的可能性，但在所有制的"逆向改革"中，却潜伏着更大的危险。因为，在私有制占统治地位的社会里，私有财产都有明晰的产权，有着明确的主人时刻严密守卫着，并且有严厉的法律和统治者的政权机器尽力加以保护，要改变所有制性质往往需要经过暴力革命或以高昂的代价进行赎买。公有制与之相比则缺乏这么强大的防护机制。由于公有产权结构的特点，许多所有者代表对公有财产的关切度较弱，至少对其损失不会有切肤之痛（通俗地说，没有割肉的感觉），容易由于认识和其他原因忽视对所有权的维护，有时只需一纸公文或一声许诺，就有意无意地放弃各种公有权利。当所有制关系的局部质变积累到一定程度，只要再有归属权的转移或公有成分所占比重的降低，所有制性质的蜕变或私有化就会在无声无息中完成。这绝非理论上的推断，古时已有原始公社所有制变为私有制的历史可作殷鉴，今日在改革中也有许多事例足资见证。有志改革的领导者必须高度警惕在经济改革中确实存在着的这种现实可能性，切实担负起维护公有制的崇高职责。

（原载于《中国经济问题》1998 年第 2 期）

中国特色社会主义经济关系

分配不公的主要矛盾、根源和解决途径

劳动报酬偏低，收入分配不公，居民财富高低悬殊，已经成为当今我国的重大问题。它的恶化程度和发展速度超过所有的发达资本主义国家和大多数发展中国家[①]，严重影响了广大人民对社会主义社会的认同感，极大地挫伤了劳动者的积极性，损坏了社会秩序稳定的基础，妨碍国民经济持续快速的发展。有效遏制其发展并逐步加以解决，是公众的一致要求。但是，关于分配不公的主要矛盾在哪里，收入和财富高低悬殊是怎样产生以及如何缓解的问题，却有不同的意见。较多见于论坛的观点归纳起来有三类：一是强调行业垄断是当前分配不公的主要矛盾和根源；据此认识，有人主张减少国家干预，放手让市场机制去解决问题，有人认为它是由国家垄断产生的，只有废除国家垄断才能解决。二是归因于官员和企业高管腐败，因而主张进行政治体制改革，实施民主监督，加强廉政建设，抑制腐败现象是解决分配不公的根本。三是认为国家财政收入过高，"国富民穷"，力主降低居民的税负以提高收入水平，缩小贫富差距。这些意见似乎都接触到一些现实的情况，却没有看到产生财富高低悬殊的真正根源，所开出的药方，不仅不能祛除病患，有些反而还会使之加剧。

一、 不能借口分配不公反对国家垄断

经济学的常识告诉人们，垄断，特别是行政垄断会在经济政治上产生

---

① 据世界银行报告，美国 5% 的人口掌握了 60% 的财富，而中国则是 1% 的家庭掌握了全国 41.4% 的财富。

一系列弊病。因此，社会舆论对垄断行为的不满和谴责是合理和容易理解的。限制因垄断而获取过高的报酬和福利，也是解决分配不公所必须注意的问题。但是，由垄断产生的行业间的收入差别并不是造成我国分配不公的主要矛盾和根本原因。下面的一组数据可作为判断的参考。

全国和部分行业平均工资比较表

	2001 年		2002 年		2005 年		2008 年	
	平均工资（元）	与全国比较%	平均工资（元）	与全国比较%	平均工资（元）	与全国比较%	平均工资（元）	与全国比较%
全国总计	10870	100	12422	100	18364	100	29229	100
石油天然气开采	19158	176	20796	167	30666	167	46763	160
烟草加工	20431	188	23923	193	42772	233	62442	214
电力热力生产与供应	15359	142	17428	140	27037	147	42627	146
铁路运输	15136	139	16613	132	24327	132	38072	130
航空运输	27365	252	30641	247	49610	270	75769	259
金融保险	16277	149	19135	154	32228	175	61841	212
证券业					56418	307	172123	589
邮电通信	19991	184	23582	190	36941	201	48530	166
新闻出版					34042	185	46741	160
计算机应用服务	30146	277	38810	312	52637	287	74324	254
木材加工	6690	62	7263	58	9927	54	15663	54
纺　织	6305	58	7211	58	10597	58	16222	55

资料来源：国家统计局数据库。

注：有的行业名称在 2002 年以前和以后稍有差异。证券业和新闻出版业是在 2002 年以后才开始分列单独统计

上表列出我国平均工资最高和最低的几个行业，从中可以看出：（1）平均工资最高的几个行业确实是属于自然垄断的国有企业，但工资水平位列第一和第二的行业（证券业和计算机应用服务业），却不是垄断行业。（2）工资最高的垄断行业（航空运输业）与工资最低的行业（木材加工业

和纺织业）相比，其平均工资的差距，在所列的几年中分别为 4.34、4.24、4.99 和 4.83 倍。但航空运输业的职工一般具有较高的劳动素质，其高额工资与付出的劳动复杂程度有关，并不完全是行业垄断造成的。（3）为了使劳动与报酬条件具有较合理的可比性，以位居次高的烟草加工业与工资最低行业比较，则历年的差距分别为 3.24、3.32、4.31 和 3.99 倍。（4）如果不以单个行业而以整体进行比较，则整个垄断行业和全部非垄断行业平均工资的差距只有 2~3 倍。（5）从非垄断行业内部比较，最高行业与最低行业的工资差距，2005 和 2008 年分别为 5.68 倍和 10.99 倍；与次高的行业相比，其差距也分别达到 5.30 和 4.75 倍，这些都大大高于垄断行业与非垄断行业工资的差别①。（6）如果将各收入层家庭按 10% 分组，2008 年城镇最高收入与最低收入家庭的实际人均收入差距是 26 倍，按官方统计为 9 倍。据王小鲁推算，2008 年我国的"灰色收入"达到 5.4 万亿元，其中的 62.5% 归收入最高的 10% 所得②。这个差距更是远远高于垄断行业与非垄断行业工资收入的差距。（7）鉴于垄断行业的企业基本上是国家所有的，非垄断行业中私有经济占很大的比重，而私有企业的平均工资只是国有企业的一半③，因此可以看到，造成垄断和非垄断行业工资差距的原因，在很大程度上是与私营企业的工资总水平太低有关的。

可见，垄断行业的工资水平绝非像有些人宣称的那样，是造成中国行业收入差距的根本原因，或者"劳动收入占比降低，症结在行业垄断"，也不是分配不公的主要矛盾和表现。社会贫富悬殊的解决与其单靠抑制垄断行业的高工资，毋宁适当提高其他行业，尤其是私营企业过低的工资。只

---

① 当然，这些行业也存在劳动力素质和复杂程度的巨大差别，其报酬是否合理，同样不能简单地以行业工资的绝对水平去衡量。

② 王小鲁：《灰色收入与国民收入分配》，《南方周末》2010 年 8 月 4 日。

③ 国家统计局于 2010 年 7 月 16 日发布 2009 年度"在岗职工年平均工资调查报告"。根据该报告，2009 年全国城镇私营单位就业人员年平均工资为 18199 元，而国企在岗职工年平均工资为 35053 元。上述数据表明私企平均工资比国企低 48%。

有这样，才能在更高的水平上使收入分配逐步趋向合理，并满足劳动人民生存和发展的需要。

以上的数据并不难找到，其结论也是容易导出和清楚的，可是为什么有人却要昧着事实硬把分配不公的祸根栽在行业垄断头上？项庄舞剑，意在沛公。他们淡化或回避实际生活中更大的收入差距，故意把人们的注意力引向行业垄断，实际上是为了反对国家所有制，掩护私有经济去挤占牟利领域，实现他们鼓吹已久而无法完全达到的目的①。早在 20 世纪 90 年代，我国就有一些人喧嚷国有企业经济效率低下，提出要实行"国退民进"，使国有经济退出一切竞争性行业。这种思潮遭到广大民众的批判。《中共中央关于国有企业改革和发展若干重大问题的决定》（简称《决定》）摒弃了这种错误的提法，重申国有经济不可替代的重要性，强调"国有经济在关系国民经济命脉的重要行业和关键领域占支配地位，支撑、引导和带动整个社会经济的发展，在实现国家宏观调控目标中发挥重要作用"。在阐述国有经济"有所为有所不为"的方针时指出："国有经济需要控制的行业和领域主要包括：涉及国家安全的行业，自然垄断的行业，提供重要公共产品和服务的行业，以及支柱产业和高新技术产业中的重要骨干企业。其他行业和领域，可以通过资产重组和结构调整，集中力量，加强重点，提高国有经济的整体素质。"遵照《决定》，国有经济将产业结构的优化和所有制结构的调整结合起来，收缩了战线，集中力量增强了重要部门。之后，国有经济在质上有了提高，在量上得到发展，也形成了一批效益优良的大型企业和企业集团，提高了国际和国内的竞争力，并在震撼全球的金融危机中经受了考验。2002 年至 2009 年，央企的资产总额从 7.13 万亿元增加到 21 万亿元，年均增长 16.74%；实现利润从 2405 亿元增加到 8151 亿

---

① 在一次有关中国现代化问题的研讨会上，就有人提出："凡是与公共利益无关的国有企业，国家应逐渐减少持股比例，最终成为由社会资本控制、以盈利为目标的现代化企业。"他所谓的社会资本无非是私有资本的代称。

元，年均增长 19%。央企在实现国有资产保值增值、自身不断得到发展的同时，通过上缴税金、国有资本收益和国有股转持社保基金等方式，为国家贡献了巨大的财富。这些事实有目共睹，使借口国有经济生命力不强而加以反对的主张难以再兴起大浪。当前，贫富悬殊问题不断恶化，一些人就乘机借用民众对社会分配不公的反感，将攻击的矛头引向"国家垄断"。如果按照他们的要求，国有经济不仅要退出一切竞争性领域，而且还要退出"国有经济需要控制的行业和领域"，放弃"国有经济在关系国民经济命脉的重要行业和关键领域占支配地位"。那么，除去那些不能赚钱的公共品供应部门以外，就再也没有国有经济立足之地了，他们争取多时的目的便可超额实现。

其实，在所有的实行市场经济的国家中，由于规模经济、范围经济和成本次可加性的作用，一些行业必然会产生自然垄断。以石油化工行业为例。世界主要 50 个石油生产国和消费国中，76% 的国家只有一家石油公司，20% 的国家拥有的石油公司不超过 3 家。我国主要由中国石油、中国石化、中国海油三家国有中央企业经营，可谓最为分散的了。各国其他一些重要行业也一样地都实行高度的垄断，其中的差别只是由谁垄断，即由私有企业或是由国有企业垄断。

在我国的现阶段，国家在一些重要部门和行业实行垄断或掌握控制地位是非常必要的。一是为了保证国计民生，维护国家经济安全。有些产业部门的产品关系到人民生活的基本需要，或是影响国家经济发展的重要命脉，由国家掌控可以更好地为社会生产和人民生活服务。例如，2002～2007年，56 个国家居民平均电价累计上涨 76%，工业电价上涨 84%，我国同期电价涨幅仅为 32%；2008 年，我国遭遇严重的冰雪灾害，中央电网耗费巨大的人力物力，不讲价钱，不畏艰难地迅速抢修，保证广大地区的电力供应；2008 年，国际油价剧烈波动，中央石油石化企业的炼油板块因政策性因素亏损 1652 亿元，其中企业动用自有资金补贴 1000 多亿元，使国内能够按比较平稳的油价供应市场①。这些都有力地保证了社会生产的发展和人民生活需要的满足。二是为了保护和有计划地使用自然资源。有些自然资源不但数量稀缺，而且为国内外众多生产部门所必需，国家垄断有利于这些资源的合理和有效开发，既可防止分散经营造成资源的浪费和破坏，又可避免私人利用资源的稀缺性投机牟利，保障社会生产的正常发展。三是为了建立引领、支撑国家经济发展的强有力的基地，增强国家对宏观经济的调控能力。国家对经济的调控不能只是依赖政策、行政和法律手段，还要有足够强大的经济力量和物质基础。在一些重要的基础性产业、支柱产业和高新技术产业建立具有强大控制力的国有企业，有利于国家产业政策的贯彻和实施，有利于推动经济结构的优化和生产技术的升级换代。四是为了保护正在成长的民族工商业。前阶段，实力雄厚的跨国公司大举进入我国，纷纷渗入或控制我国的重要行业和龙头企业。它们有的虽然也从事竞争性行业，却具有很强的垄断性，严重影响到我国民族工商业的生存和发展。由国有企业组成强大的集团是在现阶段抵御国际资本入侵的现实和可行的举措。五是应对日趋剧烈的国际竞争的需要。当今，资本主义列强为了抑制中国的崛起，已经联合起来组成经济围剿大军，在金融、商贸、市场领域频频施压，在资源、关税和行业准入上层层设卡，使中国蒙受巨大的损失，中国只能以强大的国有企业为主力，携手众多灵活的私营企业，共同奋战，才有利于突破重围（列强们也看清了这一点，乃视国有企业为眼中钉，纷纷加以攻讦）。六是为了集中高盈利部门的收益，增加国家收入，为加强国家的再分配功能，发展全体人民所需要的公共事业和社会保障事业，在生活上弥补贫富差距，提供更加充裕和稳定的物质条件。

因此，反对所谓国家垄断的意见不仅不利于国家经济利益，也与劳动人民的根本利益相背离，实际上是为那些企图替代国家实行私人垄断或分享垄断利益的资本家呼喊的。试以房地产产业为例。多年来我国房地产产

————————

① 资料来源：国资委 2010 年 8 月 3 日发布的《国务院国资委 2009 年回顾》。

业被境内外的私人开发商占据，他们凭借对稀缺土地资源的控制，实际上垄断了住房市场，推动住房价格急剧攀升，迅速聚敛巨额财富，阻挠国家住房政策的实施，极大地限制了广大劳动者安居需要的满足。如今，房地产产业已经成为我国的暴利行业。据全国工商联 2010 年 8 月 29 日发布的《2010 中国民营企业 500 家分析报告》，有多达 44% 的民营企业有意在未来三年内投资房地产，可见其高利之诱人。为了维护其联手垄断地位，他们反对国有企业介入房地产产业，并迫使国资委不得不责令非以房地产为主业的央企从中退出。其实，如果国有企业更多地参与房地产产业，不仅可以避免巨额利润落入私人腰包，增加国家收入，还能更加切实有效地贯彻国家的住房政策，如适当降低商品房的售价，加大经济适用房和廉租房的建设，增加住房供应，抑制房价飙升，协助解决劳动人民的住房困难。这无论于国于民都有很大好处。

当然，垄断行业的确存在不少问题，需要从多方面加以解决，诸如，国家必须采用各种方式，如制定法律法规和实行行政措施等，切实限制垄断，包括利用稀缺资源实行的本国和外国资本的垄断以及各级政府滥用行政权力实行的垄断。对一些属于自然垄断的国有企业，也必须加强监督和管理，保证正常的供应和低廉的价格，满足社会和人民的需要；要防范和制止各种腐败行为，完善劳动报酬制度，对垄断行业中的企业工资水平，尤其是高层管理人员的工资和奖励，进行合理的控制。但是，借口分配不公反对国家垄断无异因噎废食，是明智者所不取的。

二、 一般性减税无助于解决分配不公

有些人认为我国税收连年增加，幅度较大，不仅导致"国富民穷"，而且是社会财富分配不公的根源，主张全面降低税负以解决问题。这种意见忽视税收和国家财政对国民收入再分配的重要作用，将削弱国家再分配功

能，不利于解决甚至还会加剧贫富悬殊。

众所周知，我国的分配不公首先是在初次分配领域产生的。由于工资制度，尤其是私营企业工资制度的不完善，加上舆论片面鼓吹"效率优先、兼顾公平"，地方主政者害怕资金外流，在企业的劳动报酬问题上不敢得罪资方，我国劳动收入占国民收入的份额不断减少。根据中华全国总工会的数据，我国居民劳动报酬占 GDP 的比重，1983 年为 56.5%，2005 年为36.7%，22 年间下降了近 20 个百分点；而从 1978 年到 2005 年，资本报酬占 GDP 的比重上升了 20 个百分点①。1995 年至 2008 年，私有经济力量比较强大的广东省，GDP 成长 7.4 倍，而最低工资只成长 1.7 倍。巨额的收入落入少数企业主的口袋。

既然初次分配存在缺陷，就更加需要通过各种再分配渠道加以调节，而财政和税收是其中最直接和最有效的手段。国家把各个部门上缴的税金集中起来，然后通过财政支出，用于行政管理、国防和治安建设、经济建设以及文教卫生、福利设施和社会后备基金、救济基金等方面。财税收入增加，即使支出的比例不变，文教卫生、福利设施和社会后备基金、救济基金都会水涨船高。这些都有助于弥补初次分配的缺陷。目前的问题是，国民收入分配过分向个人倾斜，国家集中的财力比重过低，难以利用财政收支对收入分配的巨大差距进行有效调节。因此，振兴国家财政，集中财力，不仅是保证经济社会各项事业发展的重要条件，也是向公平分配靠拢的有效手段。

今年我国财政收入总额将达到 8 万亿元的预测出来以后，减少税收，增加国有企业利润上缴的呼声甚嚣尘上。外电也纷纷报道，说中国分配改革方案"不约而同地锁定减少政府及国企手中的财富"；还说除了应持续提升央企上缴比例外，还须透过减税的手段让利于利润偏低的民营企业，给这些企业留下更多为劳工提升工资的空间。这种意见是错误的，首先和最重

---

① 《人民日报》2010 年 5 月 18 日。

要的是，它的前提不符合客观实际。

据财政部财政科学研究所资料，2007 年到 2009 年，中国公共财政收入占 GDP 比重分别为 19.9%、19.5% 和 20.4%。与世界平均水平相比，这一比重并没有过高，即使在发展中国家也是属于中等偏低水平，并且明显低于经合组织国家平均水平。主张国家应减少税收的学者拿出的数字是：2009 年政府财政收入达到 30.0%，比重太大。其实，他们是用宽口径的财政收入概念替换财税收入概念，前者是公共财政加上政府性基金收入、国有资本经营收入和社会保险基金收入，不仅仅限于国家税收收入。即使按这种宽口径比较，我国财政总收入占 GDP 的比重仍然低于发展中国家的平均水平（占 GDP 的 35.5%），更是远低于工业化国家平均水平（占 GDP 的 45.3%）。

再具体比较所得税水平，看我国的税负是不是太高。

先看企业所得税。从 2008 年起，我国企业所得税的法定税率为 25%，内资企业和外资企业一致，国家需要重点扶持的高新技术企业为 15%，小型微利企业为 20%。反观几个主要资本主义国家的企业所得税税率，荷兰为 26%，英国为 28%，德国为 30%，美国为 39%，日本为 42%，都超过或大大超过我国的水平。再看个人所得税。我国对工薪所得实行从 5%～45% 的九级超额累进税率，美国实行单一的超额累进税率，采用 10%～35% 六级税率。乍看起来，似乎我国工薪所得的最高税率比美国多出十个百分点。但从实际情况看，我国绝大部分纳税人只适用 5% 和 10% 两级税率（即月所得不超过 2500 元和超过 2500 元至 4000 元这两级）；至于采用 20%～40%（即月所得超过 7000 元至 22000 元和超过 82000 至 102000 元几级）税率的人数极少，适用 45% 的最高税率（即月工薪所得超过 10 万元）的人更是凤毛麟角。这些高税率级别对调节收入的悬殊作用很大，也是必需和合理的，在实际执行中影响面却很小。所以，较有可比性的是中等收入阶层个人所得税税率。在这一收入阶层，英国平均税率为 20%～21%，美国平均税率为 10%～15%，中国平均税率为 9%～12%，也是最低的①。如果与瑞典相比，个人所得税税率的差距就更大了。2002 年瑞典地方征收的个人所得税税率平均为 31.5%；此外，年薪超过 27.38 万克朗的人，累计个人所得税税率平均为 51%；年薪超过 41.42 万克朗的人，累计个人所得税税率平均为 56%②。

总之，与外国的所得税税率相比，我国的税率显然是比较低的。而且值得提出的是，在不同的所有制企业间，国有企业的税负明显高于其他类型企业，近年来税负均值为 27.3%，是私营企业税负综合平均值的 5 倍多，是其他企业中税负最高的股份公司的税负平均值的 2 倍③。所以，主张国有企业增加上缴并为私有企业和富有阶层呼吁减税，完全是不顾事实的偏袒之言。如果按照他们的意见去办，必然使国有企业上缴税利的负担加重，造成积累功能降低，设备更新和技术创新乏力，最终导致企业竞争能力下降；国家就要间接地为私有企业提高工资埋单，使私人老板的税后收入增加，盈利扩充能力膨胀，资本规模和财富积累进一步扩大；还会引致国家收入财源减少，公共服务支出难以增大，对贫困阶层的救援受局限。总之，国家财政的再分配功能将被严重削弱，马太效应将进一步增强，最终只能使居民收入的差别更为扩大。

所以，笼统的一般的减税并不是解决贫富悬殊的途径。正确的办法是分别不同阶层，调整税负，有增有减，严格税制。具体的有：（1）合理设计税收制度，改变工薪阶层成为纳税主体，富人纳税相对少、税收"逆调节"的重大缺陷；制止地方政府为了拉拢外来投资，争相实行税收优惠或低价出让资源的"媚富"行为。（2）进一步提高个人所得税起征点，减少普通工薪阶层的征税额，取消低收入者的税负，严禁对他们的各种附加收

---

① 王怀祖、张熙悦：《中美英个人所得税税率比较》，《重庆工商大学学报（西部论坛）》2004 年第 4 期。

②《中国税务报》2003 年 12 月 22 日。

③ 见《国务院国资委 2009 年回顾》。该报告采用的是中国人民大学财政金融学院根据历年《中国税务年鉴》和《中国统计年鉴》整理出的国有企业税收数据。

费，使最大部分的劳动者得到税制改革的实惠。（3）尽快开征遗产税、财产赠予税、两套以上房地产税和房地产增值税、高档商品和服务的消费税等税种，调整并提高国有资源尤其是稀缺贵重资源的使用税，对凭借公司上市和爆炒生活必需品顷刻暴富者征收暴利税。（4）加强税收的监管，严格实施税法，堵塞征税过程的漏洞，消除过去只有工薪阶层如实纳税而富有者轻易偷税漏税的常见弊病，严惩偷税漏税行为，增强对税收犯罪重罚的威慑力，刹住税收偷逃数额连年攀升的局面。

三、 收入和财富悬殊的主要根源和治理对策

分配不公主要产生于初次分配领域，它的主要矛盾应该从导致收入和财产差距最大的因素去寻找。这不必靠什么高深的理论去推导，只需要通过实际情况的分析对比即可容易看出。今年 10 月，《2010 胡润百富榜》在北京发布。在我国缺少对资本主义经济全面统计的情况下，富豪榜间接地提供了某些可作分析参考的信息①，从中可以看到以下几点：

1. 国民财富迅速向少数富豪集中。1999 年，荣登"胡润百富榜"的门槛为 0.5 亿元，上榜人数为 50 人，其中 10 亿富豪 24 人，百亿富豪仅 1 人。到了 2010 年，10 亿富豪已达到 1363 人，其中百亿富豪 97 人。就是说，10 年之间，在上榜门槛提高 20 倍的同时，上榜人数增加 26 倍多；10 亿富豪增加了 56 倍，百亿富豪增加 96 倍；按上榜人的最低财富计算，上榜富豪的财富增加了 520 倍以上！这个速度远远高于全国 GDP 的增长速度，表明社会财富迅速向少数富豪集中的程度实在惊人。前 200 名的富豪人均财产为 130.115 亿元，比起无地、无房或家徒四壁的外出打工人员，财富的差距简直无法计数。

2. 富豪们的财富迅速增长反映出他们收入的急剧增加。据"胡润百富

———————————

① 资料来源：《2010 胡润百富榜全榜单一览》，财经__凤凰网 2010 年 10 月 12 日。

榜"，前1000名富豪平均财富比两年前增长了64%，比去年增长了26%，其中前10名的平均财富上升最快，比去年提高了32%。如按去年富豪们的平均财富（39亿元）计算，今年前1000名的财富平均增长了10亿元；前10名富豪的财富总额去年为3068亿元，今年为4050亿元，每人财富平均增长98.2亿元。财富积累的来源是扣除生活消费后的剩余收入。这一财富增长速度表明，在2009年，前1000名富豪的平均收入达到10亿元以上。比起2009年全国城镇居民年均可支配收入的17175元和农村居民年均的5153元①，差距竟达5.8万倍和19.4万倍以上；如对比前10名富豪的收入，则差距高达57万倍和190万倍以上。这个差距远远不是行业间的工资差距和城乡间的收入差距所能望其项背的。

3. 中国财产向富豪集中的程度在加剧。根据"胡润百富榜"，中国仅仅前200名富豪的财富总额就达26022亿元，等于国有中央企业总资产（21万亿元）的7%，相当于2009年全国GDP（335353亿元）的7.76%。2009年美国前400名富豪的总资产为1.13万亿美元，入榜门槛为9亿美元，而美国2009年的GDP为14.8万亿美元。依此计算，前400名的总资产相当于全美GDP的7.63%。就是说，中国前200名富豪的总资产占全国GDP的份额，大于美国前400名富豪所占的份额。这表明了，我国财富集中的程度将令世界上最富有的国家"自叹不如"。

4. 中国大富豪的数量急追美国，已居世界前茅。根据"胡润百富榜"，全球20位拥有10亿美金的女富豪中，竟然有11位来自中国，中国女富豪数量已居世界第一。登上世界富豪榜的中国男性富豪，其数目也仅次于美国，高居世界第二位。

以上资料反映了我国收入和财富两极分化的突出情况。至于多数的私营企业，企业主与劳动者的收入差别也是非常巨大的。

由中央统战部、全国工商联等的课题组发布的《2009中国私营企业调

---

① 温家宝：《政府工作报告》，2010年3月5日在第十一届全国人民代表大会第三次会议上。

查报告》（简称《报告》），提供了如下与分配有关的信息：（1）私营企业的注册资本由1993年底的681亿元增加到2009年底的35305亿元，增长了52倍，年均增长48.41%。（2）2009年我国企业主个人年收入平均值为20.2万元，雇工全年平均工资加奖金加部分分红总数是8033元；资本千万元级的私营企业雇工平均工资甚至低于全部被访问企业的平均工资水平，为6817元；在各种行业中，金融保险业和科研技术行业雇工平均工资最高；商业餐饮业和建筑业雇工工资最低，月工资在500元以下。（3）私营企业参加医疗保险的雇工仅占被调查企业全年雇佣工人总数的14.5%，参加养老保险的仅为22.7%，参加失业保险的仅为6.0%。（4）私营企业的平均利润率为3.5%～3.9%。（5）国有单位在岗职工年平均工资是14577元，集体单位在岗职工为8678元。

从这些信息可以看出：第一，全部被访企业主的平均收入为雇工收入的25.15倍；如与工资最低的行业相比，企业主与雇工的收入差距为33.66倍；如按千万级私有企业业主与雇工的收入计算，则相差251.87倍①。第二，除了很小的比例，多数雇工没有工资外收入，没有避免疾病风险和失业风险的任何保障。此外，相当多数的企业还存在拖欠工资现象（这一点《报告》倒是回避了）。第三，私营企业的平均工资远远低于国有单位的平均工资，只等于后者的55%，其比例略高于前述国家统计局的数字（51.9%），可能同参与调查者的身份和立场有关，但差距仍然很大。第四，私营企业的资本额增加迅速，达到48.41%的年增长率。这种增长不可能都是原始的货币投入，而基本上要靠剩余价值的积累。依此资本增长速度推算，没有两位数以上的利润率是绝对支撑不了的。可见，私营企业的利润率肯定要高于《报告》所称的3.5%～3.9%，并非利润低微到需要依靠国家减税才能提高雇工的工资。

---

① 此次调查，私营企业的户均注册资本为117.47万元，千万级企业资本为平均数的8.5倍多。假定其利润率相等，则千万级企业主的收入应为171.7万元，与雇工劳动收入的差距为251.87倍多。

综上可见，我国分配和财富不公的主要矛盾根本不是垄断行业与一般行业的工资差别，也不是城乡之间收入的差别，而是私营企业主惊人收入和巨大财富与普通劳动者收入和财产的差别。造成这个巨大差别以及差距快速扩大的原因只能从所有制的变革，即伴随着我国私有经济迅速发展形成的资本积累和劳动大众相对贫困去说明。显然易见的结论是，我国分配不公和财富差别悬殊是过度剥削的结果，其制度根源是资本主义私有制，或者说，是引导和监管不力的资本主义私有制。

有人将造成分配不公的原因归结为官员和企业高管腐败，国外的媒体更是将它称为财富悬殊的罪魁祸首。毋庸讳言，官场、职场腐败已是当前我国的一大弊害。政府和国有企业中的少数败类贪污受贿，权钱交易，严重破坏市场秩序，极大伤害民众的利益，造成国有资产难以计数的损失，为自己聚敛了巨额资财。人民大众无不对其深恶痛绝，义愤填膺。它确实是分配不公的重要表现，应该毫不手软地对它严加惩处，坚决肃清，并制定严格的制度和法律加以防范。但是，将它列为财富悬殊的主要矛盾或根源，却是轻重不分、本末倒置。因为，权钱交易，不论是被动的或是主动的，都发生在内外勾结上，都需要一定的条件，即只有在权力能够使某些不法厂商获得更大利益，或者在这些厂商能够拿出使某些官员动心的贿赂时，交易才会发生。这绝不是普通的工薪人员或者小生产者所能办到的。贪官污吏也只有同贪婪富有的财主勾结，才能获得他们想要的经济利益；如果他们发了不义之财以后还想成为亿万富豪，只能通过私人资本的经营。可见，足够大的私人资本就是官场职场腐败的经济基础。资本对最大利润的追逐才是政治上滋生腐败的真正根源，政治腐败无非是资本攫取最大利润的必要工具。如果没有私人资本的迅速发展及其拉拢腐蚀，中国的官员腐败就不会蔓延到今日的地步。"恶竹应须斩万竿"，谴责腐败是完全必要的，可是，如果只限于对它的痛恨而不探究其产生的根源，不仅不能从根基上去消除它，还可能模糊一些人的视线，错将愤怒转移到社会主义政权身上，这正是境外某些舆论所希望和竭力渲染的。

针对分配不公和财富悬殊的根源，建议采取以下的治理方法。

首先，必须承认现实，认清分配不公的主要矛盾与产生的根源。我国一些人最喜欢讲"与时俱进"，可是针对社会经济政治影响最大的阶级关系，却始终不敢正视客观的实际，总是重复几十年前的老话，说什么我国经过社会主义改造以后剥削阶级就不存在了。以后虽然也曾进行过一些调查分析，却只是根据皮毛的材料讲几个阶层的差别，不敢涉及阶级一词，对资产阶级和剥削的存在更是讳莫如深。当前流行的隐讳阶级关系的理论风气，完全与马克思主义基本原理背道而驰，是人们无法正确分析、判断我国社会关系中一系列重大问题的根本原因。分配不公、财富悬殊等问题的研究也因此被误导、扭曲，难以得出符合实际的答案。因此，要解决分配问题，首要的是如实承认我国阶级关系的现实，认清分配不公的主要矛盾及其制度根源。这样做并不是要强调阶级对立，也不会造成社会关系的紧张，因为阶级和剥削的存在是既成的客观事实，只有承认它的存在而不去回避它、掩盖它，才能及时发现阶级矛盾的变化，正确引导和妥善加以处理。这才是谋求社会和谐稳定的正道。

其次，坚持公有制为主体、多种所有制经济共同发展的基本经济制度。对社会主义的国家所有制，不仅要通过效益优良的实现形式不断完善它，更要排除各种攻讦，敢于适时地在国民经济的关键部门发展它，充分发挥其主导作用。对私营经济，既要看到它存在的必要性和积极作用，毫不动摇地鼓励、支持它的发展，更要注意对它的引导，在发挥它的正面作用的同时注意减少它的负面影响。要加强对私有经济的监测，及时了解其发展动态，完善相关的制度，依法履行监督和管理职能，特别要加强监督检查有关企业劳资关系的情况。要以全面的观点营造良好的社会氛围，既要宣传私有经济的重要作用和国家对它的支持，表扬私人业主的优良表现，也要宣传引导企业守法经营的必要性，向社会公布有关监管的信息，利用社会监督和舆论监督，揭露、制止私人业主的不良、违法行为。

第三，辩证地认识和对待财产性收入。在社会主义初级阶段，物质资料还比较缺乏，鼓励个人将其财产投入市场，合法运营，既有利于生产的发展，丰富物质资料的供应，又能增加个人的收入，提高人民的生活水平，对社会具有重要的积极作用。因此，要保护合法的财产性收入，创造条件让更多群众拥有财产性收入。但是，应该看到财产性收入的另一重作用，即它是产生收入分配不公的重要原因之一。少数拥有大量财产的富人，能够凭借其财产轻而易举地得到巨额收入并迅速扩充其财富，拉大与劳动者的收入和财富差距；而除了劳动力（或远在家乡的承包土地）别无所有的外出务工人员，却不可能在维持最低水平的生活以外剩有足以投资的积蓄，完全谈不上财产性收入；至于处在这两极之间的阶层，其微薄的财产性收入也不足以改变社会财富高低悬殊的态势。所以，要辩证地认识财产性收入，分别不同的群体，正确对待财产性收入。首先要提高普通职工的工资，使其在保证基本生活之外略有积蓄，减免对他们少量财产性收入的税负，使这部分收入能够真正成为劳动收入的补充。要使更多的中层收入者从逐渐增大的财产获得收益，进一步改善生活，缩小他们与富裕阶层的差距。对依靠财产轻易取得巨额收入者，则应开辟税种，向其征收高额累进税，减缓其财富急剧增长的趋势，降低分配不公的幅度。

第四，营造最低工资的确定和递增机制，完善社会保障制度，逐步提高私营企业雇工的收入和福利。无论是从工资占 GDP 的份额、占企业成本的比重或是从绝对水平分析，无论是同国外、境外比较或是同国有企业比较，我国私营企业的劳动报酬和福利待遇的确是严重偏低。这不但造成劳动者的生活困难，不利于社会秩序与和谐关系的稳定，还由于它严重损害了劳动者的积极性和主动精神，不利于生产效率的进一步提高，降低劳动者有支付能力的需求，妨碍市场的繁荣，最终也不利于私营经济的持续发展。所以，提高劳动者收入应该成为分配改革的重点。要制定和强制实行最低工资标准，并根据经济的发展按期适当递增，逐步提高私营企业劳动者的实际工资水平；要建立和完善私营企业的劳动保障和生活、医疗等的保障制度，逐步扩大受益面和受益内容。提高工资和福利可能一时会增加企业的压力，却能转化为企业转型的契机，最终促进企业在更高的水平上加速发展，是劳资"双赢"的战略。

第五，制定和完善立法并认真贯彻执行，维护劳动者的合法权益。前一段，舆论大量宣传保护一切合法的劳动收入和非劳动收入，这是符合社会基本经济制度的要求，有利于实行按劳分配为主体、多种分配方式并存的分配制度的。由于非劳动收入的大量出现属于改革后新体制的产物，许多群众对它尚不够理解，宣传的侧重面在前段偏于对非劳动收入的保护，也是有其历史原因的。但是，我国的就业形势严峻，企业主可能凭借其优势地位压低工资，减少劳动者的必要的福利和漠视劳动条件的改善。因此，劳动者在市场中属于弱势群体，更有必要予以更多的关心，保证其正当劳动权益不受侵犯。必须扭转过去只侧重宣传保护非劳动所得的偏向，更加重视对劳动者的保护。要在劳动、工资和社会保障领域制定和完善立法，认真学习、宣传和切实贯彻，避免和减少忽视劳动保护、压低劳动收入的行为，运用法律手段保护劳动者的正当劳动权益和合法收入。

第六，充分发挥工会和工商联的作用。要改变以前工会过分迁就其至讨好资方、软弱无能的状态，加强工会组织的独立性和主动性，充分发挥其团结、教育职工，关心职工劳动和生活，监督、推动企业执行各项劳动法规，维护职工合法权益的作用。要以工会为依托，组织劳动条件、劳动报酬和劳动保障的集体谈判，正确权衡、兼顾劳资双方的利益，合理安排劳动、工资和福利待遇。工商联也要避免单方面照顾企业主利益的倾向，正确处理国家和企业的利益、企业的长远和眼前利益以及劳资双方的利益，配合有关部门教育、引导企业主遵纪守法，改善经营管理，促进工商业的发展。还要通过各种途径和形式影响商会、行业协会、联谊会等组织，引导它们发挥积极作用，防止有人利用它们进行不正当串通或操纵。

以上的做法并非要阻止私营经济的发展，而只是为了改变对它引导和监管不力的偏差。它们的实施是包括私营经济在内的国民经济持续健康发展的必要条件，也是构建社会主义和谐社会的必要前提。解决分配中的矛盾，不会吓跑私营企业主，因为它将创造一个更协调的投资环境，有利于他们的经营和长期发展。

（原载于《经济学动态》2010 年第 11 期）

根据所有制实际重新分析
当前阶段的社会主要矛盾

中华人民共和国建立以后，经过所有制的社会主义改造，再经历改革开放，我国的生产关系和社会矛盾都发生了极大的根本性变化。从实际出发，保持清醒头脑，正确认识我国发展的阶段性特征，研究当前社会存在的矛盾，认清基本矛盾和主要矛盾以及它们与其他各种矛盾的关系，分析其产生的根源，积极主动地正视矛盾、化解矛盾，是在构建社会主义和谐社会进程中党和国家决定方针政策和指导一切活动的重要依据，具有重大的理论和实践意义。

一、 不能根据半个世纪前的所有制状况分析当今的社会矛盾

在不同事物及其发展过程中存在各种各样的矛盾，它们互相依存、互相影响，构成为一个复杂的体系。在这个体系中，各种矛盾的地位和作用是不平衡的，其中有一种矛盾贯穿于事物发展过程的始终，支配着事物的全过程，决定着事物的根本性质，区分了不同的事物。它就是事物的基本矛盾，其他的矛盾则是非基本矛盾。人类社会是在生产力与生产关系、经济基础与上层建筑的矛盾中不断发展的。一种社会的基本矛盾就是生产力的性质、水平和发展要求与在一定所有制基础上建立的生产关系的矛盾以及经济基础与上层建筑的矛盾。

在社会主义初级阶段，生产力与生产关系、经济基础与上层建筑的矛盾也是社会的基本矛盾。以马克思主义为指导的中国共产党和社会主义国家能够正确认识社会发展规律，及时地发现存在的矛盾，自觉地进行改革和建设，妥善地解决矛盾，使生产力与生产关系、经济基础与上层建筑互相促进，创造必需的物质、精神条件，推动社会主义初级阶段不断前进，在将来过渡到社会主义的成熟阶段。

社会基本矛盾贯穿于一定社会发展阶段的始终，支配着这一阶段社会发展的全过程，决定着社会的根本性质。在它的制约下，社会存在各种矛盾，其中有一种矛盾居于主导的地位，起着支配或规定其他矛盾的作用。这种矛盾就是主要矛盾，其他矛盾则是非主要矛盾。不过，非主要矛盾虽然受主要矛盾的支配和规定，却不是完全消极被动的因素，它们可以影响和反作用于主要矛盾。由于矛盾体系中各种力量的消长变化，有些矛盾解决了，又有些新的矛盾发生了；有些矛盾激化了，有些矛盾缓和了。经过一定时期的变化，原来的主要矛盾可能下降为非主要矛盾，非主要矛盾则上升为主要矛盾。这种变化使事物的发展呈现出阶段性和差别。

由于所有制是生产关系的基础，对生产关系的变化起着决定作用，从构成社会矛盾一方的生产关系考察，它是一种社会形态一定时期社会基本矛盾和主要矛盾的根源。分析社会矛盾不能不从所有制的变化入手。在我国社会主义初级阶段，各种社会矛盾以及它们借以产生和存在的所有制基础经历了几个阶段的变化。

第一阶段从没收官僚资本、实行土地改革开始到进行生产资料所有制的社会主义改造为止。在这个阶段，社会上存在多种所有制结构。新建立的社会主义全民所有制空前地焕发了劳动者的积极性，有力促进了国民经济的恢复和发展，可是，在它内部一些从旧制度沿袭下来的管理方式和观念与生产力更快发展存在着矛盾。民族资本主义经济对发展生产、满足社会需要有着积极的作用，但是，由资产阶级唯利是图的本性决定的"五毒"

行为，又与恢复发展工商业、支持新生国家的建设和抵御帝国主义威胁的要求存在矛盾。从封建地主手中夺回土地的亿万农民，以旺盛的热情促进农业生产的发展，但小农力量的脆弱和分散性与抗御自然灾害、更快发展农业、满足社会对农产品的巨大需求产生矛盾。为了解决这些矛盾，要求进行生产资料所有制的社会主义改造。由于实行的方法和措施正确，在矛盾的解决过程中，社会生产力不仅没有受到破坏，还继续得到比较迅速的发展，在内匪猖獗、外敌逼境的严峻形势下，保证了年轻共和国的安全和广大人民生活的稳定和提高。

所有制变革的第二阶段从社会主义改造完成后开始，到实行改革开放前为止。经过"三大改造"，全部的资本主义私有制和大部分劳动者的个体所有制被改造为社会主义的全民所有制和集体所有制。1978 年，公有制经济在国民经济中的比重达到 97.9%，而非公有制比重仅为 2.1%。在这个阶段，经济领域的社会矛盾相对简单：剥削和剥削阶级被消灭了，剥削制度产生的阶级对立消除了，劳动人民当家做主，地位平等、根本利益一致，在社会上存在的主要是国家利益、集体利益、个人利益，长远利益和眼前利益之间的矛盾，它们可以通过正确处理积累与消费的关系，安排好按劳分配中的适当差别加以解决。但是，刚从千疮百孔的旧社会脱胎出来的社会主义社会，生产力的总水平还十分低下，只靠分配的调节还不能使全体人民都过上富裕生活。于是，发展生产、保障供给成为社会的首要任务，落后的社会生产与人民不断增长的需要之间的矛盾成为社会主义初级阶段的主要矛盾。社会主义公有制的建立，有力地促进了生产力发展，虽然此时出现一些政治上的动荡，但国民经济仍然以较高的速度发展起来。只是由于缺乏成熟的经验可资借鉴，加上 20 世纪 50 年代我国面临着极为严峻的国内外形势，在进行所有制改造时存在急躁冒进的倾向，不顾社会生产力的条件，企图在很短期间内就完全消灭私有制，在公有制内部也实行了公有化程度过高的管理体制。这些都妨碍了社会经济的进一步发展。中国共产党根据历史唯物主义，正确总结经验教训，揭露了片面求公、求纯的经济制度和分配中的"平均主义"弊病，领导全国人民自觉地进行经济体制改革，实行对外开放。

1978 年以后的改革开放使所有制改革进入第三阶段。"公有制为主体、多种所有制经济共同发展"逐步成为这个阶段的基本经济制度。但是，这一制度也不是一成不变的。经过三十多年继续不断的改革，它的内部构成比起它建立初期发生了巨大的变化。社会主义公有制经济在社会中所占的比重不断缩小，劳动者的个体所有制恢复、发展了，已被消灭的资本主义私有制重新出现，并以突飞猛进的速度和极大的规模发展壮大。1985 年，在全国工业总产值中，全民所有制和非公有制经济所占的比重分别为64.9% 和 3%；到 1992 年，二者所占的比重分别为 48.1% 和 13.9%[1]；到了 2009 年，国有及国有控股企业与非公有企业工业增加值的比重变为31.8% 和 29.6%[2]。如按全部产业计算，二者比重的变化更大。到 2011 年，我国"民营经济"总产值已占到 GDP 的 50% 以上[3]。如果再加上港澳台和外国企业，资本主义经济所占比重还要增大很多。

经历了这几个阶段，我国从多种所有制变成单一公有制，再回到多种所有制。随着所有制的巨大变革，阶级关系和社会矛盾不能不发生根本变化。遗憾的是至今还有许多人不愿承认或妄图掩盖这种变化，仍然依据半个多世纪前存在单一公有制的条件去谈论当前阶段的社会基本矛盾和主要矛盾。这种脱离现实的方法使他们永远停留在空洞的词句之中，毫无理论说服力和解决实际问题的能力。因此，摈弃这种俗套，从当前阶段存在多种所有制的现实出发，重新分析社会的主要矛盾，已是我国理论界刻不容缓的重要任务。

---

① 国家统计局：《中国统计年鉴 1993》，中国统计出版社 1993 年版。

②《人民日报》2010 年 8 月 2 日。

③ 中华全国工商业联合会：《全国工商联要闻》2011 年 7 月 7 日。

我国改革开放以后形成的基本经济制度是由不同性质的所有制构成的，一类是社会主义公有制，主要的是社会主义全民所有制和集体所有制；一类是私有制，包括资本主义私有制和劳动者个体所有制；还有一类是由不同的所有制以不同的方式和结构联合、融合组成的混合所有制。由于这些所有制在性质上是根本不同的，在它们基础上形成的生产关系也互不相同，各有不同的经济主体，不同的生产目的、权利关系以及不同的发展规律，由此形成的社会矛盾也必然各不相同。虽然多种所有制不是彼此孤立存在的，它们之间发生着多种多样的联系，在它们基础上产生的生产关系和社会矛盾也会在一定程度上互相影响，但是，这些影响都是外在的因素，不是根本的决定性条件。所以，要正确认识社会主义初级阶段的社会矛盾，首先要区分不同的所有制，剖析各种所有制基础上建立的生产关系，探寻这些关系形成的社会矛盾，再进而分析不同所有制之间的关系，了解各种社会矛盾如何产生以及它们如何互相影响，最终找出支配各种矛盾的社会主要矛盾，对主要矛盾的可能变化和发展趋势作出科学的判断。

二、 社会主义公有经济中国家、 集体和个人的矛盾和主要矛盾

我国当前的几种所有制中，重要的是社会主义国家所有制和资本主义私有制。这两种所有制具有根本不同的社会性质，在它们基础上产生的经济关系和社会矛盾也存在重大的差别。本节先探讨社会主义国有制经济关系中的社会矛盾①。

社会主义国家所有制是资本主义基本矛盾的必然产物，是对束缚高度社会化的生产力发展的资本主义私有制的彻底否定。它适应这种生产力的

———————

① 社会主义公有制有两种基本的存在形式：全民所有制和劳动者集体所有制。它们除了公有范围（即公有产权主体规模）的差别以外，具有共同的基本特征。为了节省篇幅，这里暂以全民所有制的当前存在形式——国家所有制为分析对象。

性质和水平，有利于生产力的发展，但在某些方面与生产力也存在矛盾。它们的产生根源在于所有制的内部结构。所有制不仅是生产资料和产品归谁所有的关系，它还包括占有、支配、使用等一系列责权利关系（亦即产权关系）。如同其他的所有制一样，社会主义国家所有制内部也存在各种产权以及不同的产权配置结构（即不同的产权制度，或称所有制实现形式）。在国家所有制的不同产权结构中，各个主体具有不同的权力、责任、利益，最终体现为公有化程度的差别。只有产权结构适合不同阶段生产力的水平、性质和要求，才能促进生产力的发展，否则，就会与生产力发生矛盾，不利于生产力的发展。所以，在社会主义国有经济中，不同发展水平和社会化程度的生产力与国有制不同产权结构及其形成的生产关系的矛盾便成为它的基本矛盾。国有经济的改革从根本上说就是由这个基本矛盾推动的。

社会主义国家所有制的生产资料和产品归以国家为代表的全体人民共同所有，它的成员之间不存在归属权（狭义所有权）的差别，任何人都不得利用生产资料的归属权无偿占有别人的劳动成果，只能按照自己提供的劳动从社会获得相应的报酬。这种崭新的生产关系既消除了阶级差别以及奴役和剥削，实现了社会主义的民主和平等，在社会成员中建立起互助合作和友好和谐的关系，还有利于调动人们的劳动积极性，合理调配各种资源，促进生产力的迅速提高，并在生产发展的基础上不断增加劳动者的收入，改善人民的生活。

但是，在社会主义生产关系和生产力矛盾的制约下，现阶段的国家所有制具有一些重要特点。在它们的基础上，国有经济内部也存在一系列的矛盾。主要是：第一，为了实行激励，发展生产，不能不承认和维护各种层次和类型的生产组织的局部利益，由此产生了整体与局部之间，国家、部门与企业之间，部门之间，企业之间的利益差别或矛盾。第二，为了发扬企业的自主精神，增进企业活力，以提高企业的经营效率，需要打破产权过分集中在国家的格局，实行所有权和经营权不同形式的分离，这又会使政府与企业之间在有关集中决策、宏观调控和分散经营等关系的处理上产生矛盾。第三，在企业内部，各层管理人员和劳动者在统一领导和实行民主管理方面存在矛盾，妨碍劳动者主人翁意志的实现，挫伤劳动者的积极性和主动精神。第四，为了加速发展生产不能不加大社会积累，为了保持稳定要求留有必需的后备，它们与扩大劳动报酬和社会福利基金、迅速增加当前的个人消费发生一定的矛盾。第五，按劳分配方式的实行，使权利的平等与实际收入和生活水平的差距存在矛盾，处理不当必然会影响劳动者的相互关系和积极性的发挥。除了这些矛盾以外，社会主义国有经济由于受到资本主义私有经济的影响，还产生了其他一些矛盾，如某些部门和企业掌权者的腐败、化公为私与公共利益、民众利益的矛盾，某些企业为了追求高额利润进行不正当竞争和欺诈引起的社会矛盾，等等①。以上这些矛盾有的属于生产过程中的矛盾，有的则是发生于分配过程，只有妥善处理和解决它们，才能实现劳动人民物质文化需要得到充分满足的最终目的。但是，要解决这些矛盾最重要的是要有强大的物质基础。离开社会生产的迅速发展，各种社会矛盾的处理就会遇到物质条件的限制，也就谈不上劳动人民需要的最好满足了；反之，宽裕的物质条件能够使矛盾的各方得到较多的利益，扩大解决矛盾的空间，有利于这些矛盾的解决。因此，不发达的社会生产与劳动人民不断增长的需要之间的矛盾便成为公有经济的主要矛盾。协调好公有制内部关系，调动各方面、各层次的积极性，利用现代科技手段大力发展生产，仍是公有经济的首要和当务之急。

有人主张，公众日益增长的对公共品的需求，同公共品供给短缺、低效之间的矛盾，已成为中国现阶段社会的主要矛盾。这种说法是有缺陷的。第一，构成主要矛盾的生产是从整个社会看的生产，而不是某类产品的生产或供给，我国社会生产在总水平和总量上仍然是比较低下的，不是只有

----

① 除了这些矛盾以外，国有经济由于受到资本主义私有经济的影响，在其内部还产生了其他一些矛盾。容后分析。

公共品供给才存在短缺；公众对公共品的需求只是物质文化需求的一小部分，除它以外，对大量的生活必需品的需求还远远得不到满足。可见，这种讲法漠视社会生产和人民生活需要的矛盾尚未解决的事实，错将内涵较小的某个具体的矛盾夸大为社会主要矛盾。第二，公共品供给短缺主要属于结构性的问题，可通过调整资源配置部分地加以解决，但解决的程度最终还要受制于整个社会生产的规模和产品的数量。如果不从社会的总体考虑生产的发展和需要的满足，只将眼光集中在公共品之类的局部问题上，就会找错解决问题的方向和途径。第三，社会生产是在一定的生产关系中发展的，它与人民需要之间的矛盾反映了这种生产关系与生产力的矛盾，必须从特定的生产关系中去寻找产生矛盾的根源。公共品供求之间的矛盾却不一样。公共品多数不由市场调节，主要靠国家提供，政府对组织公共品的供给具有重大的责任。所以，将公共品的供求矛盾夸大为社会主要矛盾，就容易转移视线，只关注政府行为而忽视对整个社会生产关系的分析，搞不清真正的社会主要矛盾，看不到它的形成根源。第四，假如这种说法能够成立，我国就要以解决公共品供求矛盾作为主要任务了，一些人便可顺理成章地推出自己的私货，如鼓吹国有经济退出一切竞争性领域，只从事公共品的生产；主张减少国家对国有经济的投资，或出售国有资产，转作社会公共福利基金，以增加公共品的供给，等等。这样，抑制国有经济的发展以及进一步的私有化就将添加另一个理论支撑了。

社会主义生产关系除了与生产力的矛盾，还存在由它构成的经济基础与上层建筑之间的矛盾。社会主义国家是劳动人民建立的国家，对劳动人民自己的生产关系首先起着维护和促进的功能，组织各种力量进行社会主义物质、政治和精神文明建设，及时发现、处理和解决各种社会矛盾，巩固和发展社会主义事业，实现惠及亿万人民的社会主义目标。在社会主义经济基础上形成的新的意识形态，如良好的道德风尚、团结和谐的人际关系，也有利于社会主义经济、政治关系的巩固和发展。但是，新建立的上层建筑，无论是政治方面或是思想意识，都不可能立即与社会主义经济基础完全适应，特别是，在它们内部都还残存着一些资本主义的乃至封建、殖民地的影响和痕迹，只要遇到一定条件就会死灰复燃。例如，伴随着资本主义私有经济的发展，自私自利俨然成为天经地义，一些人诚信缺失、道德失范，官场、职场腐败日渐蔓延，"三大改造"后基本绝迹的嫖、赌、毒等腐朽行为大量重现，这些都严重地危害到社会主义的经济、政治、文化生活，与社会主义经济基础发生重大矛盾。

三、 资本主义私有经济中的阶级矛盾

改革开放以来，我国资本主义私有制经济高速发展，重新生长的资产阶级的力量比社会主义改造前强大百倍；从某些指标看，它在国民经济中的比重已经超过国有经济。虽然在国家的管理下和国有经济的影响下，它们的活动和影响与外国的资本主义有一些差别，但是，它们的基本性质并没有改变，都是以榨取雇佣工人的剩余劳动、追求最大利润为目的。而且，随着它们力量的迅速增强，它们的本性日益显露，它们的要求，包括政治、社会地位的要求也日渐膨胀[1]。这就是分析我国私有经济矛盾的客观依据。

我国的资本主义私有制也是建立在社会化大生产基础上的，它与生产力既有相适应的一面，因而能够迅速发展并且发挥许多积极作用，但是，它与生产力也有相矛盾的一面。马克思和恩格斯在一百多年前科学论证了资本主义社会的基本矛盾就是生产社会化与资本主义占有的矛盾。现阶段我国的资本主义私有制所赖以存在的生产力，在发展水平和社会化程度上都远远超过百年前的时代，资本积累的情况更是那时无法比拟的。革命导师关于资本主义基本矛盾的分析，仍然适用于当前我国私有经济的实际。

---

[1] 人民日报社主办的《环球时报》2011 年 3 月 5 日第 8 版载：美国议员中最富有的 70 位，财产总额为 48 亿美元，中国人大代表中最富有的 70 位，财产总额为 751 亿美元，是前者的 15 倍多。

不仅如此，由于特殊的国情，我国私有经济的成长和发展具有更甚于西方资本原始积累的残酷性。它利用我国农村经济落后、剩余劳动力淀积太多、社会资金短缺、就业门路狭小、待业后备军庞大等特点，在劳动力市场中拥有绝对优势，在生产中占据无上权威的地位，被雇佣者毫无平等对话的可能。因此，劳动条件差、劳动时间长、工资待遇低下已成为国内外公认的我国私有企业的常态，其具体情况和统计资料俯拾皆是，无须详述。于是，一方面，财富以举世瞩目的规模和超过发达资本主义国家的速度向少数富豪集中。荣登"胡润百富榜"的资本家的平均财富在近两年里就增长了51%。仅20名最大富豪拥有的财产就有6000多亿元，前50名富豪的财产即达14600亿元①。这些人及其后代过着骄奢极侈的生活，在一个人均GDP尚处于百名之后的国家带动了世界第二大的奢侈品市场。另一方面，劳动者收入占新创造价值的份额明显下降（私有企业工人的平均工资仅为国有企业工人的52%），大部分家庭的生活水平无法随生产的发展相应提高，大量家庭为得一"蜗居"而挣扎终生，约5%的家庭生活极端困难②。在我国，主要由国企私有化产生的下岗职工和"农民工"组成的城镇贫困人口，总加起来已达5000万以上③。反映社会贫富差别的基尼系数，1978年仅为0.16，2006年跃升为0.49，目前实际上已达0.5以上，超过绝大多数发展中国家和发达国家的水平。我国资本主义经济中的超重剥削是分配不公和财富悬殊的主要根源。我国社会两极分化的严重性，戳破了有

---

① 2011年9月7日"胡润百富榜"发布，上榜中国企业家共1000位，平均财富59亿元，与前年相比增长了51%，与去年相比则上涨了20%；前50名富豪平均财富292亿元，比去年增长了12%，较前年上涨了35%；前20名富豪拥有的财富就高达6000多亿元。2009年中国财富在10亿美元以上的富豪有129名，2011年为271名。仅仅两年时间，顶级富豪人数就翻了一番，仅次于美国，居世界第二位。

② 据湖北省统计局、劳动厅、计委联合调查组对湖北省50家停产半停产企业1258名职工的调查显示，他们的平均月工资仅相当于私营企业主月生活费的3.6%（赖德胜：《先富！后富？——中国转型期的收入分配》，湖北人民出版社1999年版，第106页）。

③ 根据民政部的统计，截至2003年3月31日，城镇居民最低生活保障人数为2140.3万人。另据中央党校吴忠民教授估计，目前实际上属于城市贫困人口的"农民工"及其家属的人数应不低于4000万人。（吴忠民：《中国有多少贫困人口？》，《中国经济时报》2003年5月16日）

些人誉称为"民有、民治、民享"的"民营经济"温情脉脉的面纱，表明资产阶级和无产阶级之间无可否认地存在着不可调和的矛盾。

关于社会生产方面，在我国宏观管理和法治建设赶不上市场发展的条件下，资本对高额利润的追逐形成一股"赚快钱"的浮躁之风，产生一系列经济问题。例如，大量资本争相涌进暴利部门和行业，造成一些产业的泡沫化，另一些产业则因近期获利有限，资金纷纷外流，导致空心化；一些企业只跟随一时的市场信息，盲目投资或扩大生产，出现低水平的重复生产，造成一般产品产能过剩，而有些重要产业，如支农产业、环保产业、民生基础产业、设备制造业、高新技术产业等，则因获利不高不快或风险较大而缺乏足够的投资，社会急需的产品供应不足；不少企业为了赚取暴利，掠夺性使用自然资源，狂挖乱采，不仅造成巨大浪费，而且严重破坏生态环境；相当多的企业只想牟利，罔顾社会和群众利益，生产、销售假冒伪劣甚至有害有毒用品和食品，残害广大消费者；许多企业承包地方的重要建设项目，层层转包，偷工减料，极度降低工程质量，"豆腐渣"工程防不胜防，事故频仍，危害人民的生命财产安全；巨额游资转入流通领域，大肆投机倒把，抢购紧俏物资和生活必需品，哄抬物价，扰乱市场，妨碍人民的正常生活。这些问题在改革前的国有企业基本不存在，现在虽然没有完全杜绝，但在私有企业中更为普遍、更为严重。它们的存在不利于国家产业结构的优化和升级，不利于国民经济的全面、协调和可持续发展，最终不利于社会进步和改善民生，充分暴露出资本主义经济深受私人利益局限和强烈的逐利冲动，与整个社会生产的协调发展之间产生巨大矛盾。

从生产和需要的关系观察，我国资本主义私有经济发展极其迅速，形成强大的生产力，生产出大量的产品，其中绝大部分是生活消费品。但是，广大的雇佣劳动者因收入低下，虽有生活需求却无足够的购买能力，结果形成大量的"过剩"商品，只好低价出口外国，造成过高的外贸依存度，既容易受制于外国，引起频繁的国际经济摩擦，国内广大群众的需要又无法得到满足。马克思和恩格斯揭露的资本主义国家生产无限扩大趋势和劳动者有支付能力的需求相对缩小之间的矛盾，在我国已经明显暴露，而且愈演愈烈，并危及整个社会。这个矛盾与劳资之间收入和生活的巨大差距交相掩映，成为我国资本主义生产关系的主要矛盾。不解决这个矛盾，贫富对立、内需不足等问题就会长期存在，转换社会经济发展方式也就更加困难了。

四、 两类主要矛盾的互相影响及整个社会主要矛盾的表述和内涵

以上所述的两类社会矛盾是分别在社会主义公有制和资本主义私有制的基础上产生的，但是它们又共同存在于同一个社会，彼此之间必定会互相影响，使两类社会矛盾的表现和作用程度发生某些变化，最终影响到整个社会的主要矛盾。

首先，社会主义初级阶段的基本经济制度内部就存在着矛盾。它是由不同性质的所有制构成的，其主要部分是社会主义国家所有制和资本主义私有制。在这两种所有制基础上分别建立起来的生产关系，性质也是根本不同的。社会主义公有经济归劳动人民共同所有和享受，发展生产的目的是为了满足劳动人民不断增长的需要；资本主义私有经济则归资产阶级所有和经营，其目的是为了占有工人的无酬劳动，攫取最大利润。这两种经济的性质、运行规律和发展趋势都截然不同，它们共同存在于同一个社会里，既有互相促进、共同发展的一面，又存在互相竞争和对立的一面。前者表现在互相提供发展生产经营所必需的人、财、物要素，展开经济协作，交流信息和管理经验，在改革中交叉渗透乃至资产融合，等等；后者主要表现在对市场、投资领域和资源的争夺，对产业的控制和国家经济主导地位的角逐，特别是某些私有制主体对公有资产的侵占和对公有企业高管的

拉拢腐蚀以及公有经济为维护自身利益的反制。矛盾的这些方面在基本经济制度形成的初期还不明显，但会随着私有经济力量的强大而日益剧烈。目前，资产阶级已经由他们的代言人通过各种政治的民间的组织和各色各样的媒体，强烈要求开放国民经济重要部门和高利润领域，限制国家垄断，减轻私有企业的税负，甚至要求修改宪法关于国家经济制度的某些条文。

其次，两类社会矛盾也会互相影响，其作用和程度将随着哪种生产关系在社会占主导地位以及主导力量大小而有所不同。从国有经济的影响看，在社会主义生产关系占主导地位的情况下，国有企业中职工的主人翁地位、同志式的关系和较高的工资水准对私有经济可能发挥重大示范作用，有助于维护私有企业工人的合法权益，限制企业主对雇佣工人的剥削程度，缓和劳资之间的矛盾。国有经济控制国民经济关键部门、国有企业在贯彻国家政策和履行社会责任方面的带动作用，支撑、引导和带动整个社会经济的发展，在实现国家宏观调控目标中发挥重要作用，有利于引导私有企业的投资，规范私有企业的市场行为，减少私人逐利冲动与社会生产协调发展之间的矛盾。国有经济上缴的巨额利润和税金，有力地充实了国家的财政收入，加强了国家发展公共品和完善社会保障体系的能力，有助于缓解私有经济迅速增长与劳动者有支付能力的需求相对不足的矛盾，对改善私有企业劳动者的生活起了一定的积极作用。当然，国有经济缓和资本主义矛盾的力度终究要取决于国有经济的力量，国有经济在社会中所占的比重增大、发展迅速，对私有经济矛盾的影响程度就会加强，否则就会遭到削弱。此外，国家的方针政策、法律法规、对国民经济的宏观调控，也会增强社会主义经济的影响力，有利于缓和资本主义的种种社会矛盾。

反过来，资本主义私有经济的矛盾也影响了社会主义经济。比较明显的是：（1）在私有企业主获取暴利和奢侈生活的物质和思想诱惑下，特别是在不法厂商的拉拢腐蚀下，有些国有企业管理人员堕落腐化，导致大量国有资产流失；有些企业国有产权被个人或小集团把持，为少数人谋利；

有些企业甚至在性质上发生异化或蜕变。这些问题的存在，在企业内部破坏了国有经济内部平等和互助协作的关系，扩大了企业与个人、管理者与普通劳动者之间的矛盾，乃至出现类似劳资矛盾的对立关系；在市场上可能产生一些类似不法私人厂商的错误行为，与社会主义的目的产生矛盾。（2）在市场经济中，面对着资本主义私有经济的强大竞争压力，国有经济无法只以满足劳动人民需要作为自身的唯一生产目的，企业还要获取一定的利润，难以承担更多的社会责任。资产阶级逐利冲动与社会生产协调发展之间的矛盾也会影响到一些国有企业，使之为了增加企业利益而产生一些不合理的投资和不规范行为，加大政府与企业之间在处理宏观调控和分散经营关系上的矛盾，不利于社会资源的有效配置。（3）为了应对资本主义企业的竞争，国有企业也要设法降低成本，不能过大过快地提高工资和福利。这在实质上表明了：受资本主义劳资间分配矛盾的影响，国有经济在实行按劳分配时无法适当扩大劳动者在剩余劳动中所得的份额，难以显示按劳分配对按生产要素分配的优越性，从而使处理企业利益和个人利益的矛盾以及劳动者之间权利平等与收入和生活水平存在差距的矛盾更加困难。（4）劳动者有支付能力的需求相对降低与生产无限发展趋势的矛盾，本来是由资本剥削导致的，是资本主义生产关系所特有的，但是，与它共处于同一个社会的国有经济不能不受到它的影响，使一些国有企业因社会购买力不足也出现产能过剩。这与社会主义公有经济发展生产以更好地满足人民需要的规律是相悖谬的，当然会极大地增加解决社会主义主要矛盾的困难。此外，资本主义的上层建筑对社会主义的社会矛盾也起着重大的影响。如果对资产阶级思想意识的扩散能够有效抑制，社会主义道德精神得到发扬，社会主义的社会矛盾就可能比较顺利和较好地解决；反之，矛盾就会加剧，变得更不容易解决了。

综上所述，当前在公有制经济仍然占主体地位的条件下，社会的主要矛盾可以说仍然是生产发展与劳动人民的生活需要未能得到充分满足之间的矛盾，但是，这只是体现在表述形式上面，而矛盾的成因则是二重的：就国有经济而言，劳动者需要得不到充分满足，既是由于生产不够发达，还因为受到资本主义经济的上述种种牵制，未能充分发挥社会主义的优越性；就私有经济而言，主要原因是超强的剥削使劳动者的支付能力远远低于生产的发展水平，劳动者的正常生活需要得不到满足，而国有经济由于所占比重还小、力量不足，未能对私企劳动者提供更多的社会和生活支持。就是说，现阶段社会主要矛盾在形式上虽然与早先或传统的表述相近，但在实际内涵上却有不小的差别，而且一旦社会所有制结构发生进一步的逆转，社会主义经济的影响力遭到更大削弱，社会主要矛盾就会出现变化。所以，必须重视当前社会主要矛盾的复杂性，如果简单对待，不做深入的分析，就无法正确认识和解决矛盾。

五、　几点简要结论

第一，社会矛盾是在一定的生产关系中形成的，根源在于所有制。经过改革开放，我国的所有制结构发生了巨大的变革，不能继续按单一公有制的旧思维，而是要从多种所有制并存的现实出发，去解析我国现阶段的社会矛盾。

第二，我国的基本经济制度内部存在社会主义公有制与资本主义私有制，在它们的基础上分别形成性质根本不同的两类生产关系，相应地产生了不同的社会矛盾。必须承认基本经济制度内部存在的矛盾，认识当前社会矛盾的二重性和复杂性，正确理解社会主要矛盾，使用不同的方式方法去处理和解决矛盾，切忌简单化。

第三，两类社会矛盾互相影响，可能促使一种生产关系出现新的矛盾，也可能使固有的矛盾缓和或者激化。应该利用有积极影响作用的因素，使矛盾朝着有利于解决的方向发展。

第四，经济力量强大的生产关系将对社会矛盾的变化起主导的作用。因此，必须坚持公有制为主体，充分发挥社会主义国家的调控和引导作用，发展壮大社会主义公有制经济，减弱资本主义社会矛盾的影响力，保证我国沿着社会主义道路继续前进，最终走向更高的阶段。

（原载于《政治经济学评论》2012 年第 1 期）

当前阶段我国所有制和经济规律的变化

在存在生产资料所有制的社会里，所有制是经济规律存在和发挥作用的最重要的条件。生产资料所有制发生变化，生产关系的各个方面及其发展规律都会随之改变。经过改革开放，我国生产资料所有制结构发生巨大变化，社会生产关系也随之发生巨变。在新的条件下，已经退出经济领域的资本主义特有的经济规律重新出现，而且随着经济的迅速发展，其作用范围迅速扩大，力度迅速增强；而一些社会主义特有的经济规律的作用范围受到局限，作用力度有所削弱。两类不同性质的经济规律同时共存、互相影响，决定我国的经济发展。所以，研究当前阶段我国所有制和经济规律的变化，具有重大的理论和实践意义。

一、 经济规律都在一定所有制基础上形成和发挥作用

经济规律是社会经济关系中内在的本质联系和必然的发展趋势。它们在一定经济条件下产生和发挥作用，不以人们的意志为转移。只要出现一定的经济条件，就必然形成与它们相适应的经济规律。如，在工人因生产资料被剥夺而沦为雇佣劳动者的条件下，他们就不得不为资本家提供无偿劳动，创造剩余价值，而自己只能按劳动力价值换取微薄的工资，在远低于社会平均的水平上养家糊口。这就是在资本主义条件下必然产生的关系和规律。

　　生产资料是一切社会里人们进行生产必不可少的条件。由于它的重要性，生产资料所有制自从出现后就制约着人们的各种经济活动，决定人们之间的经济关系。马克思在许多论著中称生产资料所有制是社会生产关系的基础。在不同的生产资料所有制的基础上，人们在直接生产过程中各有不同的地位，彼此结成不同的关系，而这些关系又制约着人们在交换过程中的地位和相互关系，进而决定人们的分配关系和分配份额。所有这些过程和关系环环相扣，互相发挥作用和反作用。它们内部以及相互之间都根据一种必然趋势去发展，都有其内在的本质联系，也就是说，它们的变化都遵循一定的规律。既然人们一切的经济关系都要以一定的生产资料所有制为基础，这些经济关系变化发展的规律也必然受到生产资料所有制的制约。在人类历史的不同阶段，由于物质基础和所有制关系不同，社会的经济规律也会发生变化：有些特有的经济规律产生了，或者作用范围扩大、影响力增强了；有些特有的经济规律作用范围缩小、影响力削弱了，甚至退出历史舞台；那些存在于几种社会形态的经济规律，也会随着所有制和其他生产关系的变化，在作用的广度和力度上呈现不同的特点。因此，要了解当前阶段我国的经济规律，不能不深入分析社会生产关系，特别是所有制关系。

二、 社会主义生产关系建立初期的经济规律

　　中华人民共和国成立初期，我国没收了官僚资本，建立起社会主义国家所有制，社会主义经济规律开始在一些领域发挥作用，但旧社会的一些所有制还继续存留着，与之相适应，旧社会的一些经济规律还没有完全停止作用。以后，经过土地改革，消灭了地主所有制，铲除了封建剥削关系，封建制度下的经济规律因丧失了存在条件而消失了。1956 年，在生产资料所有制的社会主义改造完成以后，资本主义所有制和以它为基础的生产关

系被消灭了，资本主义特有的经济规律也不复存在。

在这之后的二十多年间，社会主义经济规律随着社会主义公有制经济的发展成为支配社会经济活动的基本力量。此外，有些存在于不同社会的经济规律，如价值规律，仍然存在发挥作用的条件。这是因为社会上还残留个体所有制，公有制还具有国家所有制和集体所有制两种形式，不同所有制经济之间和不同集体、不同个体之间，为维护各自的产权利益，只能通过商品进行经济联系，因而支配商品生产和交换的价值规律还继续存在。不过，由于当时的社会主义国家所有制实行的是产权高度集中在国家的制度，在国有经济内部交换的产品还不是完全的、"实质上"的商品，在这个领域，价值规律虽然还有一些影响作用，却未能充分发挥调节生产和流通的机能。

在这个时期，社会主义公有制经济占据整个社会的绝大部分，劳动人民不仅是生产资料的共同主人，还是生产过程和劳动产品的共同主人。在此基础上，社会生产的目的发生历史性的根本变化，它不再是为少数人牟取剩余价值，而是为最大限度满足全体人民不断增长的物质和文化需要，最后促进人的全面发展。社会生产目的的这种转变表明，社会主义生产方式具有同资本主义生产方式根本不同的本质。

在社会主义制度下，不存在资本主义那种生产无限扩大和有支付能力的需求相对缩小的矛盾，生产的目的与达到目的的手段是互相依存、互相促进的。一方面，社会主义生产目的决定生产迅速发展的可能性。劳动者不断增长的物质和文化需要为社会主义生产的发展提供了最强大的内在动力。为实现尽可能改善生活的共同目的，劳动人民团结协作，促进社会主义生产不断增长和不断完善。社会主义公有制的建立打破了私人逐利的局限，消除了经济活动的无政府状态，劳动者根本利益的一致性有利于在整个社会范围内有计划地配置、利用各种资源；通过组织和协调社会生产，使企业之间互相支持配合，形成规模经济效益；科学技术也摆脱了资本的桎梏，能迅速转化为直接的生产力，并在社会生产中充分利用。这些都为社会劳动生产率的高速增长提供了巨大的可能性。另一方面，社会主义生产的发展，在满足需要的同时又创造出新的需要，推动着需要的发展，并且使需要的满足具有实际可能性，由此又形成发展生产的新的动力。社会主义生产目的与生产不断完善和发展之间相互依存和相互促进的关系，决定了社会主义经济发展的一切最重要的方面和主要过程，支配着社会主义经济发展的方向，成为社会主义的基本经济规律。

在社会主义公有制的基础上，我国各经济领域出现了崭新的发展进程和变化趋势，形成了截然不同于资本主义的其他一系列经济规律。社会主义生产关系的建立和社会主义经济规律作用的发挥，有力地改变了我国一穷二白的面貌。尽管在社会主义制度建立初期，我国物质基础非常薄弱，加上资本主义发达国家的层层封锁，生产条件极其困难，但劳动人民摆脱了剥削和压迫，迸发出高度的积极性和创造性，劳动生产率迅速提高，社会生产空前快速地发展，人民生活也得到显著改善。同时，那种为了追求私利而乱占滥用自然资源的掠夺性行为也基本消失了，依靠公有制经济的优势，森林、水土防护和农田水利基本建设蓬勃展开，人与自然的关系也开始走上协调。然而，我国初生的公有经济，尤其是国有经济，由于没有成功的经验可借鉴，实行的是产权高度集中的制度，政府和领导机构权力过大，生产基层和劳动者缺乏必需的自主权力和利益。在尽快摆脱经济落后面貌的赶超思想支配下，强调长远利益和整体利益，忽视眼前利益和个人利益；重积累，轻消费；优先发展重工业，放缓生活资料的增长，致使劳动人民的生活未能与迅速增长的生产同步提高。这些不足之处加上分配中的平均主义，挫伤了刚刚由社会主义激发起来的劳动者的积极性，不利于社会经济的更快更好发展。所以，虽然到了1978年国内生产总值比1955年翻了两番，增长速度还是比较快的，但经济波动比较大，既有超高速的年增长率，也出现过急剧的下降。因而，由长期贫穷落后形成的短缺经济未能得到较快较大的转变。

固然，这与期间发生的自然灾害、国内外政治形势有关，却表明我国初期建立的经济制度确实存在问题，不利于社会主义经济规律作用的发挥。这不能不引发有关经济制度和运行体制利弊的反思，催生改革开放的迫切要求。

三、 改革开放后所有制和经济规律的二元化

改革开放以来，我国逐步形成了以公有制为主体、多种所有制经济共同发展的基本经济制度。生产资料所有制的变化引起社会经济关系的巨变，打破了社会主义经济规律全面支配社会经济运动的状态，出现社会主义和资本主义两类经济规律同时并存的局面。这种局面是一种极其重要的"二元经济"，它比起备受关注的城乡"二元经济"，更加广泛和有力地影响着我国社会各方面的发展，是中国政治经济学必须深入研究的重大问题。

由于资本主义私有制重新出现并迅速发展，在我国绝迹多年的资本主义基本经济规律——剩余价值规律随之重生，并在深度和广度上起着日益增强的作用，资本主义人口规律和资本积累规律也再度出现。我国的私营企业主利用我国资本奇缺而人力资源供应严重过剩的局面，在劳动力市场上占据绝对优势，廉价雇佣城乡剩余劳动力。据相关研究计算，20 世纪 90 年代到本世纪初，我国私营企业的剩余价值率平均为 240%。这使我国在短短的二三十年间造就了一大批千万级、亿万级富豪，他们以年均高达 31% ~56% 的积累率集聚了巨额财富和资本。据《2012 胡润百富榜》统计，2011 年，我国仅前 50 名富豪的财产即达 16345 亿元，约占当年国内生产总值的 3.5%。而雇佣劳动者的收入长时间得不到明显的增加，他们的收入占社会新创造价值的份额不断下降，私有企业工人的平均工资比国有企业工人低 48%[①]，大部分家庭的生活水平无法随生产的发展相应提高。资本主义

---

① 国家统计局发布的《2009 年度在岗职工年平均工资调查报告》指出，该年全国城镇私营单位就业人员年平均工资为 18199 元，比国企在岗职工年平均工资（35053 元）低 48%。

社会固有的生产迅速扩大趋势与有支付能力的需求相对不足的矛盾愈来愈明显地暴露，挤压了社会主义基本经济规律作用的空间，妨碍了最大限度满足劳动人民物质文化需要的社会主义生产目的的实现。

"自由竞争使资本主义生产的内在规律作为外在的强制规律对每个资本家起作用。"① 马克思的论断对当前我国的私有经济同样适用。私营企业主对超额利润的追逐，必然造成社会生产的盲目无序状态。如，许多私营企业对高利润率的产业和产品盲目投资或扩大生产，出现低水平的重复生产，造成一般产品产能过剩，而有些社会急需的重要产业则因缺乏足够的投资，产品供应不足；大量资本争相涌进暴利部门和行业，造成一些产业的泡沫化，另一些产业则因近期获利有限，资金纷纷外流，导致空心化；不少企业为了赚取暴利，掠夺性使用自然资源，不仅造成巨大浪费，而且严重破坏生态环境；相当多的企业只想牟利，不顾社会和群众利益，生产、销售假冒伪劣甚至有害有毒用品和食品，残害广大消费者；许多私营企业承包和层层转包地方的重要建设项目，偷工减料，极度降低工程质量，"豆腐渣"工程防不胜防，事故频发，危害人民的生命财产安全；巨额私人资本转入流通领域，大肆投机，抢购紧俏物资和生活必需品，哄抬物价，扰乱市场，妨碍人民的正常生活。这些问题充分暴露出资本主义经济深受私人利益局限和强烈的逐利冲动，与整个社会生产的协调发展之间产生巨大矛盾。它们的存在不利于国家产业结构的优化和升级，不利于国民经济的全面协调和可持续发展，最终不利于社会进步和改善民生。

收入差距不断扩大和经济乱象层出不穷，已成为我国社会无可否认和无法避开的常事。只需进行简单的数字比较就不难发现，它们正是伴随资本主义经济在我国的扩张而不断加剧的，表明它们已是资本主义生产方式的必然产物，是一种规律性的现象。这正像恩格斯在强调生产和分配规律的客观必然性时所说的："从资本主义生产方式中期待产品的另一种分配，

---

① 马克思：《资本论》第 1 卷，人民出版社 1975 年版，第 300 页。

那就等于希望电池的电极与电池相联时不使水分解，不在阳极放出氧和在阴极放出氢。"① 我国经济理论界和一些政府机构对解决上述重大经济问题虽也提出过种种建议和措施，但成效甚微，有些问题还愈演愈烈，关键就在于离开所有制分析，看不清本质的、规律性的关系，找不到问题产生的根源，无法对症下药。

改革开放以后，除了资本主义生产关系重新产生和快速发展以外，社会主义国家所有制内部也逐步进行了产权制度的调整。大多数国有企业实行所有权和经营权分离的产权制度，部分企业还建立了出资者所有权与法人财产权相分离的国有独资公司制度。这些调整虽然不改变国家所有制的归属权（即狭义的所有权）主体，生产资料和劳动产品仍然归社会主义国家代表的全体人民所有，所有制的性质没有改变，但国有产权的配置格局已经不同了。实行所有权与经营权分离的国有企业，有权占有、使用和依法处分国家委托给它们的资产，承担相应的经济责任，并得到经营所带来的一部分经济利益。国有独资公司能够以其全部法人财产依法自主经营、自负盈亏，并且凭借法人财产权维护自身的独立权益，抵制来自出资者的非正常干预；国家则从企业所有者和经营者转变为企业出资者并选派产权代表进入企业，通过法人治理结构，以间接的方式经营企业资产。社会主义国家通过一系列法律、法规确认不同产权结构的国有企业的法人地位，保障企业的自主经营权利和相应的经济利益。产权制度的调整实质上在国有经济内部植入了部分的集体产权，使原来只相当于国家所有制的大车间、没有自己的自主权力和局部利益的国有企业，变成具有相当一部分产权的所有制主体。这就促使国有经济的运行规律发生一系列重大变化。最主要的是，国有企业除了继续以满足劳动人民的需要作为根本的生产目的，履行经济社会责任之外，还会考虑如何维护和增添企业和职工的经济利益。这就突破了过去那种"国有经济是一家"并可无偿进行劳动和产品调配的

---

① 《马克思恩格斯选集》第 3 卷，人民出版社 1975 年版，第 432 页。

关系。国有企业与政府、国有企业之间需要对方产品时，都得按照生产产品的社会必要劳动时间，通过市场实行等价交换，做到互不多占对方的劳动成果，互不侵犯对方的经济利益。这是确认和维护企业产权制度的内在要求。于是，在国有经济内部就必然存在真正的、实质的而不是仅有"外壳"的商品关系。在整个社会都通行商品关系的情况下，国有企业为了获得更好的收益，就得关心市场的供求状况，根据市场动态调整自己的生产和经营。这样，价值规律和供求规律就不仅对私有经济和集体经济发挥作用，而且还引导和支配了国有经济的主要活动。市场机制就自然而然地取代政府指令，成为包括国有经济在内的调节资源配置的主导力量和基本方式。计划经济就"水到渠成"地转变为市场经济了。这个变化进程是经济规律作用的体现，不是由人们的设计导向的，它最终完成的基础就在于国家所有制内部产权的变革。

四、 两类不同性质的经济规律在我国相互影响

当前阶段，我国不仅同时存在两类不同性质的经济规律，它们还互相影响。这是因为，社会主义公有经济和资本主义私有经济共同存在于同一个社会里，都在统一的市场里活动，结成紧密的经济联系。它们虽然各自按照其本性运行和发展，有着自身的规律，却不是彼此独立、互不相干的，在它们互相联系交往的过程中，必然会在不同程度上影响到对方，产生经济学所说的正效应或负效应的外部性。因此，所有制不同的经济关系除了自身运行规律起作用以外，还会受到其他所有制经济规律的影响。

两类经济及其规律的相互影响表现在：

在社会主义生产关系占主导地位的情况下，社会主义公有制经济，特别是国有经济对私有经济起着重要的正外部性影响。主要体现为：第一，国有经济中劳动者成为企业的共同主人，与企业领导存在分工不同的同志

式的平等关系，并且根据按劳分配规律享有自己创造的部分剩余，获得高于私营企业雇工的收入，这些对私有经济可能发挥重大示范作用，有助于私营企业雇佣工人维护合法权益，在一定程度上限制了企业主对他们的剥削程度，使劳资之间的矛盾不至于激化。第二，国有经济控制国民经济关键部门、国有企业在贯彻国家政策和履行社会责任方面的带动作用，支撑、引导和带动整个社会经济的发展，在实现国家宏观调控目标中发挥重要作用，有助于规范私有企业的市场行为，减少私人逐利冲动对社会生产协调发展的破坏作用。第三，以社会公共利益为目的的国有经济，凭借其强大的实力，在科技创新、社会经济结构调整、生态环境保护中起带头作用，有利于引导私有经济转换发展方式。第四，国有经济上缴巨额的利润和税金，能更有力地充实国家的财政收入，增强国家对公共品的供给能力，促进社会保障体系的发展，对改善私营企业劳动者的生活起到补充作用，有助于缓解私有经济迅速增长与劳动者有支付能力的需求相对不足的矛盾。

剩余价值规律和资本主义的其他一些规律，不仅支配着我国私营经济的全部活动，而且对社会主义的公有经济及其规律也产生巨大影响。本来，公有经济生产不够发达，劳动者的生活未能得到较快改善，主要是由自身内部的原因造成的，但由于受到资本主义经济的种种牵制，亦即受到资本主义经济规律的影响，国有经济未能充分发挥社会主义的优越性，不能更加迅速地发展生产和改善分配体制，也使劳动人民的需要得不到充分满足，社会主义基本经济规律的作用未能充分发挥。第一，在市场经济中，面对资本主义私有经济的强大竞争压力，国有企业还要争取更多的利润，以求加快积累，增强自身竞争力，这就使企业难以承担更多的社会责任，无法更好地实现社会主义的社会生产目的。第二，资产阶级追求最大利润的一些不良行为也会影响某些国有企业，使其为增加企业利益而进行一些不合理的投资和不规范活动，不利于有效配置社会资源和协调国有企业间的协作关系。第三，为应对资本主义企业的竞争，国有企业也要设法降低成本，不能过大过快地提高工资和福利。亦即，受资本主义经济规律的影响，国有经济在实行按劳分配时无法较大幅度地增加劳动者在剩余劳动中所得的份额，难以充分显示按劳分配对比按生产要素分配的优越性。第四，生产无限发展趋势与劳动者有支付能力的需求相对降低的矛盾，本来是由资本剥削导致的，是资本主义经济规律的特有表现，但私有经济的劳动者的收入低下，购买力萎靡不振，必然拖累与它共处于同一个市场的国有经济，使一些国有企业的产品由于内需不足而卖不出去，出现产能过剩，限制了国有经济的发展。第五，很大部分的私营企业为牟取暴利，生产假冒伪劣甚至有害产品；大量游资在市场上投机、哄抬物价，破坏市场秩序，使包括国有经济劳动者在内的广大人民深受其害，严重干扰了社会主义基本经济规律。第六，在私有企业主获取暴利的物质诱惑下，特别是受到不法厂商的拉拢腐蚀，有些国有企业管理人员堕落腐化，导致大量国有资产流失；有些企业甚至在性质上发生异化或蜕变。这些问题的存在，在企业内部破坏了国有经济应有的平等互助的协作关系，扩大了企业与职工、管理者与普通劳动者之间的矛盾，乃至出现类似劳资矛盾的对立关系；在市场上可能产生一些类似不法私人厂商的错误行为，违背了社会主义的生产目的。

总之，在社会主义初级阶段基本经济制度的框架中，公有经济与私有经济在互相促进、共同发展的同时还互相竞争，两种不同性质的经济规律也存在互相影响、互相矛盾的关系。其中，总有一类经济规律在社会经济中不同程度地起着主导作用。至于究竟是哪类规律居于主导地位，各类经济规律的作用范围和影响力度如何，则取决于它们赖以存在的经济类型的实力。哪一类经济能较快发展、力量较强，在它基础上产生的经济规律就能在社会经济中起较大的作用，成为占据主导地位的规律。我们应该了解这些关系，针对其发挥作用的根源考虑对应措施，尽量发挥社会主义经济规律的正效应影响，减少资本主义经济规律的负效应影响，促进国民经济的持续发展。

五、 在广度和力度上扩大社会主义经济规律的作用

社会主义替代资本主义是人类历史发展的必然道路，建成富强民主文明和谐的社会主义现代化国家是全体中国人民的梦想。我们一定要坚定这样的道路自信、理论自信、制度自信。可是，我国能不能坚持社会主义道路，同社会主义经济规律能否发挥主导作用、它的作用范围和影响力能不能持续增大密切相关。所有制是经济规律存在和发挥作用的首要条件，社会主义经济规律作用的大小，归根到底取决于公有制的力量。国有经济发展迅速，在社会中所占的比重扩大，企业素质改善，经济效益提高，在国民经济中的主导地位稳固了，社会主义基本经济规律对私有经济的影响程度就会加强；反之，作用就会遭到削弱。

中华人民共和国成立以来，经过 60 多年的艰苦奋斗，我国的社会生产以世界瞩目的高速度增长。GDP 从 1956 年的 1029 亿元增加到 2011 年的 471564 亿元，增长了 458 倍多，早已位居世界第二位；生活消费资料供应非常充足，有些产品还供过于求。2011 年，我国的外汇储备达 31811 亿美元，成为全球唯一外汇储备超过 3 万亿美元的国家；2012 年进一步增加为 32557 亿美元，持有份额约占全球外汇储备总额的 1/3，等于德国 GDP 总量。资本供应也十分充足，甚至还无法有效投入使用。这么强大的生产能力以及丰富的资金和产品，按理完全可能为大幅度提高劳动人民的物质文化生活水平和全面发展提供充足的物质条件，使社会主义基本经济规律更充分地发挥作用，但它们却有一半属于并掌握在私有企业主手中。问题在于，如果这一部分继续增大，资本的力量就会愈加雄厚，资本主义经济规律作用的范围就愈广阔，力度就愈强劲，而社会主义经济规律的作用就会受到愈大的限制。一旦两类经济的力量对比超过一定的边际，主体地位发生逆转，剩余价值规律就将变成我国社会的基本经济规律，资本主义的其

他经济规律也将在各个领域起主导作用，资本主义的基本矛盾就会成为我国社会的主要矛盾。这是广大人民所不愿意看到，却不是不可能出现的前景。对此我们必须有清醒的认识和应有的警惕。

我国还要继续深化改革，但需要总结以往的经验教训，明确目标和道路。公有制为主体是基本经济制度的核心和重点，是社会主义经济规律能够主导我国社会的基础，决不能让其名存实亡。所以，首先要遏制私有经济占有份额日渐超过公有经济的趋势，切实保证公有制为主体，加强国有经济的主导地位。当前，生产社会化愈来愈发达，已经演化为经济全球化，我国已具备日益先进的物质技术基础，掌握了尖端的科学技术，拥有素质不断提高的庞大劳动队伍，社会生产力水平已经进入世界前列，加上迅速增长的巨额经济总量，按照生产关系要适合生产力的规律，已经有充分的条件在我国支持国有经济更大规模的发展了。因此，在改革中必须重新研究如何正确地进行国有经济的战略性调整。以前不结合生产力状况，没有目标地笼统讲国有经济"有进有退"，在私有化势力的步步进逼下，实际是"进少退多""进虚退实"，结果让所谓的"国退民进"变成似乎是触犯不得的潜规则，支配着社会所有制结构的变迁。今后在"进退观"上应该是，经过正确定位，该留则留，该退才退，该加强的就加强，有进有退，进而有为，退而有度，进退相济。调整的目标是适应我国已经迅速提高的生产力和生产社会化的要求，发展壮大国有经济。总之，只有根据生产力的发展推进制度改革，完善基本经济制度，巩固和加强国有经济的主导地位，才能在广度和力度上扩大社会主义经济规律的作用，进一步发挥社会主义的优势。

（原载于《经济纵横》2013 年第 8 期）

增强社会主义市场经济的特有优势

党的十八届三中全会《中共中央关于全面深化改革若干重大问题的决定》提出："经济体制改革是全面深化改革的重点，核心问题是处理好政府和市场的关系，使市场在资源配置中起决定性作用和更好发挥政府作用。"对此，值得重视和思考的是：我国现阶段存在着资本主义和社会主义并存的二元经济，资本主义经济规律和社会主义经济规律同时在各自的领域发挥作用。究竟要在什么样的生产关系下去发挥市场对资源配置的决定性作用，是在资本主义市场经济或者是在社会主义市场经济条件下，换句话说，是在资本主义经济规律或者说在社会主义经济规律调节下，让市场起决定性作用？资本主义经济规律在市场中发挥作用的后果，只能是经济的偏向性和非协调发展，即有利于资本家获取最大利润的产业、行业迅速扩展，而其他产业，尤其是基础设施和公共产品供应滞后；同时，它还加剧社会贫富两极分化，导致经常性经济失调、动荡和周期性经济危机。这是资本主义国家几百年的经济实践反复证实了的，毋庸赘言。因此，我国要利用市场机制发展经济，绝对不能重蹈资本主义的老路，而必须以社会主义公有制为主体，充分发挥社会主义经济关系的作用，实行社会主义市场经济。愈是要使市场在资源配置中起决定性作用，就愈是要在市场关系中加大社会主义的因素，将国民经济引上健康发展道路。

一、 社会主义市场经济的特有优势

社会主义市场经济是建立在生产资料公有制基础上的。江泽民同志讲过："我国经济体制改革的目标是建立社会主义市场经济体制，而不搞资本主义市场经济，重要的是要使国有经济和整个公有制经济在市场竞争中不断发展壮大，始终保持公有制经济在国民经济中的主体地位，充分发挥国有经济的主导作用。"① 这一基本条件决定了我国市场经济的社会主义性质，并使它具有重要的特点和优势：第一，社会主义生产以更好地满足全体劳动人民的需要为最终目的，可以借助市场信息灵敏地反映社会需求和生产、交易成本，利用市场机制更好地发展生产，为广大人民利益的不断增长服务。第二，以公有制为基础的社会主义经济不存在剥削关系，有利于避免和减少市场经济发展过程中的两极分化，实现最广大人民的共同富裕，有力地调动劳动者的积极性和创造性，保证社会经济的迅速发展。第三，社会主义市场经济是在社会主义国家领导下运行的。中国共产党和人民政府奉行为人民服务的宗旨，不受狭隘的私人利益所局限，有可能以马克思主义理论为指导，正确认识社会主义经济的客观规律，并自觉地利用这些规律，发挥市场和计划两种手段的长处，提高调控措施的科学性和可行性，合理调节国民经济。而且，它的一切政策、措施都从人民的根本利益出发，得到广大人民的拥护和支持，能够对社会经济的协调发展起着更大的调控作用。第四，社会主义市场经济能利用公有经济，尤其是强有力的国有经济，发挥主导作用，以国有经济对国民经济的控制力和影响力弥补国家调控作用的不足，减少社会生产的盲目性和自发性，实现国民经济的稳定和协调发展。

当今时代，世界各国普遍实行市场经济，唯独我国能在几十年里持续高速发展，靠的就是社会主义公有制赋予的这种特殊的优势。

---

① 江泽民：《坚定信心，明确任务，积极推进国有企业改革》，《经济日报》1995 年 7 月 13 日。

二、 我国相当部分市场活动还要受到资本主义经济规律的制约

不难看出，这些特点的存在和优势的发挥，都是建立在社会主义公有制为主体的基础之上的。但是，我国在当前阶段还存在实力强大的资本主义经济，市场中相当大部分活动还要受到资本主义经济规律的制约。资本主义经济的逐利性、盲目性、自发性在许多领域都明显存在，极大地抵消社会主义经济的积极作用，在一定程度上妨碍国民经济的协调发展。虽然，可以运用政府的作用对它们进行某些调控，如《中共中央关于全面深化改革若干重大问题的决定》（简称《决定》）提出"政府的职责和作用主要是保持宏观经济稳定，加强和优化公共服务，保障公平竞争，加强市场监管，维护市场秩序，推动可持续发展，促进共同富裕，弥补市场失灵"，还提出政府要建立"以国家发展战略和规划为导向、以财政政策和货币政策为主要手段的宏观调控体系"，不过，由于国家对市场中的私有经济没有直接的支配作用，而私有经济受其固有的经济规律所制约，存在先天性缺陷，往往自发产生许多不利于宏观经济协调发展的消极行为。如果不坚持公有制为主体、国有经济为主导，政府要实现上述职责和作用就缺少可供使用的经济实力，很难取得显著效果。

第一，私有企业的盲目性使国家的产业政策难以推动。私有经济首先根据追逐利润的目的安排自己的活动。中央《决定》提出"依据市场规则、市场价格、市场竞争实现效益最大化和效率最优化"，但由私有经济的资本主义本性所决定，它首先追求的是自己资本投放效益的最大化和效率最优化，哪个领域能够最大最快赚钱就投向哪里，利润减少时资金就向别的领域转移或往国外抽逃，永远不会从社会整体利益出发，自动遵守和履行国家的发展战略和规划。加上市场反映的信息不充分并带有很大的滞后性，它们的要素投向容易与社会的现实需求脱节，更难以准确反映未来的社会

供求变化。因此,《决定》要求"加快形成企业自主经营、公平竞争,消费者自由选择、自主消费,商品和要素自由流动、平等交换的现代市场体系"固然重要,在执行时却必须强调我国的现代市场体制的社会主义性质,坚持社会主义经济因素在市场体系中的主导地位。否则,资本主义经济的商品和要素的流动愈是自由,就愈容易产生投资和生产的盲目性,不利于社会经济结构的合理化和优化。

第二,私有经济的逐利性引起一系列的社会乱象,破坏了正常的市场秩序。改革开放以来,我国在经济快速发展的同时也出现众多的市场混乱和阴暗现象,而且愈演愈烈。究其根源,绝大部分与对私有经济监管不够密切相关。一些私商利用手中掌握的巨额游资,囤积热门产品或操纵期货市场,控制货源,采用各种手段散播虚假市场信息,反复联动炒作,大力哄抬物价,影响群众正常生活。一些私商只顾赚"大钱、快钱",生产各种假冒伪劣商品乃至有害有毒产品,严重损害劳动人民的健康。这些乱象严重破坏了社会主义市场经济所要求的秩序,从本质上看,都是资本主义的基本经济规律在生产、流通领域的突出表现。离开足够强大的社会主义公有经济对它们的制约,仅仅靠市场机制和法治管理是不可能得到解决的。

第三,私有经济的短视和保守性使转换发展方式踏步不前。发展方式的转变要求经济增长由主要依靠增加物质资源消耗向主要依靠科技进步、劳动者素质提高、管理创新转变。但是,绝大部分私有企业的活动都以眼前的投入产出的利益比较为转移,只要人和物的生产要素能继续供应,市场销路不发生重大变化,就宁愿在原有的发展方式中采取局部的改进措施,而不会冒着风险,付出巨大的财力和精力对原有的方式作出重大更改。至于全社会的发展方式的转变,更不是私有企业主所关心的。这就不能不依靠公有经济,特别是国有经济的示范、主导和带动。

第四,私有经济的分散性和脆弱性不利于提高企业自主技术创新能力和构建知识型技术创新体系。我国私有经济比较分散,大多数属于中小型企业，受资本规模的局限，研发队伍弱小，技术投资稀少，自主创新力量薄弱。为了节约成本和尽快获利，大多数企业普遍采取代工、仿造或购买专利的方式更新产品，创新效益都比较低下，容易受制于他人，而且还导致大量低端产品的过剩。经济数据表明，除了研发设备投入要求较低的少数行业，如 IT 业中的软件、网络开发等行业，大多数私营企业的技术创新能力都远远低于国有企业。因此，为了加强我国的产业创新能力，推动整个社会发展方式的转变，必须以国有企业为主的大中型企业为核心，通过各种产业集群，推动产业协同创新体系的构建。

第五，私有经济的私利性产生负面的外部性，不利于社会经济结构的优化。在自由竞争的市场中，为了自己的存在和攫取最大利益，资本家首先考虑自己而不顾他人。马克思揭露过资本家的极端自私心态："每个人都希望暴风雨在自己发了大财并把钱藏好以后，落到邻人的头上。我死后哪怕洪水滔天！这就是每个资本家和每个资本家国家的口号。"① 私有制就是负外部性的主要产生根源。我国的私有企业，浪费掠夺资源、破坏生态、污染环境、制造有害有毒产品等现象层出不穷，严重危害国家和人民的利益。国有经济不以企业和个人私利为目的，能在很大程度上减少负外部性或者将其内部化。加强社会主义国有经济，是医治外部性这一资本主义市场经济无法消除的痼疾的良方。

第六，私有经济的剥削性造成严重的分配不公和财富悬殊，不利于协调社会利益关系，建立社会主义和谐社会。许多反映分配不公的数据，如少数居民占有国民财富的百分比、劳动者收入在国民生产总值的占比、基尼系数等等表明，我国贫富两极分化程度已经处于世界的前列，财产急剧集中在少数富豪的程度甚至已超过资本主义发达国家。环顾和比较我国分配不公的各种表现，资产阶级与广大劳动者收入的巨大差距和财富的悬殊是其主要表现或主要矛盾，其根源就在于私有企业主对劳动者的过度剥削，

---

① 马克思：《资本论》第 1 卷，人民出版社 1972 年版，第 299 页。

政府对迅速膨胀的资本主义经济监督、引导不力①。如果不认识这个矛盾，有针对性地做好工作，任凭市场去发挥决定作用，只会使之更加严重化。

三、 国有经济在实现国家宏观调控目标中具有重要作用

《中共中央关于国有企业改革和发展若干重大问题的决定》指出："包括国有经济在内的公有制经济，是我国社会主义制度的经济基础，是国家引导、推动、调控经济和社会发展的基本力量，是实现广大人民群众根本利益和共同富裕的重要保证。""国有经济在关系国民经济命脉的重要行业和关键领域占支配地位，支撑、引导和带动整个社会经济的发展，在实现国家宏观调控目标中发挥重要作用。"这是对市场经济条件下国家所有制对促进国民经济按比例发展的重大作用的高度评价，时至今日，依然是必须坚持和努力贯彻执行的正确判断。充分发挥国有经济的职能，将抑制或减轻私有经济在市场经济中的消极作用，有力地支持产业结构调整，促进社会经济的协调发展，有利于转换经济发展方式，抑制由资本主义剥削形成的分配不公，促进共同富裕。

第一，从国有企业性质与社会生产目的的关系看：社会主义国有企业本质上属于全民所有，企业发展生产的根本目的是为劳动人民提供尽可能多的优质产品，不断改善劳动人民的生活。这就决定了国有企业在努力保值增值之外，必须尽可能积极承担各项社会任务。对国有企业而言，履行社会责任不像私有企业那样只是外部的诉求甚至是为了增加自身利益的手段，而是由其固有性质决定和内在产生的。它所担负的社会责任的范围也比私有企业广泛得多，30 多年来不仅承担了沉重的经济社会改革的成本，有的还包括协助国家实现宏观调控的任务。虽然在市场经济条件下国有企业也要争取更多的利润，但这只是为了提高经济效益，在剧烈的市场竞争

---

① 吴宣恭：《分配不公的主要矛盾、根源和解决途径》，《经济学动态》2010 年第 11 期。

中谋求生存和发展的需要，最终是为了更好地造福于民。所以，国有企业的双重任务是统一的，企业争取利润的任务最终要服从于社会生产目的。正是如此，国有经济能够在协调社会生产方面发挥独特作用，支撑、引导和带动整个社会经济的发展。

第二，从实施调节的自觉性看：国有企业及其劳动者的利益同整个社会的利益在根本上是一致的。经过经济体制改革，国家所有制不仅具有同市场经济的兼容性，而且更加具有同国家宏观调控相一致的特性。国家为了保证国民经济协调发展而进行的宏观调控，不仅符合社会的利益，也能增进企业和劳动者的利益。因此，国有企业及其劳动者有可能正确处理国家利益、集体利益和个人利益的关系，把长远利益和眼前利益正确地结合起来，比较自觉和积极地支持、贯彻国家的方针政策以及经济发展规划和措施，使国家的计划调节比较顺利地实施，收到较好的效果。

第三，从调控手段的运用看：虽然经过改革，社会主义国家不直接干预国有企业的生产经营活动，主要利用市场机制对国有企业进行引导，但在必要时，国家还可以在利用经济、法律等手段的同时，通过国家在企业中的代表，运用部分的行政手段，对全民所有制经济进行强有力的调节，并影响其他性质的企业和整个国民经济。所以，对比资本主义市场经济，国家有了国有企业作为后盾，对市场的调控具有比较雄厚的物质基础和更多的调控手段，作用力度可能大为加强，容易收到较大的成效。在 1994～1995 年我国对国民经济进行调整和整顿时，对一些国有企业实行限产压库，取得了比较显著的效果；1999 年以后，国有经济把自身的改革同社会产业结构调整结合起来，既提高了国有经济的效益，又优化了整个社会的产业结构，一些重要的产业部门，特别是高新技术产业得到迅速的发展。这些事例都是社会主义市场经济借助于国有经济发挥特有优势的有力证明。

第四，从调控力度的矢量看：我国的国家所有制在国民经济中占有重大的比例，国家除了通过税收取得收入以外，还能从企业得到大量的上缴利润。比起资本主义国家，在同等的经济发展水平上，社会主义国家所掌握的财力可能大得多，能用于经济调控的力量也大得多。而且，有着国有经济的支撑，国家在调节经济结构时既可进行存量调节，还可进行增量调节，调控力的使用方向明确而且直接，效果也比较显著。几十年来，我国集中运用国家的投资兴建一大批巨型和大型工程，集中力量发展重要的新兴科技项目以及国民经济的薄弱环节和落后地区，特别是加强基础设施，改善生态环境，迅速改变经济中的不协调状况，优化产业结构和生产力布局。

第五，从实现共同富裕这一改革的总目标看：公有经济是真正由劳动者共有、共管、共享的经济。劳动者共同管理和使用共有的生产资料，产出的劳动成果归劳动者共同分享。与私有经济的按资分配和按劳动力价值分配不同，公有经济实行按劳分配，在做了必要的社会扣除以后，劳动者能够得到自己创造的一部分剩余产品。长期以来，我国国有企业的平均工资比私有企业高出将近一倍，显示出按劳分配与按劳动力价值分配的巨大差别。公有经济的分配方式增进了劳动者的利益，有助于解决分配不公，缩小社会贫富悬殊，促进社会公平正义，有力地调动劳动者的积极性和创造性，提高劳动生产率和经济效益，"推动经济更有效率、更加公平、更可持续发展。"① 此外，劳动者收入水平的提高还是扩展内需、解决产品过剩、协调经济结构的最根本途径。

总之，在社会主义市场经济中，可以充分利用国家所有制的力量，将国家作用和国有企业的作用结合起来，弥补国家进行宏观调控手段的不足，在依靠市场发挥决定性的调节功能的同时，更好地利用计划调节的作用，在较大程度上克服市场经济的盲目性、自发性，减少单纯依靠市场可能产生的局限性，降低经济波动的幅度，增强国家调控的力度，实现社会经济的协调发展和发展方式的转换。

---

① 《中共中央关于全面深化改革若干重大问题的决定》，新华社 2013 年 11 月 15 日电。

四、 不以公有制为主体就会丧失社会主义市场经济的特有优势

国有经济在社会主义市场经济中发挥作用的力度取决于本身力量的强弱，因此，在深化经济体制改革的时刻，为了坚定走中国特色社会主义道路，始终确保改革正确方向，必须采取有效的方法和坚定的措施，切实做大、做强国有经济，不断增强国有经济的活力、控制力、影响力。

一定要充分认识这一关系到社会主义道路和改革方向的重要方针和原则，努力加以实施。应当让国有企业获得适度增加的、必需的国家投资，并通过竞争扩展和壮大，而不能人为地加以阻挡，更不能以似是而非的理由去削弱它。因此，必须警惕和抵制当前相当流行的一些意见和做法：（1）看不到国有经济在承担社会责任和社会改革成本方面的巨大贡献，只凭企业盈利指标断言国有经济效率低下，否认国有经济在社会主义市场经济中的重大作用，鼓吹"国退民进"。（2）以反垄断为借口限制国有经济对关键性产业和领域的控制，笼统地讲"权利平等、机会平等、规则平等"，过多过快地扩大"非禁即入"的范围，让私有企业大量进入这些重要领域，削弱国有经济的控制力。（3）以促进企业间竞争、提高经营效率为由，凭借行政指令强行分割、拆散国有企业，阻碍国有企业的成长壮大，制造国有企业之间不必要的隔阂，妨碍国有经济内部协调合作的能力①。（4）过大地加重实际税负本来就比较高的国有企业的税收，或者过快地提高国有企业上缴利润的比例，妨碍国有企业积累和扩大生产的功能，削弱国有企业与积累不受限制、迅速增大的中外私有企业进行竞争的实力。（5）不考虑国有经济的合理结构和发展的需要，片面强调国有资本加大对公益性产品的投入，削减国家对重要经营性行业的投资，以"釜底抽薪"的办法在事实

---

① 有的国有企业在分拆之后，如"中国南车"和"中国北车"，在国际市场上互相进行恶性竞争，造成国家利益的重大损失。

上实行长期有争议的"国有经济退出一切竞争性领域"的主张，降低政府对资源合理配置的功能，压缩国有经济的生存和发展空间。（6）漠视社会福利对生产发展的依存性，罔顾国家的长远利益，主张变卖国有资产充当社会福利基金，企图用讨好落后群众、吃光家底的方式直接削弱国有经济。（7）不尊重国有企业和职工的意愿、不由市场决定而依靠行政手段限时限量地强制将经营好、利润高的国有企业改变为混合所有制企业，或者支持规模小、盈利少的私有企业和混合所有制企业吞并利润多的较大国有企业，导致优质国有资产和利益向私有资本转移，削弱国有经济。（8）放弃必要的审查，让以盈利为目的的私人资本大举进入原为非营利性的服务和医疗部门，扩大"政府购买服务"的范围，放弃政府必要的职能和责任，增加社会服务和公共产品的成本，加重群众的经济负担，并为"权钱交易"广开门路。（9）不顾国际资本已经占领我国大部分行业领头地位的现实，不认真对比中外方的竞争能力，在对外商投资实行准入前国民待遇加负面清单的管理模式时，速度过快、幅度过大地删减有必要限制外资进入的项目，敞开关防，纵狼入室，使国际资本有机会更大规模地占领我国市场，扼杀新兴的民族工商业。

如果以上意见和做法大量实施，将进一步动摇或者丧失公有制的主体地位和国有制的主导地位，公有经济与中外私有经济的力量对比将发生逆转，我国的市场经济将越来越向资本主义市场经济靠拢，社会主义市场经济就会失掉发挥优势的基础，我国经济不但无法持续高速发展，连所谓的"常态"速度也可能屡调屡低①，最终向资本主义国家的低速看齐。我国的经济难题和社会矛盾就可能增大，想避开"中等收入陷阱"的愿望就可能落空。

当然，社会主义公有制还处在摸索前进的过程，还有许多问题没有解决，必须坚持和深化经济体制改革，使之逐步完善化。通过体制改革提高

---

① 近来，已经有经济学家主张 6% ~7% 的增长速度也属于常态。

经济效率，依然是公有经济发展的重要途径。而且必须注意，不能用限制或者排斥私有经济的办法去加强公有制。在毫不动摇地巩固和发展公有制经济，坚持公有制主体地位，发挥国有经济主导作用，不断增强国有经济活力、控制力、影响力的同时，必须毫不动摇地鼓励、支持、引导非公有制经济发展，激发非公有制经济的活力和创造力。不过，同样要注意的是，应该切实做到鼓励、支持与引导并举，切莫只重前者而忽略后者。

（原收录于《社会主义经济理论研究集萃（2014）》，经济科学出版社2014年版。另刊载于《毛泽东邓小平理论研究》2015年第1期，题目为《对社会主义市场经济特有优势与公有经济主导作用的再认识》，个别小标题有所更改）

从经济规律和社会矛盾的视角
认识新常态争取新发展

自从 2014 年 5 月习近平总书记在河南考察时提出我国经济正步入"新常态"之后,"新常态"迅速成为出现频率很高的新词,经常出现在各种重要会议的文件中,理论界对怎样理解和应对"新常态"的讨论也不断升温。笔者想运用历史唯物主义,从更根本的层次谈谈对"新常态"本质的认识,并简述"新常态"下如何争取新发展①。

一、 应从经济发展的阶段性特征去认识 "新常态"

由于"新常态"的提出基本上与我国经济增长速度急速下滑同一个节点,许多人首先从经济增长速度的变化理解"新常态",认为我国经济体量很大,无法以过去那种高速度继续增长,以前高速增长的常态不能不转为中高速的新常态。有的经济学家认为"新常态"是相对于我国前一段时期超常的经济高速增长而言的。有的学者运用经济模型进行数据验证,说明进入中高速增长速度是"新常态"。有的研究者不同意当前已经进入"新常态",理由是我国经济增速波动太大,很难视为经济发展新稳态的表现,同

---

① 2014 年 12 月举行的中央经济工作会议提出:"科学认识当前形势,准确研判未来走势,必须历史地、辩证地认识我国经济发展的阶段性特征,准确把握经济发展新常态。""认识新常态,适应新常态,引领新常态,是当前和今后一个时期我国经济发展的大逻辑。"

样的是以增长速度的变化去说明"新常态"。

跟随这种思路，很大部分讨论者都从影响经济增长速度的要素去探讨进入"新常态"的原因，其依据大致是：资源环境约束加大制约生产的发展；人口增长率下降，人口红利消失，导致劳动力紧缺和工资持续提高；技术进步缓慢，全要素生产率提升乏力；资本报酬递减引起资本积累速度趋缓，等等。有人更具体地分析技术引进低效和自主创新不足，从技术进步迟缓去寻找增长速度下降的根源。

这些意见在分析角度上虽有不同，却是都停留在从增长要素与增长速度的关系上去认识"新常态"。

我认为，经济增长速度的变化并不是评判"常态"新旧的关键性特点。我国在改革开放后经历过三次增长速度的剧烈下滑，如从 1978 年的 11.7% 下降到 1979 年的 7.6%、1980 年的 7.8%、1981 年的 5.2%；从 1988 年的 11.3% 速减为 1989 年的 4.1% 和 1990 年的 3.8%；从 1996 的 10.0% 降低到 1997 年的 9.3%、1998 年的 7.8%、1999 年的 7.6%。如下图所示：

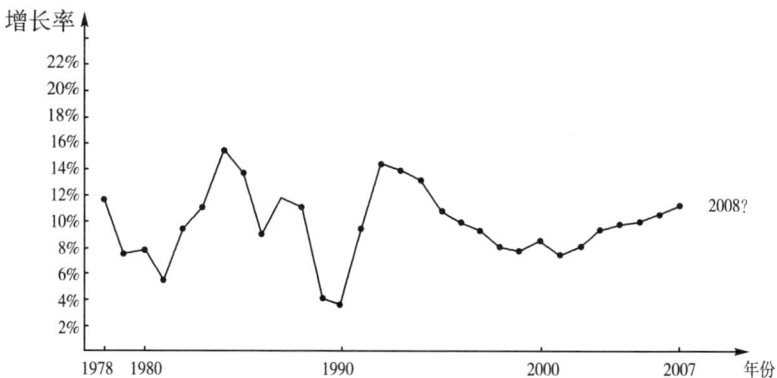

不过，这几次增长速度的迅速下降都发生在传统经济制度向新经济制度转变的初期。那时，资本主义私有经济和市场经济制度都还处在初建和成长阶段，都在发挥其促进经济的积极作用，还没有出现重大的经济问题和社会矛盾，某些经济结构出现一时性的不适应，虽然也影响到增长速度，

但社会经济关系的阶段性特征并没有改变，因而，几次增长速度急速下降后都能够较快地大幅回升。1978～2004 年间，中国的 GDP 年平均增长率达到 9.4%，说明这三次增长速度的剧烈下滑并没有改变经济发展的"常态"。可见，增长速度的减缓虽是"新常态"的一个表征，但不能仅从增速的变化去辨别经济发展态势是否正常。

2014 年 7 月 29 日，习近平总书记在中南海召开的党外人士座谈会上再次提到"新常态"，强调"要正确认识我国经济发展的阶段性特征，进一步增强信心，适应新常态，共同推动经济持续健康发展"。这段话对我们正确认识"新常态"的本质特征提出重要的提示，即，进入"新常态"不仅仅是增长速度快慢的变化，而是一个具有"经济发展阶段性特征"的新时期。我们应该深入分析生产关系的发展和变化，从中探索足以反映阶段性变化的重要特点，认识"新常态"的本质。

我国也有一些专家力图从经济发展的阶段性特征去说明"新常态"。例如，有的学者根据发展经济学理论，把新常态说成是我国从城乡二元经济向一元经济的转变。有些专家把我国经济发展方式的转变视为新常态，但具体说法各有差异，如有人认为是从要素驱动型转变为创新驱动型的发展方式，有的说是从粗放数量型转变为集约质量型的发展方式，有人提出是从政府主导型向市场主导型的发展方式转变。有些论者则认为全球正面临着深度结构调整期，我国要"惠民生"也必须"调结构，保增长"，进入"新常态"就意味着经济结构调整的新时期。至于经济结构究竟指什么，不同人从产业结构、资源配置结构、城乡结构、传统产业与新兴产业结构、金融与实体经济结构到供应消费结构等加以说明，意见五花八门。有的文章认为，新常态应是中国从中等偏上收入经济体向现代发达经济体过渡的新的稳态发展路径。

这些意见确实点到了我国值得重视的一些重大经济问题，它们亟须花大力气加以解决，解决过程中发生的变化也标志着我国经济发展前进的必经阶段，但是，只以其中的某个变化当作我国新时期经济发展的阶段性特征却是片面的，没有抓住社会的基本矛盾和新时期的本质变化。例如，有的意见提到的方式转变实际上是相对的，如"粗放型"和"集约型"生产会随着技术的发展不断改变其标准，不能作为新旧常态的界线；有些生产方式是互相交叉、共同存在的，例如，根本不存在只有创新驱动而没有投资驱动、要素驱动的生产方式，各种驱动是互相结合的，在技术创新条件下的投资才是最有力推动经济发展的方式，而且创新也是相对的、不断前进的，存在于各个时期，不是某种经济发展态势的判断标志；经济结构的调整是不断进行的长期过程，没有起点和终点，如产业结构、资源配置结构、供销结构的平衡就不是固定而是暂时的，经常会被打破，必然要根据各个时期的需要和条件不断调整，根本不存在稳定的态势，即所谓的常态，哪里还有新旧的差别？至于把新常态说成是我国从城乡二元经济向一元经济的转变，它的前提，即我国是否具备开始这种转变的条件，本身就遭到质疑；而且，即使存在这种转变的可能性，它必将改善我国的经济结构，减少经济问题和矛盾，促进经济更快发展，这与当前的经济急速下行趋势恰好相反，很难说是"新常态"出现的缘由。

那么，应该从哪些方面去说明"新常态"的阶段性特征呢？这就需要了解什么叫作"常态"，明确"常态"的定义。

所谓常态，指的是在一定的环境和条件下，事物依照其固有的规律正常变化发展和比较稳定的状态。只要环境条件不发生重大变化，客观规律就会正常发挥作用，事物就会按正常、稳定的状态去发展，这就叫常态。反之，如果客观条件发生了变化，原有的规律作用的情况（如影响的广度、深度和力度）就会随之改变，甚至不复存在，事物发展的状态就可能发生变化，亦即从原来的发展态势进入另一种态势，即"新常态"。社会经济关系也是一样的。关键在于准确找到足以引起整个社会经济改变发展状态的根本条件，它就是由生产资料所有制决定的、作为经济规律发挥作用的基础的社会生产关系。生产资料所有制和生产关系的变化必然导致经济规律作用的变化。它们的变化积累到一定程度，必然会改变社会经济发展的固有趋势，使经济按照新的态势去发展。因此，要了解经济发展常态的更替或新常态的本质，必须从经济规律发挥作用的根本条件和情况去辨识。

可见，仅从经济发展的个别方面去界定"新常态"的阶段性特征是远远不够的。党的十八届五中全会指出："我国发展仍处于可以大有作为的重要战略机遇期，也面临诸多矛盾叠加、风险隐患增多的严峻挑战。我们要准确把握战略机遇期内涵的深刻变化，更加有效地应对各种风险和挑战，继续集中力量把自己的事情办好，不断开拓发展新境界。"我们必须沿着这个方向，从客观条件和经济规律的变化分析叠加的各种矛盾，寻找出主要矛盾，并根据社会矛盾的脉络看清新时期内涵的深刻变化，从本质上理解"新常态"。

二、 从生产力和生产关系的矛盾认识 "新常态" 的本质特征

我国不少专家认为，从劳动力、资本和全要素生产率等方面看，我国经济潜在增长率并未大幅度下滑，仍有保持高速增长的潜在力量。为什么实际增长率与潜在增长率之间竟然会发生巨大的差距呢？

导致我国近年来经济增长接连下滑的原因很多，主要是高位固定资产投资难以持续、产业结构失调、技术创新进展缓慢、生态环境恶化、资源约束增强、市场秩序混乱、腐败严重、产能和产品大量过剩等。在影响经济增长的这一系列问题当中，主要难点，或者说主要矛盾是产品大量过剩。这是因为，相比之下，资源、创新、投资、产业结构等等问题涉及的基本上是生产环节和供给方面的因素，无论是产业结构调整或是管理和技术创新，都仍然是生产领域的促进要素，它们的改善虽有助于社会生产的发展，但创造出的大量产品能否被吸收和消费掉，则制约着再生产过程能否持续

和发展。而产品大量过剩导致市场滞销、竞争加剧、资金周转困难、成本增加、利润率下降、开工不足甚至倒闭、实体经济资本外移并引起虚拟经济泡沫、劳动者收入下降、消费资料购买力萎缩等，反映的社会供求关系脱节则是最根本的经济结构，涉及的是全局性的问题，也是经济发展方式转换是否有效的最终标志。不仅如此，大量过剩表明，同我国几十年来生产力高速发展相比，当前市场的出清能力显著低下。尽管政府实行各种限产压产措施，厂家也使尽各种解数，众多企业依然开工不足；有支付能力的需求连规模压缩后生产出的产品也无法完全消化。巨量产品过剩的存在不仅堵塞了社会生产的进一步扩展，连既有的规模也难以为继。

然而，我们还要进一步探寻造成严重过剩的原因是什么。从供给方面看，主要是由于企业为了追求短期利益，生产盲目扩张，而地方政府缺乏全局眼光，片面追求 GDP 的增长，对生产布局引导不力，调控失措，脱离社会经济的实际需求，造成过多的产能和产品。从需求方面看，原因之一是国际市场扩展乏力。从 2008 年全球金融危机以来，世界经济普遍出现"经济结构深度调整，总量需求增长缓慢"的特征，加上贸易保护主义抬头，关税壁垒纷至沓来，使得我国产品的国际销路出现萎缩。二是市场销售困难，实体经济利润率下降，资金转向虚拟经济，工业企业家信心指数回落，固定资产投资，尤其是私有经济投资实业的意愿锐减。在经济旺盛时期建造起来的大量产能已经闲置不用，更谈不上新的建设需求，致使大量生产资料销售困难，积压严重。三是社会生活消费总水平长期低下，而且近年来增长率呈下降趋势，琳琅满目数量巨大的国产生活用品无人问津。据国家统计局的资料，我国生活消费对国家经济增长的贡献率，2011 年为 61.6，2013 年前三季度只为 45.9；消费品零售额增长率，2011 年是 17.1%，2013 年前三季度降为 12.9%。总之，社会需求方面的以上问题导致需求总量低于生产总量，形成严重的产品过剩。实际上，从三种需求的关系看，生活消费水平低下是产品过剩的主要矛盾。因为，正是由于生活消费需求不足，产品销售困难，抑制了新的投资意愿，也减少了对生产资料的需求，形成国内需求的全面萎缩，而内需不足则提高了对国外市场的依存度，加大了外贸形势对经济增长的不利牵制作用。

那么，又是什么因素导致我国生产的生活消费品大量过剩？主要的根源就在于严重的分配不公和贫富悬殊。它一方面产生了人数日益增多的千万、亿万富豪，他们虽然拥有强大的"土豪式"消费力，但其追求的是高级外国奢侈品、豪车名表珍宝和国外的挥霍生活享受，只为国际资本在中国创造了世界最大的奢侈品市场和豪车市场，因此，相对于他们的巨大消费力，他们对本国产品的消费贡献是十分有限的。另一方面，广大劳动者的收入长期被压制在十分低下的水平，他们普遍具有改善生活质量的迫切愿望，并非没有更多的生活消费的需要，却因低下的收入所限没有足够的购买能力。如果考虑到我国农村还有一亿左右的贫困人口（农村的贫困标准是年收入 625 元人民币！），城镇居民还有最低生活保障人员 2140 万人，整个劳动阶层有支付能力的需求就更加微弱了。在消费水平低下而且增长缓慢的条件下，企业为了减少产品积压，纷纷缩小生产规模，在行业间引起连锁反应，结果造成大面积的产能过剩。2009 年上半年，国家统计局监测的 24 个重要工业行业中，有 19 个出现不同程度的产能过剩；到第三季度，产能过剩产业就升到 21 个[1]。另据有的专家估算，2012 年，中国产能利用率为 57.8% 远远低于 1978 年以来产能利用率 72%～74% 的平均水平[2]。就是这样，我国出现了日益严重的生产迅速增长与有支付能力的需求相对缩小的矛盾。

这种矛盾本来是资本主义经济特有的社会主要矛盾，也是资本主义社会周期性经济危机的产生根源，如今为什么会出现在社会主义国家的中国？

这是由我国改革开放以来生产关系演化的特点决定的。

---

[1] 《北京商报》2009 年 11 月 6 日。

[2] 卢现祥：《对我国产能过剩的制度经济学思考》，《福建论坛（人文社会科学版）》2014 年第 8 期。

30 多年来，我国的生产资料所有制、生产关系、经济规律和社会经济矛盾都出现了二元化，而且越来越显著。这是比城乡二元经济更重要、影响更大更广更深远的经济二重结构。当前出现的一切经济现象和问题，只有通过对它的分析才能得到合理的解释。

我国当前实行公有制为主体、多种所有制经济共同发展的基本经济制度，包括以生产资料社会主义国家所有制为主的公有制和以生产资料资本主义所有制为主的私有制。在这两种社会性质根本不同的生产资料所有制基础上，我国社会形成了两种性质不同的主要生产关系：社会主义生产关系和资本主义生产关系。它们同时并存在一个社会，互相影响。

经济规律是在一定生产资料所有制基础上发挥作用的，是一定生产关系运动发展的客观必然性。既然我国存在所有制和生产关系的二元化，社会上便有社会主义和资本主义两类截然不同的经济规律体系同时在发挥作用，使经济规律也出现了二元化。在社会主义生产关系中，劳动者是生产资料、生产过程和劳动产品的共同主人；社会生产的目的不再是为独占生产资料的少数人牟取利益，而是为了最大限度满足全体人民不断增长的物质和文化需要；为了实现共同目的，劳动者在单位内部结成平等和谐的协作关系，在社会中共同分享各种经济信息，在国家领导下互相配合发展生产，消除了社会生产的盲目竞争和无政府状态；劳动成果在做了必要的社会扣除后，按个人提供的劳动进行分配，消除了一部分人无偿占有别人劳动成果的剥削关系。在这种生产关系中，发挥作用的主要经济规律有社会主义基本经济规律、劳动者平等协作规律、社会生产有计划按比例发展规律、按劳分配规律等等。社会主义生产关系的优越性和社会主义经济规律的积极作用，是我国经济持续快速发展、劳动人民生活水平不断提高的最重要因素。

与社会主义生产关系并存的资本主义生产关系则具有截然不同的性质：资本家占有全部物的生产要素，购买和支配着人的生产要素，以取得最大利润为目的，指挥和监督劳动者进行生产，用各种手段加强对工人的剥削，获得包括剩余价值在内的全部的劳动成果；在市场中，不同的资本家根据被私有制局限和分割的信息，为攫取最大利益互相争斗。于是，支配他们活动的只能是剩余价值规律、资本积累规律、市场盲目竞争规律、贫富悬殊的分配规律。这些规律虽然在某些方面促进生产的发展，却容易造成社会生产的盲目无序状态，产生一系列经济失调、生态破坏、假冒伪劣和有害有毒产品充斥市场的问题，不利于国家产业结构的优化和升级，不利于国民经济的全面协调和可持续发展，最终不利于社会进步和改善民生。

不仅如此，两种生产关系和经济规律不但并存于我国社会，还会互相影响。社会主义公有制经济，特别是国有经济，对抑制私有经济的剥削和盲目性起着一定的正效应。资本主义的经济规律，尤其是追求剩余价值最大化的规律，则对社会主义的公有经济产生巨大的消极影响，主要是妨碍社会主义经济规律作用的发挥，不利于社会主义生产目的的实现，与公有经济争夺资源、市场和利益，引发国有企业管理人员堕落腐化、国有资产流失，影响公有企业的行为，并把生产过剩的痼疾传染给公有经济①。两类不同的经济规律的影响力孰大孰小，最终取决于两种所有制经济力量的消长。

在经济规律的作用下，我国的社会主要矛盾也出现二重化。社会主义的社会主要矛盾是不发达的社会生产与劳动人民不断增长的需要之间的矛盾。虽然我国的生产力已经获得飞速发展，但是，正如党的十八届五中全会所提出的，社会主义的社会主要矛盾至今依然没有改变。必须坚持以经济建设为中心，实现更高质量、更有效率、更加公平、更可持续的发展。我国的资本主义经济在社会主义国家和公有制经济的影响下，虽然具有一些特点，但它不择手段追逐最大利润的本性并没有改变。30 多年来我国出现各种社会消极现象，如分配差距扩大、贫富两极分化加剧、经济结构失

---

① 吴宣恭：《我国当前阶段所有制和经济规律的变化》，《经济纵横》2013 年第 8 期。

调、市场乱象剧增、自然资源遭严重破坏、生态环境恶化、销声匿迹已久的社会罪恶沉渣泛起等，无一不同资本主义经济的急剧发展密切相关并且同步扩大和增加。这些表明，在社会主义初级阶段，资本主义的社会主要矛盾依然是资产阶级和无产阶级之间的矛盾、受私有制局限的逐利冲动与社会生产协调发展要求之间的矛盾以及生产无限扩大趋势和劳动者有支付能力的需求相对缩小之间的矛盾。

在改革开放初期，社会主义经济还占统治地位，社会主义经济规律还能较好地发挥主导作用，生产发展满足不了人民生活不断提高的需要还是社会主要矛盾。随着资本主义势力不断增强，资本主义经济规律的作用日益加强，它与生俱来的社会弊病越来越明显，它的社会主要矛盾也更加凸显。2011 年，我国"民营经济"总产值已经占到 GDP 的 50% 以上，加上港澳台和外资企业，资本主义经济所占比重已经大大超过公有经济。此后的几年，资本主义经济更加膨胀，收入和财富悬殊更为突出①，市场秩序进一步恶化，出现更大面积的产品产能过剩，表明资本主义的经济规律已在我国加快发酵，由此必然引发社会生产力与生产关系的新矛盾。

我国的社会生产以世界瞩目的高速度增长。2014 年我国 GDP 达到 63.6 万亿元，比 1956 年的 1029 亿元、1978 年的 3645 亿元，分别增长 617 倍和 173 倍多，早已位居世界第二位；同时，我国已是世界第一工业大国和第一农业大国，在世界 500 种主要工业品中，我国有 220 种产品产量位居全球第一位，无论生产资料或生活消费资料都遍销世界各国。2011 年，我国还成为全球唯一外汇储备超过 3 万亿美元的国家，资本供应也非常充足，甚至还存在无法有效投入使用之虞。这么强大的生产能力以及丰富的资金和产品，按理完全能够为大幅度提高劳动人民的生活水平和全面发展提供充足的物

---

① 据胡润研究院的报告，仅是中国 1.7 万名资产 5 亿元以上的富豪，就坐拥 31 万亿财富，占 2014 年中国 GDP（63.64 万亿元）的一半。2011 年中国首富的资产为 700 亿元，2015 年中国首富王健林的资产从 2011 年的 450 亿元增至 2600 亿元。

质条件，使社会主义基本经济规律更充分地发挥作用，但是，它们却有一半以上属于并掌握在资本主义企业主手中，用于剥削劳动者，攫取更多的利润，恰好与社会主义的生产目的背道而驰。正是在资本主义剩余价值规律和资本积累规律的作用下，广大劳动者的收入无法随着劳动生产率的提高而增加，购买力无法同生产的迅速提高同步增大，这就必然使产品供过于求的局势越来越恶化，使资本主义的社会主要矛盾日益显露和尖锐化，出现"生产的迅速发展成为生产继续发展的障碍"。我国生产力和生产关系的矛盾达到这样的程度，在它制约下，必然会促使社会经济发展态势开始发生变化。

可见，二元化生产资料所有制、生产关系、经济规律的变化和资本主义社会主要矛盾的加深，是进入"新常态"的基本原因，"新常态"是我国迅速发展的生产力和生产关系矛盾发展到一定阶段的产物。只有进行这些本质关系的分析，才能做到习近平提出的"正确认识我国经济发展的阶段性特征"，也才能在"新常态"下实现持续的经济快速发展。

三、 在 "新常态" 下进一步深化改革， 调整发展战略

由于对"新常态"的理解不同，理论界对如何深化改革、进行战略调整的意见也迥然有别。有的学者主张要进一步解放思想，推进改革开放，让中国沿着经济自由化、市场化、民营化道路前进，让市场在资源配置中真正发挥决定性作用和让民营经济发挥主要作用，认为市场化改革千头万绪，民营经济主体化、金融市场自由化、土地要素市场化是三大重要切入口。

这种意见没有认识到当下经济问题和矛盾的真正根源，是非常错误和有害的。如果按照他们的意见办事，成为主体的"民营经济"连同港澳台和外资就将占据绝对统治地位，上述的两类生产关系、经济规律、社会主

要矛盾的主导方面就会向资本主义转移。要是那样，我国经济的增长不仅达不到中高速，还会下降到今日资本主义发达国家低速增长的常态。

因此，要在新常态下谋取新发展，首先必须树立道路自信、理论自信、制度自信，坚信只有社会主义才能振兴中国。要从我国当前在生产资料所有制、生产关系、经济规律和社会主要矛盾二重化的基本事实出发，正确认识当前经济问题和矛盾不断加深的根源在于资本主义私有制的过度膨胀，是资本主义经济规律消极作用扩展的表现。要充分认识公有制，尤其是社会主义国家所有制的重大积极作用，敢于宣称共产党的社会主义奋斗目标，分清社会主义和资本主义，坦坦荡荡地坚持社会主义道路，"坚持把增进人民福祉、促进人的全面发展、朝着共同富裕方向稳步前进作为经济发展的出发点和落脚点。"①

当前，我国发展仍处于可以大有作为的重要战略机遇期，要准确把握这一时期内涵的深刻变化，更加有效地应对各种风险和挑战。今后，必须遵照党的十八届五中全会精神，做到六个"坚持"，牢固树立并切实贯彻创新、协调、绿色、开放、共享的发展理念，进一步深化改革，调整今后的发展战略。

第一，首要的是坚持和完善基本经济制度，坚守底线，扭转国有经济比重不断下滑的趋势，做大做强做优国有经济，切实发展农村集体经济，真正实现公有制为主体、国有经济为主导。要检讨以往对国有经济重视不够，导致国有资产大量流失的失误，切实以国家所有制的完善和壮大为目标，深化国家所有制的改革，增强国有经济的活力、控制力、影响力、抗风险能力。今后国家所有制的改革不能只着眼于归属权的改变，过于强调"产权主体多元化"，削弱国有经济的力量和国有主体的作用，而应将重点放在理顺国家和国有企业的关系，建立国有企业的有效治理结构，提高其管理水平和效益。其关键是，按照社会主义原则建立激励机制和约束机制，

① 2015 年 11 月 23 日，习近平在中共中央政治局第二十八次集体学习时的讲话。

形成企业全体成员的平等协作关系，完善权责明确的领导分工负责制，充分调动劳动者参与管理的积极性，并处理好企业利益和职工利益、长远利益和近期利益的关系，使劳动者根据按劳分配原则共享企业发展的成果。

第二，改革分配制度。在实行人均 GDP 和城乡居民人均收入倍增计划时，还要补充缩小收入差距的措施，缓解分配不公，遏制贫富悬殊。要逐步拉平私有经济明显低于国有经济的工资差距，解决国有企业和国家控股公司高层管理人员与普通职工薪酬差别过大的缺点。加大改革税制的力度，新增必要的税种，提高累进比率，加强税收管理，改变工薪阶层税收占个人所得税总额的比重过高（约在 65%）、个人所得税占 GDP 的比重过低（只有 2% 左右）的不合理现象，对高收入阶层进行有效征税。加强财政制度的再分配功能，扩大公共品的供应，完善社会保障体系，让低收入群体享受实惠（但有些削弱国有经济及其竞争能力的措施，如划转国有资产充当社保基金或加大国企利润上缴比例，要慎行或缓行）。通过对不合理分配制度的改革，逐步增加劳动者的实际收入，提高社会消费水平。

第三，利用 CPI 波动空间，实行适度的量化宽松，扩大国家投资，促进经济增长，广开就业门路，在妥善处理过剩产能的同时，通过增量调节产业结构。近年来我国通胀压力还不太大，2015 年 CPI 预计上行 1.4%，较2014 年下降 0.6 个百分点，远低于国家 3.0% 的政策目标。利用这个有利时机，扩大国家投资，既可弥补私有经济投资意愿不高的空缺，还可较快地开拓新兴技术产业和绿色产业，促进产业升级，其发展的空间还是十分巨大的。要肯定 2008 年后大规模投资的必要性，而吸取其失误的教训；不要因为出现大量产能和产品过剩而不敢讲扩大投资，关键在于把握好投资目的和投资方向，要用以人为本代替利润导向，强调社会效益，树立全局和长远发展的观念，兼顾价值和实物效用。国家投资除了开拓和发展生物技术、信息技术、智能制造、高端装备、航空航天等新兴产业，支持传统产业优化升级之外，要大力治水、治山、治沙、治林，科学开发海洋资源，改善生产条件、人民生活条件和生态环境；更进一步，要树立雄心大略，凭借共产党强大的组织力和公有经济的优势，组建开发大军，充分利用西南地区丰富的水资源，改造和利用西北荒漠地区，发展大规模的生态产业，加强生态文明建设。要积极发展绿色产业，开发新资源，充分利用我国具有较大优势的水电、风电、光电，大力开发生物能源和其他新能源，加大要素供给，减少对国外资源的依赖，提高资源的自给程度。

第四，完善科学创新的驱动机制，构建科学创新的社会体系，转换发展方式。全面的创新应兼顾制度创新、管理创新和技术创新。技术创新活动不能停留在号召和政策支持，不宜由私人单打独斗，而要运用政府、国有企业和其他大企业的优势，有计划地组织各种社会力量，发挥协作功能，搭建更高的知识型技术创新平台，更多掌握全球价值链的高端核心资源，构建技术创新的社会体系。

第五，坚持依法治国。在维护各种所有制合法权益的同时，更要注意制止公有财产的流失，维护公有经济的主体地位和国有经济的主导作用。加强执法力度，严惩贪污腐败，大力整顿市场秩序，严厉打击危害广大群众的各种不法市场行为，确保人民正常、平安和健康地生活。

（原载于《毛泽东邓小平理论研究》2016 年第 4 期）

五大发展理念是社会主义基本经济规律
内涵的深化拓宽和高度概括

任何社会经济形态都在一定的生产资料所有制的基础上，形成一定的生产关系，并按照这种生产关系的本质要求、内在联系和必然发展趋势，有规律地发展。经济规律具有不依人们意志为转移的客观必然性，有什么样的生产关系，就必然产生与之相应的经济规律。人们不能创造、改造和消灭经济规律，违反经济规律将使经济发展遭到挫折和失败。但是，人们通过实践却能逐步发现、认识经济规律，并在一定程度上加以利用，为社会谋福利。中国共产党一向重视经济规律的作用，力求按照经济规律发展社会主义事业。党的十八届五中全会总结我国经济发展的经验，创造性地提出具有内在联系、相辅相成的"五大发展理念"，作为引领今后改革和发展的纲领性指导思想，全面反映了社会主义经济的本质要求，是对社会主义基本经济规律内涵的深化拓宽和高度概括，极大地丰富了马克思主义的科学发展观，将对我国经济的持续健康发展发挥重大的指导作用。

一、 创新， 是生产力发展的首要推动力， 是从生产方面对社会主义基本经济规律内涵的高度提炼

马克思列宁主义论著反复提出，在建立生产资料公有制之后，社会生

产具有与资本主义根本不同的性质和目的，生产成果直接归生产者共同支配和享用，生产和消费之间具有直接的联系，社会生产的目的就是充分满足人的需要和保证人的全面发展。要实现这种社会生产目的，必须具备两方面的条件：一是必须有高度发展的生产力，能提供充足的产品；二是必须有能够协调各种供求关系的完善的经济结构（这在后面再分析）。关于发展生产力，其根本手段就是迅速提高劳动生产率。只有这样，才能以较少的劳动时间创造出丰富的产品，同时增加劳动者自由支配的时间，有利于劳动者的多方面发展。而劳动生产率的提高取决于多种因素，除了自然和物质条件以外，还包括劳动者的熟练程度、科学技术的水平、生产过程的组织和管理。因此，从生产方法、管理体制、产业组织和科学技术等方面进行创新，是提高劳动生产率、发展社会生产、更好地满足人们需要的重要途径。这些关系表明，通过创新促进社会生产的进一步完善和发展，是社会主义基本经济规律在生产方面的要求，也是社会主义基本经济规律发挥作用的物质保证。

中国共产党遵循社会主义基本经济规律的要求，正确处理发展生产和满足人民需要的矛盾，将发展生产作为第一要务，不断探索发展的有效途径。习近平总书记总结我国和国际的经验，多次强调了创新对促进生产力的巨大作用。2015 年 3 月，他在参加全国"两会"上海代表团审议时首次明确提出"创新是引领发展的第一动力"的论断，指出"要使创新成果更快转化为现实生产力"①。党中央把创新列在五大发展理念的首位，正是深刻认识到社会主义基本经济规律的内在要求，抓住提高生产力的关键，强调其对发挥社会主义基本经济规律作用的重大意义，是对社会主义基本经济规律要求的深刻理解，是马克思主义政治经济学的重要理论发展。

人们可能认为，资本主义经济也很重视创新并且在创新方面获得巨大成就，长期走在世界前列。但是，从生产关系的本质和经济规律的必然作

---

① 习近平：《坚定不移深化改革开放　加大创新驱动发展力度》，《人民·日报》2013 年 3 月 6 日。

用看，只有社会主义制度才能为创新提供繁茂成长的土壤和充分发展的空间，而资本主义囿于私有制的本性，在进行创新的同时又具有很大的局限性。这是因为，与发展生产满足人民需要的社会主义基本经济规律不同，资本主义的基本经济规律是剩余价值规律，一切经济活动都要服从追求最大利润的目的，只要不利于这一目的的实现，创新就难以开展。比如，创新投资可能存在许多风险，包括研发的成功率难定、市场需求变幻莫测等，有些资本家宁可管好当前的营运，获取稳定的收益，不愿意承担创新的风险；创新，尤其是高端的创新，需要较多研发人才和设备，支付较大成本，或者要求增加资本投入，或者会降低眼前的利润率，都会大大消减创新的动机；某些已经控制了高新技术的企业，为了保持既有利益，会采用各种手段，或者拖延新研究成果的公开使用，或者索求高价，或者压制、扼杀后来者的赶超；创新需要各种协作，但私有制使人们彼此隔离，甚至互相封锁，以邻为壑，除了市场交换，缺乏更为有效的社会协调；资本主义企业创新的收益不归雇佣劳动者所得，有时还会加重他们的学习和劳动负担，加上苛刻的管理制度和劳动纪律，都不利于调动广大劳动者参与创新的积极性。这些在国际上和我国都有明显的例证，极大地妨碍创新的广泛展开和成果的普遍运用。

总之，要广泛开展创新，取得有效成果，需要一些条件。一是解除对劳动者的压制和禁锢，最大程度激发人的积极性主动性，突出人的能动作用。同时运用好激励机制，鼓励群众的创新热情。习近平总书记强调："人才是创新的根基，创新驱动实质上是人才驱动"。① 二是突破各谋其利、各自为政的私有制壁垒，共享创新的信息和资源，在竞争中互相支持、互相促进。三是组织协调，建立创新的社会体系，聚合各种社会力量，充分发挥协作功能，提高创新的效率。显然，社会主义迫切要求通过创新去迅速发展生产，也只有社会主义公有制能够提供这些有利的创新条件。两者互

---

① 习近平：《坚定不移深化改革开放　加大创新驱动发展力度》，《人民日报》2013 年 3 月 6 日。

相促进、转化，形成良性循环，必然有力地提高社会生产力的水平。统计数据表明，在我国高端技术领域获得重大创新成果的单位中，国有企业在比重上远远高于私有企业，表明创新是社会主义经济的必然趋势，是社会主义基本经济规律的基本要求。

二、 协调， 反映了社会协调发展规律的要求， 是社会主义基本经济规律发挥作用的社会条件

从整个社会有机体观察，人类社会存在生产关系与生产力、上层建筑与经济基础互相作用和反作用，经济、政治、法律、文化互相联系、互相促进的基本规律。全面协调发展是这一基本规律的具体体现和根本要求。但是，在人类社会的漫长岁月里，对社会协调发展规律的认识一直陷于黑暗之中，这一规律只能在反复的社会矛盾碰撞中显示出它的必然作用。马克思和恩格斯奠立的辩证唯物主义和历史唯物主义揭开了这个黑幕，使人们开始和逐步走上认识、尊崇规律和运用规律的道路。中国共产党适应生产力的要求，组织生产资料所有制的多次变革，继 20 世纪 50 年代全面建立了社会主义公有制之后，根据对生产力条件的客观分析，发起和主导了改革开放，建立了公有制为主体、多种所有制经济共同发展的基本经济制度，在这基础上形成中国特色社会主义的生产关系。同时强调经济、政治、文化、社会、生态各方面的均衡全面发展，协调推进了社会主义物质文明、政治文明和精神文明、社会建设、生态文明建设。这些都是根据历史唯物主义的基本理论和基本方法，正确认识和自觉运用社会发展规律，协调社会总体关系的光辉典范。

从社会经济的层面观察，社会劳动根据各种需要按比例地进行分配，是正常实现社会再生产的条件。马克思强调，社会再生产要顺利进行，必须保持社会生产各方面的比例关系，指出："按一定比例分配社会劳动的必

要性，绝不可能被社会生产的一定形式所取消，而可能改变的只是它的表现形式。"① 他还进行了多方面的分析，论证经济制度决定按比例发展规律的实现方式。

资本主义的一切活动只服从于追求最大剩余价值的目的，私有制则把所有的生产者彼此分隔开，他们唯一能够取得的信息只来自市场，而市场的竞争性、自发性和滞后性又往往扭曲了真正的供求状况，导致了经济活动的盲目性。马克思指出："资产阶级社会的症结正是在于，对生产自始就不存在有意识的社会调节。合理的东西和自然必需的东西都只是作为盲目起作用的平均数而实现。"② 资本主义企业生产的有组织与社会生产的盲目无政府状态的矛盾造成了部门、产业之间经常性的比例失调和经济的混乱，加上生产迅速扩大的趋势与有支付能力的需求不足的矛盾，形成产品和产能的相对过剩，使经济陷入长期震荡，最后只能通过经济危机的剧烈破坏，消除过剩生产力，以社会资源的巨大浪费为代价，强制地建立社会经济的暂时平衡。

社会主义公有制，特别是国家所有制，使劳动人民成为生产资料和生产过程的共同主人。劳动者的根本利益一致，不存在利益的对立，在生产和交换过程中结成互助协作关系，有可能在社会中心（现阶段的社会主义国家）的领导下，利用社会共享的信息，根据社会需要配置物质资源，组织社会劳动，及时发现和补齐发展中的薄弱环节，解决资本主义长期无法对付的发展不平衡问题，做到通过"有意识的社会调节"实现社会经济的协调。党的十八届五中全会将协调作为五大发展理念之一，正是对社会主义基本经济规律和有计划按比例发展规律的确认和自觉运用，是充分发挥社会主义优越性，达到全面建成小康社会目标的重要经济战略指导，具有

---

①《马克思恩格斯选集》第4卷，人民出版社1972年版，第368页。
②《马克思恩格斯选集》第4卷，人民出版社1995年版，第581页。

重大理论意义和实践指导作用。

但是也要看到，当前我国经济出现一系列结构失调和秩序混乱：大量产品产能过剩，生态被严重破坏，市场上投机、欺诈活动丛生，假冒伪劣和有害有毒产品充斥，哄抬生活必需品价格，掠夺广大群众，严重危及人民生活。这些现象都是有悖于社会主义原则的。为什么它们会大量出现在社会主义国家的中国？这就必须正确了解中国特色社会主义的特色所在。从最根本的关系分析，其特色就在于，我国现阶段在生产资料所有制二重化的基础上，形成生产关系、经济规律和社会矛盾的二重化。社会上同时存在两种生产资料所有制，即以社会主义国家所有制为主的公有制和以资本主义所有制为主的私有制。相应地，在不同所有制的基础上形成了两种生产关系，即社会主义生产关系和资本主义生产关系；两种生产关系各自按照它们的本性有规律地运行，产生各不相同的社会矛盾。两种性质不同的生产关系共同存在于一个社会之中，互相影响，支配它们运动的规律和社会矛盾也互相影响。哪类生产关系拥有的经济力量大，对社会经济的影响力就强，它所固有的经济规律的作用和产生的社会矛盾的影响就大。认清中国特色社会主义的基本特点之后，就不难了解前述那些问题产生的根源。原来，它们就是私有经济追逐高额剩余价值引起的结果，是资本主义基本经济规律的表现。它们在我国愈演愈烈，根源就在于资本主义私有制的迅猛扩张。这就充分暴露出，资本主义经济深受私人利益局限和强烈的逐利冲动与整个社会经济的协调发展之间产生巨大矛盾。它们不利于国家经济结构的优化和升级，不利于国民经济的全面协调和可持续发展，最终不利于社会进步和民生改善。固然，完善法制建设，加强国家的管理和引导，在某种程度上有利于问题的解决，却无法改变、消除资本主义经济规律的必然作用。因此，必须逐步扩大社会主义公有制，并依靠强大的国有经济的力量增强社会主义经济规律的积极影响，减少资本主义经济规律的破坏作用。

三、 绿色， 是人与自然之间的协调规律与社会主义基本经济规律的结合， 也是社会主义基本经济规律在 "天人关系" 上的延伸和深化

绿色发展实际上就是人与自然之间物质变换的协调关系，是攸关人类社会发展的根本问题。马克思主义认为，人类是自然界的一个组成部分，又相对独立于自然界，同自然界存在一定的物质交换关系。自然界是人类赖以生存的条件，人类依存于自然界；同时，人类又能够通过自身的自觉活动，即劳动，从自然界取得生活所需物品，在局部上改造自然界，体现出对自然界的一定的影响。人和自然之间的这种物质变换关系，"是人类生活的永恒的自然条件，因此，它不以人类生活的任何形式为转移，倒不如说，它是人类生活的一切社会形式所共有的。"① 但是，在不同性质的生产关系中，这种"一切社会形式所共有"的人与自然的物质变换关系，却不可避免地会受到人与人的关系及其发展规律的影响，形成迥然不同的结果。

资本主义经济的生产目的是追逐最大限度的剩余价值。在剩余价值规律的驱动下，资本家一方面努力扩大生产，进行大规模开发，采取各种手段占有、使用乃至滥用和掠夺自然资源，不惜破坏生态环境，产生和加剧生产发展同自然界供给有限性之间的矛盾；另一方面，资本家为了节省开支，降低生产成本，随意排放生产过程的各种废弃物，严重污染生态环境，特别是城市的生产和生活环境，"使工人身体衰弱，精神萎靡不振"，"健康受到致命的摧残"②，造成剥削者同劳动人民之间的阶级矛盾。资本主义在很长时期存在为谋取高额利润而牺牲和破坏生态的罪恶历史（在 20 世纪中叶还发生震惊世界的 "八大公害事件"），并将其结果施加在劳动人民身上，

---

① 马克思：《资本论》第 1 卷，人民出版社 2009 年版，第 208～209 页。
②《马克思恩格斯全集》第 2 卷，人民出版社 1957 年版，第 463、497 页。

使人与自然之间的矛盾同人与人之间的矛盾交织在一起，既危害自然界，又残害劳动人民。这些矛盾的根源就在于生产资料的资本主义私有制。

在取代资本主义的新社会，劳动人民在共同占有生产资料的基础上建立起"自由人联合体"，社会生产的目的是满足人民不断增长的物质文化需要，促进人的全面发展，即不仅要迅速增加物质资料的数量和质量，还要不断提高人民的精神文化素质和体魄健康水平。这就要求人们在互助合作、协调相互关系的同时，加强生态文明建设，建立起与自然界之间物质变换的协调关系，把人与自然之间的协调规律与社会主义的基本经济规律结合起来。绿色的发展理念，就是强调以发达的生态文明促进社会、经济、政治、思想意识多方面的发展，是正确反映社会主义基本经济规律、人与自然协调规律和社会关系协调发展规律的综合要求，是对社会主义基本经济规律内涵的扩展和深化。认真践履绿色理念，对实现经济社会发展的根本目的具有重要意义。

但是，由于我国当前阶段存在生产资料所有制的二元化，社会主义生产关系与资本主义生产关系同时存在，社会主义经济规律与资本主义经济规律同时发挥作用并互相影响，由此，在生态和社会经济关系上产生一系列问题和矛盾。不少企业为了赚取暴利，掠夺性使用自然资源，狂挖乱采，不仅造成巨大浪费，而且严重破坏生态环境。无数实践证实，我国生态遭到日趋严重的破坏，与我国资本主义私有经济在二三十年来迅速膨胀密切相关。

所以，我们不仅要根据马克思主义关于自然、社会、经济、政治、思想关系的理论树立正确的生态文明建设目标，加强培养和传播先进生态理念，还要分析生态发展实践中的深层次问题与矛盾，找出生态破坏的经济社会根源，在建立有效的监督检查管理体系的同时，重视和设法解决这个根源性的问题。

四、 开放， 是社会发展规律和社会主义基本经济规律内涵在国际范围的拓展

如果说，绿色发展理念表示对社会主义基本经济规律内涵在纵向的升华和加深，那么，开放发展理念则是在横向对社会主义基本经济规律内涵的扩充和拓展。

经济国际化和经济全球化是生产力发展和生产社会化的必然结果和客观要求。这一过程首先发端于资本主义生产方式。在资本主义条件下，社会分工提高了劳动生产率，促进了生产的发展，增加了相对剩余价值，加速了资本积累。生产的发展和资本积累扩大了对各类资源的需求，迫切要求拓宽能消化产品、实现剩余价值的市场。当一国的资源和市场无法满足发展生产和增大利润的需求，或者别国能够提供更廉价的资源和更有利的市场时，资本便会突破国家的界线，在国外寻找机会，于是形成了国际市场和国际分工。随着生产力的发展，国际市场不断扩大，国际分工不断细化，特别是，经过新的科技革命，生产力快速发展，经济国际化进一步发展为经济全球化。不仅大多数资本主义国家，连社会主义国家也都深深卷入经济国际化、全球化的洪流。这个发展进程和趋势表明，经济国际化、全球化符合扩大市场、深化分工、发挥各国优势、推动世界经济发展的规律的要求，是生产关系要适合生产力要求的社会发展规律先在资本主义国家间、继之在世界范围的体现。我国经济几十年迅速发展，已是位居世界前列的经济大国、贸易大国和投资大国，与世界各国具有广泛联系，深深介入了国际经济关系，不可避免地要受到这一规律的制约。同时，为了更好地实现社会主义基本经济规律，必须考虑国内发展和国际发展的联动性，积极参与国际经济事务，充分发挥国内既有的比较优势，更好发挥在全球经济治理中的重要作用，同时也从国外争取发展所必需的资金、人才、资源和市场，创造更多社会财富，为增进我国人民的利益和各国人民的利益

作出更大的贡献。

2013 年 1 月 28 日，习近平总书记在主持中央政治局第三次集体学习时提出："我们要坚持从我国实际出发，坚定不移走自己的路，同时我们要树立世界眼光，更好把国内发展与对外开放统一起来，把中国发展与世界发展联系起来，把中国人民利益同各国人民共同利益结合起来，不断扩大同各国的互利合作，以更加积极的姿态参与国际事务，共同应对全球性挑战，努力为全球发展作出贡献。"① 这一指示连同其他有关坚持开放、推动国际发展合作的系列重要讲话，体现了党对国际社会发展规律和社会主义基本经济规律认识的深化，科学地将两种规律的要求结合在一起，既顺应世界发展潮流，又符合我国发展要求，为协调国内国际经济关系、合作共赢、全方位发展的指导思想奠立了理论基础。

不过也要清醒地看到，在当今国际市场中，各国之间既存在一定的共同利益，需要携手应对全球发展中的各种问题，又存在互相争夺资源以及商品市场和资本市场，抢占全球产业链、供给链、价值链的高端核心地位，争取和掌握国际经贸规则话语权的激烈竞争。发达资本主义国家，尤其是美国，利用其军事、政治、科技、金融优势，在国际市场和国际货币体系中占据主导地位，强制推行自己的规则，大量印发钞票，牟取本国利益，将通货膨胀转嫁给其他国家；疯狂进行金融投机，低价收购别国金融机构；在不发达国家遍设跨国公司，打击、扼杀和并吞本土企业，攫取高额利润，剥削和掠夺全世界人民，特别是发展中国家的人民；对社会主义中国更是采取敌视态度，极尽封锁、打击之能事。这些都对我国进一步开放以及国民经济的发展造成重大的不利影响。对此，必须总结经验，谋划扩大开放的战略和措施。一要检讨过去那种对外来资本大门洞开、来者不拒的做法，按照有利于我国人民的原则权衡利弊，进行必要的选择和控制，对外资进入重要行业和并购我国企业事项实行审查，保护民族工商业，对其经营管

---

① 习近平：《更好统筹国内国际两个大局 夯实走和平发展道路的基础》，《人民日报》2013 年 1 月 30 日。

理进行必要的监督，维护劳动者权益，禁止污染和有害产品和技术进口，严防对生态环境的破坏。二要改变过去那种单打独斗闯江湖的做法，发挥我国的制度优势，以国有公司、集团和非国有的大型企业为骨干，采取多种方式和形式将众多的涉外经济企业和机构凝聚起来，建成有雄厚力量的海外大军，减少内耗，团结一致，增强国际经济竞争力和影响力。三要通过灵活有效的经济外交活动，联合可以团结和有一定实力的国家，积极参与全球经济治理，改变少数发达国家对国际经济贸易金融体系话语权的垄断，争取建立"平等公正、合作共赢"的国际经济新秩序。

五、共享，是社会主义基本经济规律所体现的社会生产目的，是社会主义的本质要求，也是五大发展理念的核心

经过生产资料所有制的社会主义改造，我国建立了生产资料归劳动人民共同所有的基本经济制度。在这种制度下，劳动者成为生产资料和生产过程的共同主人，消灭了小部分人凭借对生产资料的垄断权力压迫、剥削广大劳动者的关系，劳动成果归劳动者共同所有，在扣除扩大再生产和必要的社会共同需要之后，生活消费品根据按劳分配原则分配给劳动者享用。这是人类社会经历几千年剥削阶级统治之后，首次出现的生产资料和劳动产品归劳动人民共享的制度。它在经济上粉碎了长期禁锢劳动者的枷锁，使劳动者真正焕发出巨大的创造力，推动社会生产以前所未有的速度持续发展，为社会主义基本经济规律开辟了发挥作用的广阔空间。1992 年，邓小平在南方谈话中指出："社会主义的本质就是解放生产力，发展生产力，消灭剥削，消除两极分化，最终达到共同富裕。"[1] 2015 年 8 月 21 日，在中共中央召开的党外人士座谈会上，习近平提出："广大人民群众共享改革发

---

[1]《邓小平文选》第 3 卷，人民出版社 1993 年版，第 373 页。

展成果，是社会主义的本质要求，是我们党坚持全心全意为人民服务根本宗旨的重要体现。我们追求的发展是造福人民的发展，我们追求的富裕是全体人民共同富裕。改革发展搞得成功不成功，最终的判断标准是人民是不是共同享受到了改革发展成果。"① 这些重要讲话是对社会主义生产关系基本特点和社会主义基本经济规律核心内涵的高度概括，突出发展生产、共同富裕对坚持社会主义道路、发挥社会主义优越性的重要意义，特别是将是否做到全体人民共享发展成果提高为改革成败的最终判断标准，是我国深化改革须臾不可离开的基本指导思想。

当今世界，到处都有人打着共享的旗号，但在不同制度下共享的内涵和实质各不相同。资本主义社会也高喊共享，那是一锅汤里有人大块吃肉，有人喝清汤、舔锅底的"共享"，即大多数人按劳动力价值取得工资，少数人按资本获取高额利润，简言之，是按生产要素分配的"共享"。社会主义的共享是在社会主义基本经济规律作用下，全体劳动者人人参与、人人尽力，全方位、全覆盖的共建共享，也就是各尽所能、按劳分配。我国尚处于社会主义初级阶段，受到诸多条件限制，实行的是按劳分配为主体、多种分配方式并存的分配制度。我们应当区分不同分配制度的实质，坚持社会主义道路，逐步扩大按劳分配的范围，实现社会主义的共享。

但是，在现实经济生活中，我国在实践共享理念方面还有巨大的差距。根源就在于生产资料所有制。改革开放以后，我国建立的基本经济制度，实质上是社会主义公有制与资本主义私有制并存的二元化结构。在此基础上，产生了生产关系、经济规律、社会主要矛盾的二元化。我国资本主义经济从零开始，经过 30 多年的迅猛发展，今日已在全国经济领域占据"半壁江山"。我国的私营企业主利用我国资金严重短缺、待业队伍庞大的特点，在劳动力市场中拥有绝对优势，在生产中占据无上权威的地位，延长劳动时间，压低工资待遇，长时期剩余价值率高达 240%。通过生产领域和

① 参见《人民日报》2015 年 10 月 31 日。

流通领域的超重剥削，我国在短短的二三十年间造就了一大批千万级、亿万级富豪。他们以年均高达 31% ~56% 的积累率集聚了巨额财富和资本。据"胡润百富榜"的资料，2015 年，中国 1.7 万名富豪坐拥 31 万亿财富，相当于中国当年 GDP 的一半；登上富豪榜的门槛从 2008 年的 7 亿元人民币上升到 20 亿元；上榜者平均财富由 30 亿元上升到 64 亿元；百亿富豪人数由 50 人扩大到 176 人。而在社会的另一极，私有企业雇佣劳动者的收入长时间得不到明显的增加，他们的收入占社会新创造价值的份额不断下降，大部分家庭的生活水平无法随生产的发展相应提高；此外，我国农村还有 7 千多万人生活在贫困线以下。财富快速向占人口少数的资产阶级集中，他们过着骄奢极侈的生活，在一个人均 GDP 长期处于世界百名之后的国家创造出全球最大的奢侈品市场，买走了世界 47% 的奢侈品。另一方面，劳动者收入占新创造价值的份额明显下降，有 13% 的人每天的生活费低于 1.25 美元，约 5% 的家庭生活极端困难。我国的基尼系数，1978 年仅为 0.16，2006 年就跃升为 0.49，超过绝大多数发展中国家和发达国家的水平。根据统计资料进行历年排列对比可以看出，我国分配不公和财富悬殊明显地是与资本主义经济的增长同步加剧的，表明它是仍然在我国发挥作用的资本主义基本经济规律（剩余价值规律）的必然后果，其真正的根源是资本主义私有制的迅猛发展。这种社会两极分化日趋严重，不仅极大地挫伤了广大劳动者的积极性和主动性，而且引发一系列社会矛盾，破坏生产和消费的正常关系，成为近年来我国经济出现明显颓势的主要原因。在改革开放近四十年之际，习近平总书记强调共享成果是我们进行改革发展所追求的目标，并且将是否做到共享确定为衡量改革发展成败的最终标准，表明中央领导警觉到现存的高度背离共享原则的现象，对必须坚守社会主义本质、遵循会主义基本经济规律提出更加明确的要求。这对我国端正改革方向，坚持社会主义制度和道路，解决存在的问题和矛盾，发展社会主义事业，具有特别的重大指导意义。

六、 发展社会主义公有制, 增强社会主义基本经济规律的作用

综上所述, 五大发展理念紧紧围绕满足人民群众日益增长的物质文化需要、促进人的全面发展这一根本目的, 集发展方向、发展方式、发展条件、发展维度、发展路径、发展目标为一体, 涵盖全面且具有紧密的内在联系, 高度概括和综合了社会主义基本经济规律多维度加深扩展的内涵, 体现社会主义所特有和能够实现的要求, 应该大力加以宣传, 切实贯彻实施。但是, 我国当前阶段, 在生产资料所有制二重化的基础上, 存在着与社会主义性质截然不同的资本主义生产关系, 在资本主义经济规律的作用下, 不可避免地会经常发生与五大发展理念相违背的行为和现象, 而且其范围和程度还会随着资本主义经济所占比重的增大而扩展和加剧。这是客观存在和不容忽视的, 治理的根本途径是适应我国迅速发展的生产力, 发展社会主义公有制, 特别是做大做强做优社会主义国有制经济, 不断强化社会主义经济规律发挥作用的根基, 使社会主义基本经济规律真正成为主导力量。

1999 年 9 月 22 日, 党的十五届四中全会作出的《中共中央关于国有企业改革和发展若干重大问题的决定》(简称《决定》)指出, 社会主义国有经济"是国家引导、推动、调控经济和社会发展的基本力量", "国有经济在关系国民经济命脉的重要行业和关键领域占支配地位, 支撑、引导和带动整个社会经济的发展, 在实现国家宏观调控目标中发挥重要作用。"十几年来的实践证明, 《决定》关于国有经济在社会经济发展中重要作用的评价是完全正确的。不久前, 习近平总书记多次明确指出: "国有企业特别是中央管理企业, 在关系国家安全和国民经济命脉的主要行业和关键领域占据支配地位, 是国民经济的重要支柱, 在我们党执政和我国社会主义国家政

权的经济基础中也是起支柱作用的，必须搞好。"① "国有企业是推进现代化、保障人民共同利益的重要力量，要坚持国有企业在国家发展中的重要地位不动摇，坚持把国有企业搞好、把国有企业做大做强做优不动摇。"② 这是进入新时期以来，习近平总书记针对新的经济形势发出的高瞻远瞩的宣示。"做大做强做优国有企业"，是运用历史唯物主义方法，掌握社会主义经济规律的要求，对国有经济重要作用的充分肯定，更是解决当前各种经济问题和矛盾的重大战略部署。

做大做强做优国有经济完全符合我国生产力的发展现状。几十年来，我国的社会生产以举世瞩目的速度迅猛增长，早在 2010 年就在工业规模上超过美国，成为世界第一工业生产大国；在世界 500 种主要工业品中，有 220 多种产品的产量位居世界第一。2015 年我国 GDP 达到 67.67 万亿元，比 1978 年开始改革开放时的 3645 亿元，增长近 185 倍。目前，我国已具备日益先进的物质技术基础，在许多重要部门掌握了尖端的技术，拥有素质不断提高的庞大劳动队伍，社会生产力水平已经进入世界前列，加上迅速增长的巨额经济总量，按照生产关系要适合生产力的规律，我国已经有充分的条件支持国有经济更大规模的发展了。扩大和优化社会主义公有制经济，是关系到我国社会发展方向和国运兴衰的根本大计，既有迫切的必要，又具备应有的条件，应该在经济发展进入新阶段之际，抓紧时机，毫不动摇地加以实施。这是增强社会主义经济规律的作用、减少资本主义经济规律不利影响的有效途径，全体劳动人民应该为此努力奋斗。

（原载于《马克思主义研究》2016 年第 8 期）

---

① 习近平：《共同为改革想招　一起为改革发力　群策群力把各项改革工作抓到位》，《人民日报》2014 年 8 月 19 日。

② 习近平：《保持战略定力增强发展自信　坚持变中求新变中求进变中突破》，《人民日报》2015 年 7 月 19 日。

"三尺书几亦轮台"

——我的学术历程

一、步入政治经济学教学研究之路

我从童稚到中学是在"海上花园"的鼓浪屿度过的。那是民族蒙受深重灾难和巨大耻辱的时代，在我幼小的心灵刻下难以磨灭的伤痕。当时岛上没有交通车辆，西洋人乘着专轮上岸，坐着轿子招摇过市。洋人住在濒海最漂亮的花园别墅，养着恶犬守门。一切行政管理事务和司法权力都掌握在他们为主的"工部局"和"会审公堂"手中，连印度和廓尔廓籍的警察也比中国人高出一等。我上历史课时，总是为那些外国强加的不平等条约感到羞辱和愤恨。太平洋战争以后，日本兵开进岛上，中国人更是在惶恐的阴影下生活。我们上学要经过日本领事馆，每次都要向门口的卫兵鞠躬，不然就会被骂和被扇耳光，有时还会听到馆里传出的惨叫声。到日占后期，物资供应非常困难，百姓只能靠少量配售的陈仓碎米度日。日本人为了搜括资源，动辄利用种种罪名没收中国人的资产。我家的主要财物也被敌人没收过，生活发生很大困难，只好冒着巨大危险，全家在黑夜中乘小船逃到大陆，饱尝逃难的痛苦，最后回到故乡。那时多么盼望有个强大的祖国。所以，在念高中一年级的时候，连国民党"一寸山河一寸血，十万青年十万军"的标语也让我感到振奋，我非常敬佩我国的远征军，羡慕那些身体合格有条件报名参加青年军的师生。抗日战争的胜利更使我激动不已，以为我国已晋升为"四强"之一，从此可以扬眉吐气，过上和平幸福的生活了。

由于我在小学中学念的都是教会学校，英语基础较好，平时也喜欢阅读外国文学，所以就报考厦门大学外文系，憧憬着那高雅的"象牙之塔"。可是，当1947年我进入大学后，国民党政府的反动本质进一步暴露，官吏贪污腐败，社会经济严重衰退，纸币加速贬值，物价迅猛高涨，百姓生活极其艰难。为了支撑其摇摇欲坠的统治，反动政府加紧镇压进步群众，激起人民的强烈反抗。被誉为"东南民主堡垒"的厦门大学的广大师生积极展开追求民主、反对国民党反动统治的学生运动，我也被卷入不断高涨的进步潮流。面临深重的社会黑暗和剧烈的社会变革，我开始将注意力转向现实的社会经济思想领域。

中华人民共和国成立前，厦门大学外文系学生除了专业必修课以外，还有两类性质、内容、范式完全不同的课程：一是西方的文学理论、经济理论、哲学原理、三民主义；二是以马克思主义为指导的科学概论、社会学、经济学。我选读和旁听了其中的一些课程。经过对比和思考，一些进步学者的讲授，尤其是关于唯物辩证法和唯物史观的介绍，使我感到马克思主义才是科学的理论。它对社会关系和现实形势的深刻分析强烈地吸引了我，开始影响我的学习和思维。不过，对我影响最大的还是地下流传的革命书籍。那时，在许多学生宿舍里，枕头席子下经常可以翻出毛主席的论著，如《新民主主义论》《论联合政府》《目前形势和我们的任务》《关于工商业政策》等，甚至还有中国共产党的党章党纲。它们不但使我认识了共产党的性质、纲领，还帮我看清了中国社会发展的前途和知识青年的任务。也是经由地下途径，我阅读了马克思、恩格斯的《共产党宣言》，艾思奇的《社会发展史》《大众哲学》，列昂捷夫的《政治经济学》和沈志远的《新经济学大纲》等一系列著作。通过学习，扩大了我的视野，点燃了我对经济理论的兴趣，这也是我从外文系毕业后转行教经济理论课的一个重要原因。

中华人民共和国成立使我国发生了天翻地覆的巨大变革。我先后到山区参加过土地改革和农村合作化调查，进行过城市家庭访问，参观并在许多国营工厂劳动，亲眼看到劳动人民生活的巨大改善，切身领会到他们翻身解放的无比喜悦、发自肺腑的对新社会的歌唱和自觉迸发出来的冲天干劲。对比中华人民共和国成立前所见所闻劳动者的穷困、悲惨状况，两个社会犹如天壤，我坚定地相信只有社会主义才是国家富强、人民幸福的康庄大道，树立了跟着共产党坚持走社会主义道路的信心和决心。

从大学三年级开始，我正式选修王亚南先生亲自讲授的"政治经济学"，同时辅修外贸系的一些课程。毕业后我被留在厦门大学工作，那年我刚好21岁。在分配工作岗位时，王亚南校长问我是否愿意转行到政治理论课教学组当教师，我不加犹豫地答应了。由此开始了我从事马克思经济学教学和研究的学术历程。王亚南校长还同时嘱咐我不仅要做一名理论知识的传播者，还要帮助学生思想成长，让我兼任学校团委和教导组组员，参与学生的思想教育和管理工作。不久以后，王亚南校长又推荐我担任《学术论坛》的编辑（实际人员只有主编韩国磐教授和我两人），从而让我有机会接触当时一些知名学者的论著，多方位地学习社会科学的知识，了解当时的学术动态，学会刊物编辑和出版的各种技能。

可是，我毕竟是半途改行的，一下子担任政治经济学教师还有不少困难。虽然我也读过一些政治经济学书籍，修过一些经济学课程，还参加过在复旦大学举办的"华东区政治经济学教师暑期培训班"，但主要靠的是自学，知识不够系统，理论基础不深，加上许多学生年纪都比我大，社会阅历比我广，思考问题比我全面，对我不太服气，加上我在教学中有时也会出现一些失误，学生经常同我辩论。有一回，我在教研室内部试讲，把"农村"一词说成是"农业"，指导老师周贻真教授严肃地提醒我这是非科班出身的局限。我感谢周老师认真负责的态度，永远记住他的话，不仅更加认真地备课，坚持每堂课都全文写下讲稿，对学生的疑问认真寻找答案和根据，而且下决心要进行系统的理论学习，扎实练好基本功。

1958 年，我到中国人民大学政治经济学研究班学习，这对我的教师生涯起着关键性作用。两年中，在宋涛、吴大琨、俞明仁、卫兴华、李宗正等名师的教导下，我深入地学习了《资本论》等一批重要经典著作，系统地研修了世界经济、经济学说史、经济史、逻辑学等一系列课程，初步弥补了我的理论基础和知识结构的不足。更重要的是，中国人民大学的老师们坚持马克思主义的立场，具有严谨踏实的学风、辩证分析问题的思维逻辑、对学生严格和认真负责的精神，润物无声地教育、引导我们，使我懂得怎样才能履行好教师的职责。

从中国人民大学毕业返回厦门大学后，我被分配讲授其他老师不大愿意教的政治经济学社会主义部分。它不像资本主义部分那样有完整的体系和严密的逻辑推论，而且还会随着时局的变化经常更动内容，的确是比较难教和"吃力不讨好"的课程。但是，困难也有好的一面，它迫使我更多地关心时事，注意观察和研究社会实际，了解社会主义经济理论的发展过程和各时期出现的热点，锻炼我对理论和实践问题的分析能力，逐步树立唯物辩证的思维方式，为我以后的经济理论工作打下较好的基础。

1979 年，蒋家俊同志和我受教育部委托主编南方 16 校《政治经济学（社会主义部分）》教材（即通称的"南方本"）。他和我研究了以前的教材，分析它们的基本观点和体系结构，确定我们的教材以生产力与生产关系的矛盾作为主线。它不同于以物质利益为主线的其他教材，主要是认为，一切社会形态的基本矛盾都是生产力和生产关系的矛盾，社会主义社会也不应例外，而物质利益只是由生产关系，特别是所有制决定的结果，它虽然便于解释许多经济现象，却不宜作为经济发展的主线。相反，只有分析生产力如何引起所有制和其他生产关系的变化，以及后者如何反作用于生产力，才能正确阐述社会经济发展的规律，在此基础上，才能说明物质利益产生和变化的根源，分析和处理好各种社会经济关系。

分析政治经济学的体系并联系我国经济发展的实际，使我深深体会到生产资料所有制在生产关系中的重要作用，从此，在长期的研究中，我以较多的精力学习和研究马克思主义的所有制、产权理论，始终把它作为分析经济关系的基本理论依据，运用于我国改革和发展的理论探讨。下面仅就这一方面谈谈自己的一些研究工作。

二、 所有制和产权关系基本理论的研究

1. 较早提出一系列所有制和产权关系的相关理论

（1）澄清生产资料所有制、所有制与生产关系的不同内涵，指出生产资料所有制是人们通过生产资料形成和建立的经济关系，包括生产资料归谁所有、归谁占有、归谁支配、归谁使用以及发挥这些权能得到物质利益归谁所得和支配的关系。这些关系得到社会的承认，共同遵守；在国家和法律出现以后，得到法律的保护，采取法律的形式，但它们不仅仅是法律法权制度而首先是客观存在的、实际的经济关系。所有制则是内涵比生产资料所有制大的范畴，在再生产的各个环节里，人们通过各种不同的物质资料、有形和无形的生产要素，都可能形成或建立起所有制关系，按照客体的差别出现各种生产要素的所有制、流通资料所有制、劳动产品所有制、消费资料所有制等等。在各个再生产领域中，所有制成为人们进行生产、交换、分配和消费的必要条件和基础，但是，它们却不能包括全部的生产关系。就是说，生产关系是比所有制内容更加丰富、复杂的经济关系，它是以所有制，特别是生产资料所有制为基础建立起来的各种经济关系的总和。（2）在区分生产资料所有制、所有制和生产关系的基础上，阐明生产资料所有制在生产关系中的基础地位和决定性作用，并对否认生产资料所有制的重要性在理论上产生的不良后果及其对经济实践的负面影响作了分

析。（3）从方法论上分别研究产权的主体和客体，简要、明确地指出产权就是所有制主体围绕一定的客体形成的权能、责任和利益关系，便于人们从玄妙难懂或界限含糊的种种产权概念解脱出来，正确认识产权的基本内涵。（4）对产权关系所包括的"四权"，即狭义所有权（我称其为归属权）、占有权、支配权和使用权的权能作了比较明确严谨的说明，阐明它们的联系与区别，并指出由于对翻译用语的误解而产生的一些错误提法。（5）论证产权关系中权、责、利的关系，指出权能与利益互相依存、密不可分；所谓收益权、得益权、受益权或用益权，是实施行使各种权能而获得利益的权利，是与"四权"共存的，将它们单独划出与"四权"并列割裂了权能和利益的关系，是不科学的。（6）针对一些人对生产资料使用者的模糊看法，提出必须从所有制主体的权能和利益关系去判别谁是使用者。凡是决定客体的使用方式和具体要求并享有使用所带来的利益的主体就是使用者，而不一定就是在物质上亲自和直接改变客体的人。例如，资本家是他的生产资料以及雇佣工人劳动力的使用者；工人只是在资本家监督指挥下，按照资本家的意志去劳动，生产成果不是归直接劳动者工人，而是归资本家占有。（7）分析所有制内部的各种产权关系及其结构，探讨了产权的统一、分离和重组，并较早地提出在公有制内部也存在各种产权的分离，同时指明公有制与私有制内部权利结构的差别，为寻找所有制改革道路、探索公有制的多种实现形式提供认识工具（以上见《教学与研究》1980年第2期，《中国社会科学》1981年第2期，《学术月刊》1982年第6期，《中国经济问题》1983年第5期、1985年第5期，《学术月刊》1993年第4期）①。

2. 区别广义和狭义的所有权，论证产权与所有权的关系，解决对此问题的困扰

（1）我十分注重产权中的归属关系，指出将所有制仅仅看成是财产归

---

① 为了节省篇幅，本文只注明发表刊名和时间，恕不列出论文题目。

谁所有固然不对，但把归属权（即狭义的所有权）置于整个所有权体系之外也是不妥而且是有害的。从多方面论述归属权的重要作用，指出它是所有权体系中最基本的权利，是其他产权的基础，强调维护归属权在国有制改革中的重大意义。（2）提出中文的"所有权"有两种口径宽窄不同的概念，广义的所有权（property rights）指涵盖一切权能和利益的完整的所有权；狭义的所有权（ownership）仅表示谁是财产的所有者，保障单纯所有的权利，认为科学区分内涵和外延都不相同的"所有权"是正确认识所有权和产权关系的关键。（3）指出产权和广义的所有权都来自同一个外语词，它们的内涵、起源、存在形式、功能和变化规律都是相同的，因此，产权和广义的所有权可以说是同义语。（4）阐明所有制和产权制度的关系。认为所有制主体的权能复杂多样，财产权利存在统一和分合的不同情况，呈现不同的组合、结构和配置格局。这些产权格局规范化、法律化、制度化了，就成为产权制度。可以说，所有制与产权制度就其本质关系看是相同的，但同一种所有制可以有多种不同的具体的产权配置结构，即不同的产权制度。因此，产权制度是所有制的具体化。反过来，对具体产权制度而言，所有制包括了同一性质和类别的种种产权制度的基本特征，比较稳定，存在期间比较长，因而可以看作是根本的产权制度（以上见经济科学出版社 2000 年版《产权理论比较》，《中国经济问题》2003 年第 4 期）。

3. 对我国社会的产权关系进行多方面研究

（1）深入分析股份公司的产权关系，揭示它具有产权结构的分散性或所有权的可分性，产权份额的不平等性，产权主体构成的不稳定性，所有权和经营权相分离，财产责任的弱化并与经营责任相分离，所有者、经营者与劳动者在权力和利益上的分离与对立等特点，主张必须根据这些产权特点分析股份公司的运行机制和作用（《中国社会科学》1994 年第 2 期）。（2）阐述法人财产权的准确含义及其产权构成，论证公司财产权包括归属意义的所有权在内的全部所有权，澄清对法人财产权的一些错误认识，提出维护法人财产权并发挥其作用的建议（《中国社会科学》1995 年第 2 期）。（3）分析中小企业产权制度，特别是私有经济产权制度的特点，对它们进行比较，提出制度调整的设想（《厦门大学学报》2001 年 1 期）。（4）在科学界定财产所有权内涵的基础上，分析了物权法关于基本财产权利体系的一些重要问题，力求为我国制定物权法提供理论依据（《中国经济问题》2003 年第 4 期）。

4. 比较马克思主义和西方新制度学派的产权理论

（1）从研究目的和对象、研究方法、理论基础、基本范畴、产权主体和客体、产权结构和体系、分析立场等方面，对马克思主义与西方现代产权理论进行了概括性的比较（《经济学动态》1999 年第 1 期）。（2）从社会影响和社会实践出发，比较马克思主义与西方现代产权理论的社会作用（《学术月刊》2000 年第 2 期）。（3）阐述马克思在产权客体的研究上的重要贡献，对比它与西方现代产权理论的差别，指出生产资料与生活资料在功能上的差别导致不同性质的所有者在社会地位、生产过程中的关系和产品占有份额的差别。因此，要摆脱西方现代产权理论抽象地谈论要素所有权的错误，明确分清劳动力产权和生产资料产权，弄清不同阶级的真实关系。（4）对比马克思主义与西方现代产权理论在产权主体分析上的差别，认为不同产权主体和生产资料的关系不同、社会地位不同，在它们互相交往的关系中不存在完全平等的关系。必须对产权主体进行分析才能表现产权主体之间的关系，直接反映所有制的性质，揭露资本主义产权制度的真实的、本质的关系（《福建论坛（经济社会版）》2000 年 9 期）。（5）专著《产权理论比较——马克思主义与西方现代产权学派》在阐述马克思主义基本产权理论的基础上，从方法论和理论体系、产权与企业、产权关系的社会性质、产权与效率和公平、产权与社会变迁等方面系统深入地比较这两种产权理论，并对"交易费用"和"科斯定理"作了评析。

5. 评析新制度经济学和"利益相关者论"的企业产权理论。

（1）在一些论文中着重指出，新制度经济学的各个学派普遍把企业看成是契约的集合体，只强调企业的市场行为，忽视企业最重要的生产产品和创造剩余价值的职能，片面夸大了企业内部关系的自由与平等，抹杀了资本家与雇佣工人等不同经济主体在生产领域的地位差别，掩盖了企业内部的剥削关系，因而不能科学地说明企业的本质以及企业与市场的区别（《高校理论战线》2005 年第 11 期，《经济纵横》2006 年第 1 期）。（2）揭示"利益相关者论"混淆了不同性质的经济关系、产权主体、产权客体和不同再生产过程，将处理企业外部关系的市场规律当成规范企业内部产权配置的原则，因而不能正确地阐明企业的产权关系。不过，"利益相关者"理论仍有一些可资借鉴的合理成分，经过正确理解和分析，可为改善企业管理和构建社会主义和谐社会服务（《高校理论战线》2005 年第 11 期，《当代经济研究》2006 年第 10 期）。

6. 阐述马克思主义的企业产权理论和法人治理结构理论

通过对比新制度学派和"利益相关者论"的企业理论，从企业产权的本源、内容和构成较为全面地阐述了马克思主义的企业产权理论，并进一步阐述如何正确处理企业内部关系，搞好企业治理结构（《当代经济研究》2006 年第 10 期，《经济学家》2007 年第 6 期）。

7. 在马克思主义所有制理论基础上，揭示"人力资本"概念的悖谬

鉴于盲目搬用西方人力资本理论的用语俨然成为我国理论的时髦，我从资本形成和运动过程分析劳动力与资本的对立关系，指出劳动力或人力根本不可能成为劳动者的"人力资本"，分析西方的人力资本理论和经济生活的现实，论证"人力资本"概念的悖谬性及其危害，主张为了建立科学的政治经济学体系，必须还劳动力（人力）和劳动力要素、劳动力资源以本来面目（《经济学动态》2005 年第 10 期，《高校理论战线》2008 年第 5 期）。

三、 运用所有制理论探索经济体制改革

1. 较早主张通过产权分离的方式改革国有经济，调动企业和职工的积极性

（1）经济体制改革伊始，我就在一些论文中详细阐述所有制内部的权能、责任和利益，强调表示归属关系的所有权（狭义的所有权，或称归属权）决定了所有制和社会生产关系的性质。同时提出，在国家所有制内部也可能出现不同产权的分离，在国家仍然掌握（狭义的）所有权的条件下，将占有权、使用权和部分的支配权（合称为经营权）交给企业，既能保证生产资料全民所有的性质不发生变化，又能焕发企业的活力，激发企业和职工的积极性，提高国有企业的经营效率（《学术月刊》1982 年 6 期，《中国经济问题》1983 年第 5 期）。（2）全面阐述历史上占有与所有分离的三种方式及其特点，将国家所有制产权分离称为"共主占有"方式，指出它与私有制下的"自主占有"和"他主占有"方式的重大区别，为国有制改革道路的选择铺垫理论基础（《中国经济问题》1985 年第 5 期）。（3）详细论述了社会主义国家所有制与全民所有制的关系，以及与资本主义国家所有制的差别，进一步分析了国家所有制在产权关系上存在的问题，并对国家所有制的各种改革形式，如租赁、承包、资产经营责任制、股份制等进行了系统的分析研究（《高校理论战线》1992 年第 3 期，福建人民出版社1993 年版《福建社会主义市场经济探索》收录文章）。

2. 论证财产和劳动产品的归属关系，强调对公有制利益的维护

在改革初期，出现大量财产权利的界定问题，有人主张国有企业的劳动产品是企业劳动者创造的，应该归企业所有。我则从历史普遍规律、全民所有制的本质、国有企业劳动过程的特点、全民所有制关系再生产等方面进行分析，并结合产权制度改革对国企产品归属关系的影响，论证国有

企业的劳动产品一定要归代表全民的国家所有。此外，在股份制试点初期，我还发表论文强调在改制中必须注意维护公有资产的合法权益（《社会科学战线》1990 年第 3 期，《国有资产管理》1993 年第 6 期）。

3. 从宏观上判断社会主义初级阶段所有制结构的变动趋势

根据我国生产力总体水平低下和发展不平衡的基本现实，客观剖析了改革开放前的所有制结构及其缺陷，认为今后相当长时期内，我国所有制结构的基本模式将是以社会主义公有制为主体，多种所有制和多种经营形式同时并存、共同发展。在这种所有制结构变化过程中，全民所有制的比重将不断下降，但仍将发挥主导作用；非公有制经济将较快发展，迅速扩大其在国民经济中的比重，从而预计了几年后提出的社会主义基本经济制度（见《社会主义所有制结构改革》，浙江人民出版社 1994 年版）。

4. 强调产权主体责权利互相对称、制衡的重要性

在改革中多数人都只偏重产权明晰的情况下，提出"国企产权制度改革既要产权明晰又要配置合理"，认为配置不合理的产权再明晰也达不到改革的目的，强调使产权主体的责权利互相对称、制衡的重要性，并提出合理配置产权的政策建议（《经济日报》1995 年 8 月 28 日）。

5. 主张国有产权制度改革必须适应社会主义全民所有制的本性

认为不同所有制的调整、改革，都有一个由所有制本性决定的限度，不存在笼统的或划一的模式。全民所有制已经根本解决了资本主义基本矛盾，劳动者拥有生产资料的共同所有权，实现了当家做主，确实具有显著的优越性，完全没有必要照搬资本主义的模式去"重塑"自己的产权关系。有些人主张把产权量化到个人作为产权关系明晰化的标准，把产权主体"多元化"作为改革的目标，认为国有企业产权流动性越强越好，都是违背全民所有制的本性，不一定正确。国企的改革应以落实政企分开为重点，努力贯彻落实保障企业权利的法律法规，明确国家和企业之间的产权划分，维护各具不同内涵的企业法人财产权，切实保障国有企业自主经营、自负盈亏；要进一步

明确国有产权的内部配置和监督管理关系，具体落实各个产权主体的责任、权力和利益，解决产权边界模糊、责权利不明的弊病；要在进行国有制内部产权划分、明晰各自产权边界的同时，具体确定享有不同产权的各种主体，落实其负责机构和代表，克服旧体制中没有明确产权主体的代表，大家插手、众人争利而无人负责的问题（《中国人民大学学报》1996 年第 3 期）。

6. 主张通过创建合理的所有制实现形式改革国有经济

认为一种所有制在建立以后，它内部的产权结构绝非一成不变的，可能出现各式各样的产权配置格局。通过一定的划分、配置、管理、监督去具体组织和实施某一所有制内部的各项权利，是这种所有制的产权主体履行其责任、实施其权能、体现其利益所必需的。这些产权配置的规范化、制度化，就是产权制度或所有制实现形式。在（归属意义的）所有权不变的条件下，根据条件的变化对其内部产权关系自觉进行局部调整，采用新的实现形式，能使这种所有制更加适应生产力发展的要求，维护自身的存在并不断完善化。国有经济改革的正确途径就是在保证国家所有权不变的前提下，积极探索效益优良的实现形式（《中国经济问题》1998 年第 2 期，《福建日报·理论版》1998 年 10 月 29 日）。

7. 阐述公有制产权的基本特征，批评"新公有化"的主张

提出要从所有制主体的权能、所有权的存在形式和行使方式以及所有者的社会属性和社会关系去区分不同的生产资料所有制，批评那种以为一群人共同拥有某些财产就是公有制的错误观点（《高校理论战线》2004 年第 5 期）。

8. 倡议在流通领域发挥国有经济的重要作用

建议流通领域的国有经济要适应当前的状况进行战略性调整，将国有流通部门巨大而分散的资源集中起来，进而吸收部分大型工业企业加盟，以资产重组为主，辅以新增投资，选择影响力大的部位，办好一批大而强的流通企业，以对抗大举入侵的跨国公司，支持民族工商业，维护国民的消费权益，并具体提出如何进行调整的对策和措施（《上海商业》2001 年第 10 期）。

9. 提出国有经济战略性调整的措施

（1）主张国有经济要"有进有退，进退相济"。在国有经济作为一个整体进行改组、改革的战略上，我坚决主张国有经济的改革是生产关系的自我完善，而不是它的消除，反对"公有经济退出一切竞争性领域"的主张，指出国有经济应当"有所为有所不为""有进有退，进退相济"，要从一些行业和领域中退出，集中力量，加强重点，合理配置资源，形成专业化、社会化的生产协作体系和规模经济，并且配合国有企业的结构调整，改善社会的产业结构，带动整个国民经济结构的合理化、完善化，提高国有经济以及整个国家的整体素质和市场竞争力。（2）主张下力气搞好国有大中型企业。首先以落实政企分开为重点，保证国有企业真正实现自主经营和自负盈亏；其次要进一步明确国有产权的内部配置和监督管理关系，具体落实各个产权主体的责任、权力和利益。还要加强和重视法制建设，认真建立、健全国有资产产权的管理、监督制度，使之与产权的界定和调整互相配套（《中国经济问题》2000 年第 2 期）。

10. 从国有经济存在和发展的必要性及其全民性质出发，提出国有经济必须和可能发挥双重的社会职能

国有经济不仅要努力提高效率，生产更加丰富的产品，创造更多的价值和利润，满足社会的需要，还必须积极承担社会责任，并配合国家在国民经济的宏观调控方面发挥应有的积极作用。在论证国有经济发挥双重职能的必要性和可能性之后，提出分别不同领域、类型、层次，运用不同的经营形式发挥国有企业双重职能的建议（《开放潮》2001 年第 1 期）。

四、 论证生产资料所有制对生产关系各个方面的重大影响

1. 指出所有制对商品经济和市场经济的形成和发展的重要作用

（1）关于国有制与商品经济的关系。当经济学界讨论公有制与商品经

济能否兼容时，我提出不能只把私有制当作商品经济存在的条件，不同公有制生产组织之间也可能存在商品关系。这是容易看清的。理论难点主要是，产品都归国家所有的国有企业之间，是否存在真正的商品交换关系。解决的关键就在于看清改革后国家所有制内部产权关系的变化。我分析经济体制改革后国有产权关系的重大变化，指出实行所有权与经营权分开的制度以后，国有制内部已出现了具有自身权能和利益的产权主体，即使是国有企业之间的交换，也要求通过市场进行价值的等价交换，以实现为生产产品所付出的劳动。国有企业之间的交换存在部分所有权的转移，是否等价交换与企业的权利直接攸关，它是真实的商品关系，而不只是具有商品的外壳。因此，公有制与商品经济不是能不能兼容的问题，而是存在着内在的统一。（2）关于我国市场经济的形成和改革的"市场导向"问题。我国理论界普遍把经济体制改革说成是以市场经济为目标，为实行市场经济而改革的过程，把市场经济的形成看成是人们设想的实现目标。这是违背历史唯物主义而且不符合改革实践的观点。我指出国有经济的改革是为了解决国家所有制与社会主义初级阶段生产力状况不适应的矛盾，即产权过度集中在国家，企业无权、无利又无责，导致企业和职工缺乏自主性、积极性和灵活性，因而改革首先就从"放权让利"（实则调整国有制内部的产权结构）开始；那时还没有提出要建立市场经济的目标，更谈不上以它为导向。沿着这条道路进行改革，国有制确立了所有权与经营权相分离的产权制度，后来又进而建立出资者所有权与法人财产权相分离的公司制。所有制变革到这种程度，就必然出现商品经济的存在条件。一旦商品交换成为普遍的经济关系，国有企业之间自然就不靠国家统一调拨，而是要通过市场买卖去实现互相间的经济联系，生产经营者就要按照市场信息去安排自己的活动，市场机制就会对资源配置发挥主导的、基础性的作用，计划经济就不能不让位给市场经济了。这是由所有制改革决定的自然历史过程，不是人们的愿望或设计的结果（《高校理论战线》1991 年第 5 期，《学术月刊》1991 年第 8 期,《东南学术》1999 年第 2 期)。(3)指出不能将派生层次的市场经济制度当成基本层次的制度。马克思说过,经济关系本身存在着层次性,除了最基本的、起基础作用的层次以外,还存在"第二级和第三级的东西,总之,派生的、转移来的、非原生的生产关系"。所有制是社会最基本的制度,是反映社会生产关系本质的、起基础作用的层次,计划和市场则是资源配置的不同方法和手段,是由基本经济制度决定的派生的次一级的层次。把市场配置资源的方式作为决定社会基本经济制度的力量,从理论上讲是本末倒置的。因此,必须从所有制的变革而不能从市场经济的建立去认识我国社会经济关系变化发展的规律(《政治经济学评论》2010 年第 1 期)。

2. 阐述所有制对分配关系的基础作用

(1)关于按生产要素分配的实质。全面分析了劳动与产权、劳动与价值以及产权与分配的关系,指出"谁劳动,谁所得"看似天经地义,却是有条件的,只有当劳动者自己拥有生产所必需的生产资料时,他才能独立地进行生产,才能成为劳动产品的主人,否则就只能被生产资料的主人雇佣,他创造的价值都归生产资料的主人占有。所以,按生产要素分配的问题不能根据价值由谁创造的说法,而只能用马克思主义的产权理论去解决。按生产要素分配绝不是因为要素所有者参与了价值的创造,它的实质是按要素的所有权分配(《当代经济研究》2002 年第 2 期)。(2)批判西方"按要素贡献分配"的理论及其理论基础——"收入分配的边际生产力理论",揭露它们是为了论证资本主义分配制度的合理性而提出的,某些人将一百多年前的"生产要素按贡献分配"吹为分配制度的创新,主张以它代替按劳分配为主体、多种分配方式并存的分配制度作为我国唯一的分配方式,是非常错误的(《当代经济研究》2003 年 12 期)。(3)指出所有制对公平概念的决定意义,主张社会主义应实现公平与效率互相促进。我指出,公平作为一种受价值主体的意识所影响的价值判断,具有主体性以及客观性、历史性、阶级性和相对性的特点。不同社会有不同的与其经济政治制度相适应的公平观念和准则。公平与效率存在着辩证关系，随着社会制度的更替，其特有的公平观会促进社会的发展，提高经济效率；到了制度的末期，旧的制度与生产力的发展要求矛盾逐渐突出，其公平观与效率又会出现不协调。将公平与效率对立起来是不对的，不公平必然妨碍效率的进一步提高。我联系我国当前由私有制引起的分配不公，提出实现公平与效率互相促进的途径（文载经济科学出版社 2008 年版《公平与效率的新选择》）。(4) 阐释按生产要素分配的正确含义。针对理论界对按生产要素贡献分配的不同理解，我认为按生产要素的贡献分配不是指按它们创造的价值分配，也不能理解为按照各种要素所创造的物质财富分配。按生产要素分配不是将产品分配给生产要素，而是分配给生产要素的所有者。按要素分配不是按照要素生产出什么，而是按不同要素的所有权分配（《当代经济研究》2003 年第 12 期）。(5) 揭示我国社会分配不公的主要根源。通过引用相关实际资料，证实我国分配不公的主要矛盾不是垄断行业与一般行业的工资收入差别，不能借口分配不公反对国家所有制，指出分配不公的主要矛盾是私营企业主惊人收入和巨大财富与普通劳动者收入和财产的差别，它是过度剥削的结果，其制度根源是引导和监管不力的资本主义私有制。此外，政策上忽视社会公平，"名兼而实不顾"也是其重要原因。为此，要大力宣传社会主义公平观，强调和切实保障社会主义公有制和按劳分配的主体地位，通过立法制定最低工资标准，逐步提高劳动报酬水平，并利用税制增强国家财力，调节过大的收入和财产差距，集中必需的资源，建立、健全社会保障体系，逐步解决分配中的问题（《经济学动态》2010 年第 11 期）。

3. 从所有制的变化认识我国的阶级状况

以实际资料证实，经过 30 多年的改革开放，我国所有制结构发生巨大变化，已经再生出一个比社会主义改造前强大百倍的资产阶级，他们利用我国的特有条件，凭借所占有的生产资料超重剥削雇佣工人，以世界历史罕见的速度积累起惊人的财富，并由此形成巨大的社会矛盾，影响着我国经济的发展道路。资产阶级的重新出现和发展已是明显的客观事实，必须坦然承认。只有从这个阶级关系的现实出发，我国当前的许多经济问题才能找到合理的答案，找到正确的解决办法，避免社会矛盾的发展和激化（《政治经济学评论》2011 年第 2 期）。

4. 从所有制的变化分析我国的社会主要矛盾

把我国的社会主要矛盾表述为落后的社会生产同人民不断增长的需要之间的矛盾，是重复半个多世纪前的说法，根据的是 1956 年社会主义改造基本完成后的社会经济状况。但时至今日，我国 GDP 增长了 458 倍多，生活消费资料供应充足，许多产品已经从短缺变成过剩或严重过剩。从社会关系看，占我国企业大多数的私营企业是以获得最大利润，而不是以满足广大人民的需要为生产目的。资本主义的超强剥削导致收入和财富差别悬殊，使中国变成世界上基尼系数最大的国家之一，"内需不足"和对国外市场的过度依赖成为我国生产进一步发展的重大障碍。因此，简单搬用原来的关于我国社会基本矛盾的说法已经远远不符合当前的实际了。实际上，我国存在着两种主要的所有制：社会主义公有制和资本主义私有制。在它们基础上形成的生产关系以及由它们产生的社会矛盾，是完全不同的。就社会主义生产关系而言，它的主要矛盾仍然是人民日益增长的需要同落后的社会生产的矛盾。从资本主义关系看，深受私人利益局限的资本主义经济与整个社会生产协调发展之间的矛盾、生产无限扩大的趋势和劳动者有支付能力的需求相对缩小之间的矛盾，在我国已经明显暴露，而且愈演愈烈。这些矛盾与资本超重剥削、劳资之间收入悬殊的阶级矛盾交相结合，构成资本主义生产关系的主要矛盾。社会主义和资本主义两类社会主要矛盾并存，互相影响，其社会效应会随着两种所有制力量的竞争而变化，其前途最终要由占主导地位的所有制决定。当公有制力量足以控制社会经济时，社会主义的社会主要矛盾就起主导作用；反之，如果资本主义私有经济成为控制一方时，资本主义的主要矛盾就可能成为社会的主要矛盾了，社会发展的前途也会随之改变。通过所有制分析看到的社会主要矛盾及其可能变化的前景，值得我们警醒（《政治经济学评论》2012 年第 1 期，《马克思主义研究》2012 年第 5 期）。

五、 信念　使命　决心

经过几十年的学习和研究，我对马克思主义有了逐步深入的体会。我运用它去分析许多现实经济生活的疑难问题，每每都能得到有说服力的解释，并从大量的实践得到印证，令我更加相信它是指导我国走社会主义道路的正确指导思想。

马克思主义需要中国化、时代化、大众化，但这是理论继承与发展的关系，其重要前提是坚持马克思主义的基本理论、基本立场和基本方法，只有这样，创新和发展才有坚实的基础和正确的方向。要坚持马克思主义为指导就必须认真地深入地学习马克思主义的主要著作，切实领会它们的精神实质。当然，以马克思主义为指导要同时注意学习、吸收其他哲学社会科学的优秀成果。马克思主义原本就是一个开放的体系，当年它靠吸取世界哲学社会科学的精华而形成，以后又不断以各个时期的先进思想丰富发展自身。如今许多社会人文学科运用现代科学成就进行研究，形成许多新的方法、理论和观点，要学会分析和吸收它们的有益部分为我所用。但是也要看到，一些西方社会科学理论受其基本立场、观点和方法的限制，不可避免地会存在不少非科学的东西，必须加以甄别、评析。不仅要防止良莠不分，盲目崇拜，照抄照搬，更要洞察它们的思想本质，抛弃其基本立场和方法。以新制度经济学为例，它虽然也有许多可供我国借鉴的地方，但缺陷很多，从生产费用理论、"科斯定理"、团队生产理论、企业契约理论到制度变迁理论，都存在许多问题，特别是它贯穿着唯心史观，宣扬私有产权最有效的思想，为剥削制度辩护等等。一些人不加分析、批判，盲目地替它宣扬，有的一讲产权就言必称科斯，殊不知马克思早就提出丰富和更为深刻的产权理论；一讲起企业所有权，就搬用什么剩余控制权，而没有认识到这是否定资本主义企业的剥削关系的另一套范畴。所以，我在研究马克思主义的所有制和产权理论时，力求运用马克思主义立场、观点、方法对新制度经济学的产权理论进行必要的批评。甚至可以说，我对所有制和产权理论的一些见解，正是在剖析西方相关理论的同时得到深化的。

对马克思主义理论和社会主义前途的信念，是我亲身体验两种社会的对比，通过与西方经济学理论的比较，经历了长期社会主义建设实践，逐步培养和形成的。我深深体会到马克思主义对我国发展前途的重要作用，把学习、宣传马克思主义当作自己不可推卸的使命，是人生价值之所在，并且将它同我的生命联系在一起。我曾读了曹丕《典论·论文》并深有感触，赋诗表达这一念想："存佚关兴废，恢宏不朽篇。耄耋有终日，龟鹤无永年。荣乐一生止，文章百世传。安图只身誉，但求真理骞。"我患过恶性肿瘤，手术后亲友祝我大难不死必有后福，我却觉得这是在激励我继续历史赋予的事业，随即写一短句："突染凶疾羁病房，伤口四处痛难当。逃生大难非图福，只为理想待弘扬。"在《答异议书成有感》，我写道："竟日深思答异争，书成审阅已三更。行文岂为名传世，但愿弘音醒后生。"熟知我的亲友同事都觉得我生性比较随和低调、豁达开朗，不刻意追求身外之物，淡泊名利地位，但是，对于自己应负的使命，我却牢记在心，为搞好理论工作付出艰辛的努力，甚至为它焦虑。尤其是对马克思主义被边缘化，我内心叹息，越发感到自己职责的重要意义。我在 2005 年间写过几首小诗，抒发自己的心声。在其中的《书愤》写道："暖风熏人干戚埋，文坛蘦偃究堪哀。胸存浩气灵犀在，三尺书几亦轮台。"以此表达对理论界不正之风的愤慨，也下定自己为马克思主义进行斗争的决心。

我相信社会主义是人类社会发展的必然道路，相信马克思主义仍然是剖析社会经济关系的锐利武器。在世界金融危机发生后，西方国家剧烈震荡，社会经济一片凋零，只有我国一枝独秀，充分反映出社会主义制度的优越性。我做文分析这场金融危机的根本原因，之后写了《马克思理论常青》："浊浪翻天摧万国，唯独华夏庆长春。风云变幻翁已测，百载雄文谁谓陈。"马克思主义在目前经济理论界的处境只是暂时的，处于非主流地位并不使我觉得孤单。回顾马克思主义者和共产党人怎样从少数发展到今天的庞大队伍，我深信，随着形势的发展，在更多同志埋头苦干、共同努力下，马克思主义必然更加发扬光大，辉照全球。我在《荒野菊花》写道："不羡名流妍闹市，甘居旷野度年华。秋风肃杀群芳谢，笑看黄菊遍地花。"表达的正是在这种处境下的信心。

（原载于《毛泽东邓小平理论研究》2012 年第 11 期）